삶으로 읽는 성서
성서로 이루는 삶

삶으로 읽는 성서
성서로 이루는 삶

이 종 록 지음

한국학술정보㈜

삶에서 삶으로

이제 나이가 오십을 넘어섰습니다. 그래도 남 나이 드는 것만 보이고 정작 자기 늙어가는 것은 모르는 철부지 노릇은 여전합니다. 이 나이 되도록 제대로 아는 게 없고 특별한 재주도 없음(천학비재 <淺學非才>)을 한탄하면서 또 책 한권을 냅니다. <삶이 있는 성경 읽기>로 시작해서, <새 시대에 만나는 성경의 인물들>, <새로운 삶을 소망하는 성경읽기>를 거쳐, <말씀·삶·해석>으로 이어지는 "삶의 해석학" 시리즈에 한권을 덧댑니다. <삶으로 읽는 성서·성서로 이루는 삶>이라고 제목을 붙였는데, 지금까지 그랬던 것처럼, 이 책에서도 그냥 삶에 대해서 제 나름대로 이야기해보고 싶었습니다. 모두가 어우러지는 삶을 이야기하면서도 정작 제 삶에 겨워 허덕이는 제 자신이 많이 부끄럽지만, 부족한 글재주로 책 한권 어렵게 엮어내는 정성을 곱게 받아주시길 빕니다.

이 책을 만드느라 수고하신 분들, 특히 한국학술정보의 김수영씨에게 고마움을 전합니다. 그리고 이 책을 읽는 분들에게 제가 좋아하는 도종환 시인이 쓴 "산맥과 파도"를 들려드리고 싶습니다.

능선이 험할수록 산은 아름답다
능선에 눈발 뿌려 얼어붙을수록
산은 더욱 꼿꼿하게 아름답다
눈보라 치는 날들을 아름다움으로 바꾸어 놓은
외설악의 저 산맥 보이는가
모질고 험한 삶을 살아온 당신은
그 삶의 능선을 얼마나 아름답게
바꾸어 놓았는가

험한 바위 만날수록 파도는 아름답다
세찬 바람 등 몰아칠수록
파도는 더욱 힘차게 소멸한다
보이는가 파도치는 날들을 안개꽃의
터져오르는 박수로 바꾸어 놓은 겨울 동해바다
암초와 격랑이 많았던 당신의 삶을
당신은 얼마나 아름다운 파도로
바꾸어 놓았는가

안치환이 여기에 곡을 붙여서 열창을 했는데, 그 노래도 한번 들어보시기 바랍니다. 그리고 모두 산맥과 파도처럼 삶을 곱게 바꾸어 가길 빕니다.

2008년 봄
어두리에서

제1부
삶으로 읽는 성서

1. 아직 나는 신이 아니다!

- 성육을 통한 신학의 전복을 꿈꾸며 -

종교개혁에서 중요한 것은 신학의 정립입니다. 올바른 신학을 위해 많은 종교개혁자들이 목숨을 아끼지 않았고, 어떤 위험이나 고난도 마다하지 않았습니다. 신학을 정립하는 것은 생각을 바꾸는 것입니다. 그래서 종교개혁은 본질적으로 우리의 신앙 관점을 바꾸는 것이라고 할 수 있습니다. 하나님에 대해, 성서에 대해, 교회에 대해, 그리고 인간에 대해, 세상에 대해 지금까지 우리가 그릇 생각한 것들을 바꾸는 것입니다. 이 가운데 가장 중요한 것은 바로 하나님에 대한 관점, 즉 신관을 바르게 세우는 것입니다. 신관을 바르게 하면, 다른 것들은 저절로 제자리를 잡습니다. 오늘은 종교개혁주일을 맞아, 우리가 가진 신관, 하나님에 대한 생각을 함께 살펴보려 합니다. 설교하면서 역설적인 표현들을 여러 번 사용할 텐데, 다소 귀에 거슬리더라도, 신관을 검증하고 바르게 세우려는 개혁적인 의도임을 이해하시기 바랍니다.

제가 신학을 공부한 지 올해로 24년입니다. 그리고 신학교에서 가르친 지는 19년입니다. 신학교에서 배우고 가르치는 것이 신학이기 때문에, 제가 가장 깊이 생각해야 할 것이 바로 신학(神學)입니다. 여러분, 신학이란 무엇일까요? 말 그대로 신학은 "신에 관한 학문"이지요. 그런데 신학을 신에 관한 학문이라고 정의할 때, 나는 기독교에서 신학이 가능할까를 고민합니다. 참으로 엉뚱한 말 같지만, 이것은 저에게 매우 중요한 문제입니다. 과연 신학, 즉 신을 대상으로 하는 학문이 가능할까요?

신학을 함에 있어서 제일 먼저 부딪히는 문제는 이것입니다. "신학을 신에 관한 학문이라고 정의한다면, 무엇보다 우리 하나님이 신이어야 할 텐데, 하나님이 과연 신이신가?" 제가 아무리 생각해 봐도, 하나님을 신이라고 하기에는 뭔가 석연치 않은 것들이 많습니다. 신이라면 어떠해야 할까요? 신이 신답기 위해서는 어떠해야 할까요? 교회에서 기도하는 것을 들어보면, 사람들은 관용적으로 이런 문구를 사용합니다. "전능전능하시고 무소부재하시고 영구불변하시며, 역사를 주관하시고 생사화복을 주관하시는 하나님." 그저 기도하겠다고 입만 열면, 줄줄 흘러나오는 구절입니다. 최소한 이 정도는 되어야 신이라고 할 수 있겠지요.

하지만 저는 잘 모르겠습니다. 우선, 전지전능(全知全能)이 무엇인지 알 수가 없습니다. "하나님이 모든 것을 다 아시고 모든 것을 다 하신다." 이게 전지전능이지요. 하지만 그렇다니까 그냥 그런가 보다 하는 것이지, 솔직하게 말하면, 하나님이 모든 것을 다 하실 수 있고, 모든 것을 다 아신다는 것이 무엇인지 도무지 모르겠습니다. 우리 하나님이 전능하다고 한다면, 우리는 무엇을 통해서 하나님이 전능하시다는 사실을 알 수 있을까요?

어떤 사람들은 하나님이 이 세상을 창조하셨기 때문에 하나님을 전능하신 분이라고 합니다. 그런데 구약성서가 말하는 창조는 물리적인 우주 창조라기보다는 궁극적으로 새로운 삶의 창조입니다. 고대 이스라엘 사람들은 하나님이 새 시대·새 역사를 이루는 것을 창조(創造)라고 했습니다.

그리고 이스라엘 백성들이 하나님을 유일하신 분으로, 그리고 역사를 주관하시는 분으로, 창조주로 고백하는 것은 그들이 부귀영화를 누릴 때가 아닙니다. 오히려 바벨론이 유다를 멸망시키고 성전도 파괴하고, 사람들을 붙잡아서 1,300여 킬로미터를 끌고 가서 황무지를 개간하도록 했을 때, 그런 비극적인 상황에서 이스라엘 사람들은 하나님을 창조주로 고백합니다. 그들은 나라가 망하고 성전이 파괴당하는데도 불구하고 아무런 반응도 보이지 않으시는 하나님이 바로 바벨론을 포함해서 온 우주만물을 만드신 분이라고 고백합니다.

하나님이 천지를 창조하시니라
이미 태초에.

너희들의 사상이 세계를 지배하고,
너희들의 경제력, 문화, 정치가 세계를 지배한다고 해도,
이 세상의 모든 영역이 너희들에 의해서 주도되어서,
모든 것이 다 너희들 것이라고 해도,
우리에게는 포기할 수 없는 것이 하나 있지.
아무리 너희들이 날뛰어도,
이 세상을 하나님이 창조하셨다는 이 신앙만큼은,

이것만큼은 결코 포기할 수 없다.
태초에 하나님이 천지를 창조하시니라.

너희들은 모를 것이다.
지금 이 순간이 아닌 이미 태초에,
하나님이 이 바벨론 땅 덩어리를 포함해서
온 우주를 창조하셨다는 사실을
너희들은 죽었다가 깨어나도 모를 것이다.
그 하나님이 바로 우리의 야훼이시다.
그래서 우리는 이 광활한 바벨론 천지가 울리도록
이렇게 소리쳐 외친다.
그것이 비록 세미한 음성으로 들릴지라도,
우리는 목청껏 외칠 것이다.

이미 태초에
하나님이 천지를 창조하시니라.

우리가 기대하는 것과 얼마나 다릅니까? 전지전능하신 하나님을 다른 때, 다른 곳도 아니고, 나라가 망한 다음, 포로로 끌려간 그 이방 땅에서 경험하다니 말입니다. 도무지 이해할 수 없는 일이지요. 우리 같으면 "신의 부재"(不在)를 경험해야 할 그 자리에서 이스라엘 백성들은 도리어 하나님을 전지전능한 신으로 고백합니다.

그리고 이스라엘 백성들은 그 비극적인 상황에서 하나님이 세상 역사를 주관하시는 분이라고 고백합니다. 이것 역시 얼마나 위대한 고백입니까? 이스라엘 백성들은 나라가 망하는 상황에서, 신이 무능력하거나 부재하기 때문에 그들이 망한 것이 아니고, 자신들이 대대로 범죄했기 때문에 하나님이 강대국들로 하여금 그들을 치게 하셨다고 고백함으로써, 신 부재의 상황을 하나님이 그 어느 때보다 강력하게 역사하시는 상황으로 바꾸어 놓았습니다.

우리가 구약성서를 읽으면서 느끼는 것은 하나님의 위대하심보다는 하나님을 위대하신 분으로 고백하는 이스라엘의 믿음입니다. 하나님은 한 번도 제 모습을 역사 전면에 드러내 보인 적이 없습니다. 하나님은 이스라엘 백성들의 절절한 신앙고백 속에서만 비로소 신이 되고, 역사 전면으로 나섭니다. 그러니 전지전능하기는커녕 무능하기 짝이 없어 보이는 분, 인간들이 신이라고 불러주기 전에는 결코 신일 수 없는 분, 그분을 어찌 신이라고 할 수 있겠습니까?

이스라엘 백성들이 그런 고백을 하는 것은 결코 쉬운 일이 아니었습니다. 바벨론이 나라를 멸망시키는 그 끔찍한 상황 속에서, 지금까지 누려온 모든 삶을 송두리째 앗아버리는 그 비참한 전쟁의 상황 속에서, 자신이 그토록 애지중지하는 성전이 짓밟히는데도 불구하고 아무런 반응도 보이지 않고 철저히 침묵하시는 분, 제국주의자들이 행하는 침략을 방임함으로써 스스로 역사주관자이기를 포기하시는 분, 그 이해할 수 없는 분을 창조주로, 역사의 주관자로 고백한다는 것이 어찌 쉬운 일이었겠습니까?

무엇보다 이스라엘 백성들은 하나님에 대한 신앙고백을 끊임없이 갱신해야 했습니다. 왜냐하면 하나님은 모래와도 같은 분이기 때문입니다. 손으로 모래를 움켜쥐면, 모래가 손아귀에 들어 있는 것 같지만, 더 힘을 주면 줄수록, 모래는 틈새로 다 빠져나가고, 나중에 손에는 모래 흔적만 남습니다. 우리 하나님이 바로 그런 분입니다. 그래서 경망스러운 표현이긴 하지만, 우리 하나님은 마치 미꾸라지 같습니다. 손에 움켜잡았다 싶으면 그냥 빠져나갑니다. 하나님은 우리에게 붙잡히는 분이 아닙니다. 그저 "하나님이 내 손 안에 있소이다"를 외치는 사람들이 신학에 통달한 것처럼 폼을 잡아도, 분명한 사실은 우리 하나님은 결코 인간 손아귀에 붙잡혀 있을 분이 아니라는 것입니다. 힘을 줘서 모래를 움켜쥐면 쥘수록 모래가 다 빠져나가서 나중에는 아무것도 남지 않듯이, 우리 하나님도 우리가 하나님에 대해 가장 잘 안다고 생각하는 그 순간, 우리를 빠져나갑니다.

그러니 어떻게 신학이 가능할까요? 하나님이 어떤 분인지 알 수 없는데, 우리가 포착할 수 없는 그분, 확실하게 말할 수 있는 게 아무것도 없는 그분에 대해서 무엇을 말할 수 있을까요?

종교적 경험을 말할 때, 많이 쓰는 용어는 '초월'입니다. 종교에서 초월(超越)은 인간이 자신의 세계를 넘어서 신의 세계로 들어가는 것을 의미합니다. 인간은 자신이 사는 세계를 넘어서서 신의 세계로 들어가는 것을 당연하게 생각합니다. 인간이 '초월'해야 하니까요. 그런데 성서를 읽으면서 강하게 느끼는 것은 인간은 결코 초월할 수 없다는 것입니다. 인간은 자신이 사는 세상을 결코 뛰어넘을 수 없습니다. 인간은 자신이 사는 공간을 결코 벗어날 수 없습니다. 그러니 인간은 어디로든 초월할 수 없습니다.

이렇듯 인간이 초월해서 신의 세계로 들어갈 수 없다면, 인간이

신을 어떻게 만날 수 있을까요? 방법은 한 가지뿐입니다. 인간이 초월하지 못하기 때문에, 신이 초월할 수밖에 없습니다. 신이 인간세계로 넘어올 수밖에 없는 것이지요. 그래서 초월은 인간이 아니라 신이 하는 것입니다. 하나님이 세상을 만드신 것부터가 바로 이 세상으로의 초월입니다. 그리고 하나님은 이스라엘 역사 속에 들어오십니다. 그래서 신이 인간과 함께 거합니다. 인간들과 더불어 삽니다. 그러니 구약시대 이스라엘의 역사는 하나님이 행하신 초월의 역사입니다. 그리고 가장 확실한 신의 초월은 바로 성육(成肉) 사건입니다. 신이 인간으로 태어납니다. 신이 온전한 인간으로 태어나서 인간들과 함께 삽니다. 인간이 신의 세계로 초월하는 것이 아니라, 신이 인간 세상 속으로 초월해서 들어옵니다. 하나님은 이 세상을 자신이 태어나고 살고 죽고 묻히는 공간으로 선택하셨습니다. 아니, 어쩌면 이 세상이 하나님이 역사하시는 유일한 공간인지도 모릅니다.

그런데 하나님이 이 세상에 인간으로 태어나셨다는 것은 무엇을 의미할까요? 그것은 다름이 아닙니다. 하나님이 신이기를 포기하는 것입니다. 본문에서 명확하게 말씀하시는 것처럼, "그는 근본 하나님의 본체시나 하나님과 동등됨을 취할 것으로 여기지 아니하시고 오히려 자기를 비어 종의 형체를 가지사 사람들과 같이 되었고 사람의 모양으로 나타나셨습니다." 이처럼 성육 사건을 통해서 예수는 자신이 신이기를 포기했습니다. 온 우주 만물로부터 경배를 받아야 할 신의 자리를 과감히 버리신 분. 신을 섬기는 사람이 되신 분. 이렇듯 신이 이 세상으로 초월해 오는 성육 사건은 예수께서 신이기를 포기하는 사건입니다.

나는 신이 아니어도 좋다
나는 아무것도 아니어도 좋다
너를 사랑할 수만 있다면
내 사랑이
그냥 짝사랑에 그쳐도
아니, 그 사랑으로 인해
오히려 내가 너에게
버림받고
온갖 조롱으로 멸시천대 당해도
심지어
어디 한곳 성한 데 없이
작신 두들겨 맞고
끝내 십자가에 못 박혀
비참하게 죽임을 당한다 해도
고통에 몸부림치며
엘리 엘리 라마 사박다니
처절한 외침으로
세상을 떠난다 해도
나는 너를 사랑한다
나는 너를 사랑한다
너를 향한
내 사랑
아무도
아무것도 막을 수 없다.

오 그대
내 사랑이여
내 사랑이여
내 목숨 바친 사랑이여
그대여.

성육 사건과 십자가 사건은 바로 예수가 자신은 신이 아니어도 좋다고 말하는 사건입니다. 그리고 인간이 신을 위해 목숨을 바치는 것이 아니고, 신이 인간들을 위해 목숨을 바칩니다. 놀라운 일이지요.

그런데 여기에 제가 오래전부터 고민해 온 문제가 있습니다. "이 방법밖에 없었을까? 신이 인간으로 태어날 수밖에 없었을까? 신이라면, 전능한 신이라면, 그저 손만 까딱해도 모든 것을 다 할 수 있을 텐데, 아니, 그냥 마음만 먹어도 다 이룰 수 있을 텐데, 그래야 전지전능하다고 할 수 있을 텐데, 왜 그렇게 하지 않았을까? 왜 굳이 인간으로 태어나시고 십자가를 져야 했는가?" 우리 하나님이 일하시는 방식을 보면, 전능한 신이라고 하기에는 무리인 것들이 많습니다. 특히 십자가 사건은 아무리 생각해 보아도 하나님 자신이 전능한 신이심을 드러내는 사건이라기보다는 오히려 신이기를 포기한 사건입니다.

구약성서를 읽어 보면, 하나님이 신이기를 포기했음을 명확하게 보여주는 사실들로 가득합니다. 보십시오. 전지전능하다는 분이 자기를 섬기는 백성 하나 제대로 간수하지 못합니다. 하나님은 한 번도 이스라엘을 강대국으로 만들지 못했습니다. 고대 신의 세계에서 하나님은 언제나 마이너였지 메이저 리그에 들지 못했습니다. 국제 정세를 비롯해서 제 뜻대로 할 수 있는 게 거의 없습니다. 자기 백성도 제대로 다스리지 못하고 자기 뜻 하나 제대로 관철시키지 못하는데, 어찌 전지전능한 신이라고 할 수 있을까요? 만약 어떤 왕이 그랬다면, 그 왕은 무능하기 짝이 없는 왕이지요.

그리고 구약성서를 읽다 보면, 하나님은 이스라엘 백성들이 하나님 말씀을 듣지 않기 때문에 이스라엘 백성들을 다 죽여 버리겠다, 진멸(盡滅)하겠다고 합니다. 이것은 보통 거친 말이 아닙니다. 정말 성질 더러운 조폭들이나 할 말이지요. 하나님이 우리가 생각하는 전형적인 신이라면 이렇게 하지 않았겠지요. 신이 아니고 도사만 되어도 어떤 일에 쉽게 화내거나 하지 않을 것입니다. 자식들이 조금 잘못했다고 번번이 자식들을 죽이겠다고 길길이 날뛴다면, 어떻게 좋은 부모라고 할 수 있겠습니까? 그러니 신이라면 당연히 이 수준을 넘어서야지요. 그런데도 하나님은 그 격한 성격을 참지 못하고 다 드러냅니다. 이것도 하나님 자신이 거룩한 신이기를 포기하기 때문이지요.

그리고 하나님이 보여주시는 변덕스러움은 무엇과도 비교할 수 없을 정도입니다. 하나님은 사람들을 다 죽여 버리겠다고 펄펄 뛰다가, 고생하는 이스라엘 백성들을 보시고 애간장이 녹는 아픔을 겪기도 하십니다. 신이라면 시종여일 변함이 없어야 할 텐데, 이렇게 변화무쌍해서야 어디 신이라고 할 수 있겠습니까? 인간들이 하는 행동에 일희일비하는 가슴 여린 그분, 그 지독한 파토스로 몸살을 앓는 그분을 어찌 신이라고 할 수 있겠습니까? 그리고 하나님 자신이 신이기를 포기하지 않고서야 어찌 이렇게 할 수 있겠습니까?

성서를 읽으면서, 모든 것을 다 이해할 수는 없어도, 한 가지 분명하게 아는 것은 하나님이 다양한 방식으로 자신이 신이기를 포기했다는 사실입니다. 그래서 하나님은 전형적인 신관념에 부합하지 않습니다. 그러니 어찌 신학이 가능하겠습니까? 신을 다르게 정의하지 않는다면, 하나님은 신의 반열에 오르기도 힘듭니다.

그런데 오늘 우리가 읽은 말씀 뒷부분은 우리를 더욱 놀라게 합니다. 예수께서 오히려 그렇게 했기 때문에, 즉 신이기를 포기했기 때문에, 신이 되셨다고 말합니다. 본문을 보면, 예수가 십자가에 못박혀 죽기까지 하나님께 복종하자, 하나님이 예수를 온 우주만물의 왕으로 삼으셨다고 합니다.

> "이러므로 하나님이 그를 지극히 높여 모든 이름 위에 뛰어난 이름을 주사 하늘에 있는 자들과 땅에 있는 자들과 땅 아래 있는 자들로 모든 무릎을 예수의 이름에 꿇게 하시고 모든 입으로 예수 그리스도를 주라 시인하여 하나님 아버지께 영광을 돌리게 하셨느니라."

정말 아름답고 위대한 찬송입니다. 우리 주님은 당연히 이런 대접을 받아야 합니다. 예수는 이런 찬송을 받아야 합니다. 우리 주님은 당연히 신의 자리에 올라야 합니다.

하지만 현실을 냉철하게 살펴보면, 이런 말씀에도 불구하고, 예수께서 그런 대접을 받지 못합니다. 우리가 아는 대로, 모든 사람들이 예수께 무릎 꿇은 게 아닙니다. 모든 사람들이 예수 그리스도를 주라고 시인하는 게 아닙니다. 모든 사람들이 예수 그리스도를 하나님으로 인정하는 게 아니라는 말입니다. 오히려 하나님 말씀이 무엇인지 알면서도, 그것을 고의적으로 어기는 사람들도 있습니다. 그래도 하나님은 그들을 어떻게 하지 못합니다.

그래서 우리 주님은 아직 신이 아닙니다. 아직 신 대접을 제대로 받지 못합니다. 우리 주님은 그것을 누구보다 잘 압니다. 자신이 아직 모든 사람들에게 경배를 받으시는 분이 아님을 압니다. 아직 모든 사람들이 예수를 주라고 시인하는 게 아님을 압니다. 오히려 여러 가지 상황들이 예수가 신이심을 부인합니다. 그래서 우리 주님은 이렇게 말씀하십니다. "아직 나는 신이 아니다."

　　나는 아직 신이 아니다
　　사람들이 나를 어르고 달래며
　　"당신이 진짜 신"이라고 우겨도
　　나는 아직 신이 아니다

　　아무리 애써도
　　벗어날 길 없는 고통으로
　　눈물 흘리는 이들이 있는 한
　　나는 아직 신이 아니다

　　세상 부귀영화 명예와 권세
　　다 나를 위해 버리겠노라 다짐해 놓고

정작 신의 이름으로 출세하려는 자들이 있는 한
나는 아직 신이 아니다

삶의 무게를 이기지 못해
제 목숨 스스로 끊고 마는
한 맺힌 이들이 있는 한
나는 아직 신이 아니다

끝없이 욕망을 부추기며
오로지 제 욕심 챙기기에 급급한
맘몬 숭배자들이 있는 한
나는 아직 신이 아니다

내놓을 것 하나 없어
기 펴보지도 못한 채
날마다 눌려 사는 이들이 있는 한
나는 아직 신이 아니다
나를 사랑의 신이라 칭하면서
제 왕국을 건설하고자
신의 이름으로 살인하는 자들이 있는 한
나는 아직 신이 아니다

그래서 나는 아직 신이 아니다
그대들이 아무리 나를 신이라 해도
아직 나는 신이 아니다
아직은.

그렇습니다. 아직은 아닙니다. 아직은 신이 아닙니다. 예수께서 신이기 위해서는 아직도 더 많은 시간이 필요합니다. 그때까지 예수는 신이기를 포기한 채, 이 땅에서 우리들과 함께 사실 것입니다. 우리가 주님 뜻을 따라주기만을 기다리면서. 그렇게 무능하게. 그러니 그분은 아직 신이 아닙니다. 그리고 그렇기에 역설적으로 하나님은 진정한 신입니다. 우리가 규정해 놓은 그 기준을 넘어서, 전지전능과 무소부재와 영구불변이라는 관념적 허울을 벗어버리고 이 세상에서 우리와 함께하시는 참신이십니다.

여러분, 기억하십시오. 종교개혁은 신학을 올바르게 세우는 것입니다. 신학은 무엇보다 신에 관한 학문입니다. 그렇기에 신관을 정립하는 것에서 신학도 시작하고 우리 신앙도 시작합니다. 우리 온 삶을 통해, 바른 신관을 정립함으로써 바른 신앙생활하시기를 빕니다. 이것이 바로 종교개혁의 본질입니다.

2. 예언과 경건

– 주술과 섬김의 갈림길에서 –

예언 / 경건은 삶이다.

예언에 있어서 경건은 삶이다. 왜 그러한가? 예언이 바로 삶이기 때문이다. 이것은 예언을 정의하는 데 있어서 뿐만 아니고 예언과 경건의 관계를 이해하는 데 있어서도 매우 중요한 명제이다. 예언은 그 시대를 사는 신앙적인 삶의 한 유형이며, 지독히 현실적인 삶 자체이다. 예언은 현실적인 삶을 대면하는 것에서 시작하며, 치열한 삶의 한복판에서 이루어진다. 그렇기에 예언은 우리가 강조하는 것 과는 달리 신앙적 경건이 삶을 벗어나서는 절대로 성립불가능함을 보여준다. 예언자들 가운데 그 누구도 현실적인 삶에서 도피해 은둔 하며 예언자로 부름받지 않았다는 사실이 이를 증명한다. 삶에서 벗 어나는 순간 예언은 그 의미를 상실한다. 경건을 말하는 사람들이 예수가 군중들로부터 벗어나 홀로 기도하셨음을 유난히 부각시키고, 많은 사람들이 토마스 머튼을 은둔수도자로 오해하는 것처럼, 경건 을 현실 삶에서 거리를 두는 것으로 생각하는 데 그것은 잘못이다. 머튼이 역설하듯 경건은 사람들과 어우러지는 현실적인 삶 속에서 이루어지기 때문이다.

그리고 우리가 대충 아는 것과는 달리, 예언은 예언(豫言)이 아니다. 아무리 일러주어도 독자들은 예언을 예언(豫言)으로 생각하는 것이 편하겠지만, 실망스럽게도 예언은 결코 미래 일을 알아내는 예언이 아니다. 미래에 대한 관심이 사람들에게 거의 본능적인 것이라고 해도, 성경적 예언은 그런 유치한 호기심으로 발동하지 않는다. 우리가 말하는 예언은 미래에 무슨 일이 일어날 것인가 하는 호기심과는 애당초 관계가 없다. 그래서 예언은 현실적인 삶을 벗어나서 먼 미래를 미리 내다보는 신통력과는 거리가 멀다. 우리가 아무리 그런 능력을 갖고 싶다고 해도, 척 보면 10년, 20년 아니 3, 40년 정도 앞에 일어날 일은 언제 어디서 어떻게 무슨 일이 누구에게 일어날지 쉽게 맞출 수 있는 그런 능력이 아무리 부럽다고 해도, 분명한 사실은 예언은 능력이 아니라는 거다. 예언은 직능(職能)이다. 즉 하나님으로부터 부여받은 기능이다. 다시 말하면, 그가 맡은 바 일이라는 것이다. 이것이 중요하다. 예언을 이렇게 정의하지 않으면, 성경, 특히 구약성경의 상당한 부분을 차지하는 예언을 결코 제대로 이해할 수 없다.

현실을 대면하고 비판하는 기능으로서의 예언은 그러한 대면을 통해서 현실적인 삶을 엮어나가고 또 다시 현실과 대면하기 때문에 '역사'(歷史)이다. 그렇기에 예언은 철저한 역사의식을 요구한다. 그가 사는 시대에 대한 인식이 예언에 필수적이다. 아무런 현실의식 없이 어느 날 갑자기 예언자로 둔갑하는 사람은 없었다. 자신은 별 생각이 없는데, 하나님이 말할 내용을 일러주어서 뜻도 모른 채 그것을 그대로 전하는 그런 예언자는 없었다.

그리고 무엇보다 예언은 예언(預言)이다. 예언은 내 말을 하는 것이 아니다. 예언은 하나님이 예언자에게 말씀을 맡기는 것으로 시작한다. 예언은 말씀이다. 물론 그 말씀은 육성으로 그리고 필력으로 전해지는 인간적인 언어이지만, 그보다 더 근본적으로는 그러한 인간적인 언어를 매개로 우리에게 전해지는 하나님 말씀이다. 그렇기에 예언자는 자신이 하나님 앞에 선 것을 철저하게 느껴야 한다. 그런데 하나님 앞에 선 것은 현실적인 삶을 벗어나 아무것도 없는 텅 빈 공간에서 홀로 하나님을 독대하는 것이 아니다. 그렇게 해서는 결코 하나님 앞에 설 수 없다. 하나님은 그런 텅 빈 공간에 '존재'하지 않기 때문이다. 성경이 말하는 하나님은 존재한다기보다 역사하시는 분이기 때문이다. 이런 측면에서 성경은 신존재에 관심을 기울이는 헬라철학과 그 아류인 서양기독교신학과는 다르게, 역사 속에서 일하심으로써 자신을 계시하는 하나님을 우리에게 말한다. 그래서 우리가 하나님께 초월하는 것이 아니고 하나님이 우리에게로 초월하시고, 우리와 함께하신다. 임마누엘! 예언은 하나님이 역사 속으로 들어오셔서 우리와 함께하심을 보여준다. 그렇기에 예언은 우리와는 떨어져서, 보이지는 않지만 어디엔가 계시거나, 우리의 감각으로는 포착할 수 없고 관념으로만 추론할 수 있는 개념인 형이상학적 존재가 아니고, 우리와 함께하시며 행동하시는 분을 계시한다. 우리 하나님은 역사 속에 계시는 하나님이시며, 역사를 주관하시고 이루시는 하나님이다.

예언 / 경건은 고통이다.

고대 이스라엘 백성들, 특히 예언자들은 하나님을 구체적인 시공간 속에서 만났다. 이사야서는 이렇게 시작한다.

> 유다 왕 웃시야와 요담과 아하스와 히스기야 시대에 아모스의 아들
> 이사야가 유다와 예루살렘에 대해여 본 이상이라(사 1:1)

이 구절은 이사야가 하나님 체험을 어느 시간 어느 공간에서 했는지를 명확하게 보여준다. 예언서들은 대체로 이러한 구절로 시작한다. 그리고 예레미야서와 에스겔서는 예언을 선포하는 시기를 보다 구체적으로 밝힌다.

> 바벨론 왕 느부갓네살이 유다 왕 여호야김의 아들 여고냐와 유다
> 방백들과 목공들과 철공들을 예루살렘에서 바벨론으로 옮긴 후에
> 여호와께서 여호와의 전 앞에 놓인 무화과 두 광주리로 내게 보이
> 셨는데(렘 24:1)

제 삼십년 사월 오일에 내가 그발 강가 사로잡힌 자 중에 있더니 하늘이 열리며 하나님의 이상을 내게 보이시니 여호야긴 왕의 사로잡힌 지 오 년 그달 오일이라 갈대아 땅 그발 강가에서 여호와의 말씀이 부시의 아들 제사장 나 에스겔에게 특별히 임하고 여호와의 권능이 내 위에 있으니라(겔 1:1 - 3)

이 구절들이 보여주듯, 예언은 구체적인 시공간 속에서 이루어진다. 그것은 하나님이 특정한 시공간 속에서 역사하심을 의미한다. 예언자들은 하나님이 자신들을 예언자로 부르실 수밖에 없는 시간적·공간적 상황 속에서 하나님 앞에 선다. 우리는 잡동사니 같은 현실적 상황을 둘러메고 그것도 모자라면 그 너저분한 것들을 여기저기에 걸치고 하나님 앞에 서야 한다. 그렇기에 예언자들이 경험하는 신적 체험은 모든 거추장한 것들을 다 떨쳐버리고 허허로운 모습으로 하나님을 만나는 그런 신선노름이 아니다. 그분을 만나면 지극한 평온을 얻는 그런 고급스러운 수련도 아니다. 예언자들 가운데 그 누구도 하나님이 자신을 예언자로 부르실 때 "오 해피데이!"를 외치지 못했다. 하나님 체험은 고통스럽다. 물론 예언자들이 하나님을 그때서야 처음으로 체험한 것은 아니지만, 그들을 예언자로 부르시는 하나님을 경험하는 것은 지금까지의 경험과는 다를 수밖에 없었다. 하나님이 예레미야를 예언자로 부르시는 장면을 살펴보자. 하나님은 예레미야에게 나타나셔서 이렇게 말씀하신다.

여호와의 말씀이 내게 임하니라 이르시되 내가 너를 복중에 짓기

전에 너를 알았고 내가 태에서 나오기 전에 너를 구별하였고 너를
열방의 선지자로 세웠노라 하시기로(렘 1:4-5)

"여호와의 말씀이 내게 임하니라." 예언자들이 예언자로 부름받는
사건은 하나님 말씀이 임하는 것으로 시작한다. 그리고 구체적인 예
언 역시 하나님 말씀이 임하는 사건이다. 그렇기에 예언자들에게 있
어서 하나님 말씀이 임하는 순간은 그 말씀을 듣고 전해야 하는 순
간이다. 그런데 하나님 말씀이 임했다는 것은 어떤 경험일까? 도대
체 예언자들은 그것을 어떻게 알았을까? 소명체험은 예언자들이 개
인적으로 체험한 매우 주관적인 경험이기 때문에 그것이 구체적으
로 어떻게 일어났는지는 알 수 없다. 그러나 우리가 명확하게 알
수 있는 사실은 소명체험이 예언자가 원해서 일어난 게 아니라는
것이다. 예언은 하나님이 말씀을 예언자들에게 맡기는 사건이기 때
문에 예언자들이 주도적일 수는 없다. 하나님이 강권적으로 예언자
들에게 말씀을 맡기시는 것이다. 물론 그렇다고 해서 아무런 예언적
의식도 없는 사람을 부르시지는 않았겠지만, 그들이 원했다기보다
하나님이 그들에게 강권적으로 임했음이 분명하다. 이것은 우리가
듣기에 매우 감격적인 말씀, 즉 하나님이 이미 우리를 선택하셨다는
그 감격스러운 말씀에도 불구하고 예레미야가 이렇게 말하기 때문
이다.

슬프도소이다 주 여호와여 보소서 나는 아이라 말할 줄을 알지 못
하나이다(렘 1:6)

예레미야뿐만 아니고 대다수 예언자들이 이런 반응을 보였을 텐데, 매우 불경스럽고 불신앙적인 자세로 보이지 않는가? 하나님이 부르시면 "할렐루야 아멘"으로 응답하고 "주님께서 맡겨주신 일, 목숨 걸고 완수하겠나이다"라고 외치면서 뛰쳐나가는 것을 당연하다고 생각하는 사람들에게는 참으로 우습기 짝이 없는 반응일 것이다. 하지만 이것은 속 모르는 일이다. 예언자들이 예언자로 부름받는 그 거룩한 순간은 우리가 생각하는 것처럼 그렇게 고상하지 않기 때문이다. 에스겔은 하나님이 맡기신 파수꾼 사명을 감당하지 않으면 죽임을 당할 것이라는 위협을 받았다. 이사야는 하나님이 자신을 부르실 때 "이제 나는 죽었구나"라고 생각했으며, 에스겔 역시 생전 처음 보는 괴상한 모습들로 인해서 온몸이 얼어붙는 두려움을 느껴야 했다. 다니엘은 하나님 말씀을 환상으로 볼 때마다 온몸이 마비되어서 며칠 동안 식음을 전폐해야 했다. 이처럼 하나님 말씀을 듣는 순간, 즉 하나님이 말씀으로 예언자들에게 임하는 순간은 예언자들을 죽음의 공포 속으로 몰아넣고 온 몸을 녹초로 만들어버릴 만큼 충격적이고 고통스러웠다.

왜 그랬을까? 왜 하나님이 부르시는 그 순간이 두 팔을 번쩍 쳐들고 앞으로 뛰어나가면서 "할렐루야!"를 외칠 만큼 감동스럽지 못하고, 두 팔로 얼굴을 감싸 안고 땅바닥에 힘없이 주저앉으면서 "아이고 죽었구나!"라고 단말마 같은 신음을 토해낼 수밖에 없는가? 그것은 예언자들이 믿음이 없기 때문이 아니었다. 그들이 우리보다 믿음이 약해서 그런 게 아니었다는 말이다. 그러니 예언서를 읽으면서 예언자들이 신음소리를 낼 때마다 그것을 믿음 없는 불신앙적인 행동이라고 질책하지 말아야 할 일이다. 어떤 성경을 보면, 예언자들이 하나님께 고통스럽게 하소연하는 장면에 "아무개의 불신앙"이라고 제목을 달기도 하는데, 그렇게 간단하게 정죄할 일이 아니라는 것이다.

이사야서를 보자. 예언서 서문(1:1)이 끝나고 바로 이어지는 구절을 읽어보라.

> 하늘이여 들으라 땅이여 귀를 기울이라
> 여호와께서 말씀하시기를
> 내가 자식을 양육하였거늘 그들이 나를 거역하였도다
> 소는 그 임자를 알고 나귀는 주인의 구유를 알건마는
> 이스라엘은 알지 못하고 나의 백성은 깨닫지 못하는도다 하셨도다
> 슬프다 범죄한 나라요 허물진 백성이요
> 행악의 종자요 행위가 부패한 자식이로다
> 그들이 여호와를 버리며
> 이스라엘의 거룩한 자를 만홀히 여겨 멀리하고 물러갔도다(사 1:2-4)

문학적으로 매우 탁월한 명문(名文)이지만, 내용은 심상치 않다. 예언자가 예언자로 부름받는 상황, 그리고 예언자가 예언자로서 대면해야 할 상황, 즉 하나님 말씀을 전해야 할 상황은 하나님이 이미 권위를 잃어버린 상황이다. 하나님이 버림받은 상황이라는 것이

다. 예언자들은 하나님의 백성이라는 이스라엘 백성들이 제 부모 우습게 아는 불효자식처럼 하나님을 무시하고 제멋대로 하는 그런 상황과 대면해야 한다. 소명체험은 바로 이런 상황에 대한 철저한 인식을 요구한다. 이처럼 형편없는 상황 인식에서 예언은 시작한다. 이러한 상황을 가장 먼저 인식하신 분은 하나님이지만, 예언자들도 이미 그런 상황을 알고 있다. 하나님 말씀이 통하지 않는 세상. 하나님이 무시당하는 세상. 이것은 얼마나 끔찍한 일인가? 그러니 예언자들이 나가서 말씀을 전한다는 게 여간 고통스러운 일이 아니었음을 짐작할 만하다.

예언 / 경건은 비판이다.

그런데 도대체 어떤 상황이기에 하나님이 그토록 무시당한다고 말하는가? 이사야가 하는 말을 더 들어보자.

> 너희 소돔의 관원들아 여호와의 말씀을 들을지어다 너희 고모라의 백성아 우리 하나님의 법에 귀를 기울일지어다 여호와께서 말씀하시되 너희의 무수한 제물이 내게 무엇이 유익하뇨 나는 숫양의 번제와 살진 짐승의 기름에 배불렀고 나는 수송아지나 어린 양이나 숫염소의 피를 기뻐하지 아니하노라(사 1:10-11)

하나님은 유다를 소돔과 고모라처럼 여기신다. 즉 유다가 소돔과 고모라처럼 타락해서 멸망당할 수밖에 없는 곳이 되었다는 것이다.

이것은 쉽게 할 수 있는 말이 아니다. 아무리 범죄했다고 해도 하나님의 백성인데 그들을 소돔과 고모라에 비하는 것은 너무한 게 아닌가? 도대체 그들이 무슨 짓을 했기에 이토록 심한 말을 듣는 것일까?

우리는 이 구절에 이어서 유다가 저지른 악행이 언급될 것으로 기대한다. 그런데 그다음에 나오는 말은 우리의 기대를 무너뜨린다. 유다 백성들이 하나님을 버리고 하나님을 섬기지 않았다는 말이 이어질 것으로 생각했는데, 그것과는 정반대로 유다 백성들이 하나님께 무수한 제물을 바치기 때문이다. 이것은 우리를 매우 황당하게 만든다. 유다 백성들이 하나님을 떠나서 하나님께 예배드리지 않기 때문에 하나님이 예언자들을 부르시고 범죄한 백성들에게 하나님 말씀을 전하게 한 것이라고 생각했는데, 그게 아니기 때문이다. 유다 백성들은 여전히 하나님을 찾고 하나님께 예배를 드린다. 오히려 제사를 너무 많이 드려서 문제일 정도이다. 이게 도대체 어찌 된 일인가? 이것을 어떻게 이해해야 하는가? 그다음 구절을 더 읽어보자.

너희가 내 앞에 보이러 오니 그것을 누가 너희에게 요구하였느뇨 내 마당만 밟을 뿐이니라 헛된 제물을 다시 가져오지 말라 분향은 나의 가증히 여기는 바요 월삭과 안식일과 대회로 모이는 것도 그러하니 성회와 아울러 악을 행하는 것을 내가 견디지 못하겠노라 내 마음이 너희의 월삭과 정한 절기를 싫어하나니 그것이 내게 무거운 짐이라 내가 지기에 곤비하였느니라 너희가 손을 펼 때에 내

가 눈을 가리우고 너희가 많이 기도할지라도 내가 듣지 아니하리니
이는 너희의 손에 피가 가득함이라(사 1:12-15)

유다 백성이 짓는 죄는 하나님께 예배하지 않기 때문이 아니다.
제사를 드리지 않아서 하나님이 그들을 책망하는 것이 아니다. 그들
은 하나님께 열심히 제사드린다. 월삭, 안식일, 대회. 이 단어들이
가리키는 것처럼 시시때때로 하나님께 제사드린다. 이스라엘이나 유
다 백성들이 하나님께 제사드리지 않아서 하나님이 진노하시는 게
아니라는 것이다.

너희는 벧엘에 가서 범죄하며 길갈에 가서 죄를 더하며 아침마다
너희 희생을, 삼일마다 너희 십일조를 드리며 누룩넣은 것을 불살
라 수은제로 드리며 낙헌제를 소리내어 광포하려무나 이스라엘 자
손들아 이것이 너희의 기뻐하는 바니라 주 여호와의 말씀이니라(암
4:4-5)

내가 너희 절기를 미워하여 멸시하며 너희 성회들을 기뻐하지 아니
하나니 너희가 내게 번제나 소제를 드릴지라도 내가 받지 아니할
것이요 너희 살진 희생의 화목제도 내가 돌아보지 아니하리라(암
5:21-22)

남유다는 말할 것도 없고, 아모스가 멸망을 선포하는 북왕국 이
스라엘도 하나님께 제사드리는 일에 소홀하지 않았다. 곳곳에서 제
사를 드리고, 우리가 새벽예배하듯 아침마다 제사드리고, 수요예배

드리듯 삼일마다 제사드리고, 갖가지 명목으로 제사를 드렸다. 이 구절들이 명백히 보여주듯, 이스라엘 백성들이 하나님께 제사드리지 않아서 하나님이 진노하신 게 아니라는 이 엄연한 사실이 우리를 매우 당혹스럽게 한다. 그렇다면 도대체 하나님이 진노하시는 이유가 무엇이란 말인가? 이처럼 이스라엘 백성들이 하나님께 시도 때도 없을 만큼 빈번하게 제사를 드리는데 왜 하나님이 무시당하고 버림받았다는 것인가? 하나님이 공연한 심통을 부리는 게 아닌가? 요즘에도 이 정도로 하면 일등신자이고, 하늘나라 명당자리는 따 놓은 당상인데, 도대체 무엇이 문제란 말인가? 여기서 우리는 심각한 고민을 해야 한다. 그리고 생각을 전환해야 한다. 하나님께 제사드리는 게 문제가 아니라는 것이다. 다른 심각한 문제가 있다는 것이다. 우리는 그것을 아모스의 말에서 짐작할 수 있다. 아모스는 이스라엘 백성들이 제 좋을 대로 하나님을 섬긴다고 말한다. 이것은 이스라엘이 하나님 원하시는 대로, 즉 하나님이 기뻐하시는 방식대로 하나님을 섬긴 게 아니라는 것이다. 다시 말하면, 하나님 뜻을 이루기 위해서 제사드리는 것이 아니고 제 뜻을 이루기 위해서 제사드렸다는 것이다. 더 솔직하게 말하면, 하나님 뜻을 이루는 것에는 전혀 관심이 없고, 제 뜻대로 살았다는 것이다. 이것은 더 심각한 범죄이다. 하나님을 섬긴다고 하면서 하나님을 무시하고 제 마음대로 하나님을 대하는 것만큼 큰 죄가 어디 있겠는가? 하나님이 원하시는 것은 제사 자체가 아니다. 제사를 통해서 하나님 뜻을 이루려는 게 제사제도를 명령하신 하나님 의도이다. 그래서 하나님은 이렇게 말씀하신다.

> 너희는 스스로 씻으며 스스로 깨끗케 하여 내 목전에서 너희 악업
> 을 버리며 악행을 그치고 선행을 배우며 공의를 구하며 학대받는
> 자를 도와주며 고아를 위하여 신원하며 과부를 위하여 변호하라 하
> 셨느니라(사 1:16 - 17)

하나님이 못견뎌하시는 것은 하나님을 섬긴다고 하면서 온갖 악
을 저지르는 것이다. 이것만큼 하나님을 무시하는 행동은 없을 것이
다. 절기를 정해 놓고 그날에 제사드리기 위해서 모여서 온갖 못된
짓들이나 저지르고, 자기들에게 맡겨진 책임을 다하지 않고, 온갖
불의를 저지르거나 묵과하는 그 가증한 행위들을 하나님은 지적하
신다. 하나님은 아모스를 통해서 그 유명한 말씀을 하신다.

> 오직 공법을 물같이, 정의를 하수같이 흘릴지로다(암 5:24)

하나님의 이 지엄하고 위대하신 명령을 아모스만 외친 것이 아니
다. 이사야와 거의 비슷한 시대를 살았던 미가는 또 얼마나 놀라운
말씀을 전했는가!

> 내가 무엇을 가지고 여호와 앞에 나아가며 높으신 하나님께 경배할
> 까 내가 번제물 일 년 된 송아지를 가지고 그 앞에 나아갈까 여호
> 와께서 천천의 수양이나 만만의 강수 같은 기름을 기뻐하실까 내
> 허물을 위하여 내 맏아들을, 내 영혼의 죄를 인하여 내 몸의 열매

를 드릴까 사람아 주께서 선한 것이 무엇임을 네게 보이셨나니 여호와께서 네게 구하시는 것이 오직 공의를 행하며 인자를 사랑하며 겸손히 네 하나님과 함께 행하는 것이 아니냐(미 6:6 - 8)

얼마나 귀한 말씀인가? 읽으면 읽을수록 감탄이 절로 나온다. 정말 명문 중에 명문이다. 하지만 이 구절이 명문임에 분명하지만, 이 구절이 명문일 수밖에 없는 상황은 결코 바람직하지 않다. 이 구절을 모르는 기독교인은 없을 것이다. 하지만 이 구절을 사람들이 많이 알면 알수록 상황은 결코 바람직하지 않다. 사람들이 이 구절을 자꾸 인용하면 할수록 그만큼 세상은 하나님이 원하시는 것과는 거리가 멀기 때문이다. 지금부터 2700여 년 전에 남왕국 유다에서 미가 예언자가 했던 이 말이 지금도 우리에게 의미가 있다는 것은 2700여 년이란 긴 시간이 흘렀지만, 상황은 전혀 달라지지 않았음을 가리킨다. 이 얼마나 끔찍한 일인가? 2700년 동안 세상은 엄청나게 달라졌는데도 예언은 전혀 달라지지 않았다니 말이다. 그렇기에 예언자 미가가 들려준 말씀을 지금도 곱씹을 수밖에 없는 우리 처지가 참으로 안타깝다.

미가가 제사를 새롭게 해석했듯 이사야는 금식을 새롭게 정의한다.

나의 기뻐하는 금식은 흉악의 결박을 풀어주며 멍에의 줄을 끌러주며 압제당하는 자를 자유케 하며 모든 멍에를 꺾는 것이 아니겠느냐 또 주린 자에게 네 식물을 나눠주며 유리하는 빈민을 네 집에

들이며 벗은 자를 보면 입히며 또 네 골육을 피하여 스스로 숨지 아니하는 것이 아니겠느냐(사 58:6－7)

금식에 대한 이사야의 새로운 해석 역시 탁월하다. 지금부터 2700여 년 전에 어쩌면 이리도 수준 높은 종교적 식견을 가질 수 있었는지 놀랄 따름이다. 그런데 우리에게는 왜 그런 해석 능력이 없는가? 왜 금식을 신앙적 실천으로 해석할 능력이 없느냐 말이다. 왜 사십일 금식기도는 몇 번씩 하고 심지어 그것을 명함에 넣어 찍기까지 한다는 말이 나돌 정도로 그렇게 하면서, 금식이 의미하는 진정한 의미에 대해서는 그리도 무지몽매한가?

당시의 신앙적 행위에 대해 새로운 해석을 하면서 예언자들이 말하려는 것은 분명하다. 하나님 뜻대로 행하라는 것이다. 하나님 뜻이 무엇인지 살피고, 하나님이 원하시는 살아라. 그런데 이렇게 말하면, 또 사람들은 제 나름대로 하나님 뜻을 이해할 것이다. 그러나 예언자들은 명확하게 말한다. 하나님 뜻은 어려운 사람들을 돌보는 것이다. 그래서 이 세상에 인간 이하의 삶을 사는 사람들이 없게 하라는 것이다. 그런 세상을 만들라는 것이다. 그렇지 않으면 아무리 제사를 성대히 드려도 그것은 오히려 하나님을 괴롭히는 일이라는 것이다. 그리고 그것만큼 가증스러운 일은 없다는 것이다.

그러니 우리는 선택해야 한다. 하나님 뜻을 실천할 것인가? 아니면 내 마음대로 예배할 것인가? 다시 말하면, 내 뜻을 이루기 위해 하나님의 능력을 이용하는 주술적인 신앙을 가질 것인가? 아니면 하나님이 일러주신 뜻을 준행하면서 하나님을 바르게 섬길 것인가? 예언자적 소명체험은 바로 이러한 결단을 요구한다. 하나님을 제 마음대로 예배하는 가증스러운 현실, 즉 불신앙보다 더 지독한 불신앙을 대면하면서, 내 뜻을 이루기 위해서 하나님을 이용할 것인가 아니면 하나님 뜻을 이루기 위해서 내 모든 것을 다 바칠 것인가를 결단해야 한다. 하나님이 내 편이라고 말하는 것만큼 불신앙적인 행동은 없다. 우리는 언제나 내가 하나님 편인지를 생각해야 한다. 거짓예언자는 누구인가? "본 것이 없이 자기 심령을 따라 예언하는 우매한"(겔 13:2) 자이다. 무엇보다 거짓예언자는 하나님을 자기편으로 만들려는 자이다. 그들은 신앙을 주술로 바꿔버리는 자이다. 하나님 뜻 대신 제 뜻을 앞세우고, 지독히 현실주의적이지만, 비현실적이고, 몰역사적이다.

몰역사적인 행동, 즉 우리가 사는 세상, 현실을 인식하지 못하는 행동은 얼마나 가증한 것인가? 예언은 이 세상에 임하시는 하나님 말씀이다. 이 땅에 비처럼 내리는 하나님 말씀이다. 그 말씀은 다시 되돌아가지 않는다. 이 땅에 씨를 뿌리고 열매를 맺고 다시 이 땅에 묻힌다. 그게 하나님 말씀이다. 그럼에도 불구하고 우리는 얼마나 이 세상을 벗어나기 위해 안달하는가? 이 세상일에 초연하는 것이 지극한 신앙인 줄 알고 그렇게 살기 위해 몸부림친 게 얼마인가? 뻔히 그게 불가능한 줄 알면서도 어쨌거나 나는 모르겠다는 식으로 현실에 두 눈 질끈 감고 들어도 못들은 척 그렇게 사는 게 신앙적이라고 생각한 게 얼마나 불신앙적인 행동이었는지 새삼 깨우칠 일이다.

그런데 요즘에는 더 놀라운 일을 목격한다. 그렇게 고집을 피우던 사람들이 이제는 현실 정치에 개입하는 것이 주님 뜻이라고 외쳐댄다. 어처구니없기도 하고, 역시 대단하다 감탄하기도 한다. 정치는 세상일이기에 거기에 절대 개입해서는 안 된다고 하면서 정치 불개입 논리로 정치에 개입하더니, 이제는 드러내놓고 정치에 개입해야 한다면서 당을 만들고 선거에 뛰어들고, 무슨 라이트를 만들고 세상 요지경이다. 한번이라도 입장변화에 대한 무슨 언급을 했다면 모르겠다. 그런 언급도 없이, "뒤로 돌아 앞으로 돌진!"이라는 구호도 없이 입장을 180도 바꾸고 지금까지와는 정반대 방향으로 돌진하니 어리벙벙할 뿐이다. 이것은 "입장전환"이라는 말로는 부족하다. "배교(背敎)"가 지나치다면, "변절(變節)"이라고 해야 할 것이다. 왜냐하면 자신들이 지금까지 추구하던 절대적 진리를 송두리째 뒤집어놓았기 때문이다. 이런 변절은 그들이 보여주는 지독한 현실주의에서도 드러난다. 그들은 이제 이세상과 저세상을 나누던 이원론에서도 벗어난 듯하다. 물론 지금까지 그들이 취해 온 자세에 비춰 보면 용한 행동이기는 하지만, 그래도 다른 입장을 보이는 사람들을 정죄하면서 지금까지 목숨 걸고 취해 온 주장들을 어찌 그리도 한순간에 아무런 변명도 없이 저버릴 수 있는지 놀랍기만 하다.

그들은 이 세상 정치와 문화에 적극적으로 개입해서 이 세상을 기독교 정신으로 변혁시켜 놓아야 한다는 명분을 내세우지만, 가증스럽게도 현실적 성공을 지향한다는 점에서 근본적으로는 비종말론적, 아니 반종말론적이라고 지적하지 않을 수 없다. 이런 점에서 그들은 반예언적이기도 하다. 물론 그들이 지금까지 주장해 온 종말론 역시 거부해야겠지만, 그들이 현재 보여주는 현실주의적 입장 역시 거부할 수밖에 없다.[Jim Wallis, God's Politics – Why the Right Gets It Wrong and the Left Doesn't Get It(New York: HarperCollins Publishers, Inc., 2005).]

예언 / 경건은 소망이다.

예언자들은 현실을 직시했다. 그들이 직면한 현실은 가증스러웠고, 그만큼 절망적이었다. 하지만 예언자들은 절망하지 않았다. 혐오스러운 그 현실을 향해서 속속들이 죄를 지적하고 경고하고, 임박한 재난을 선포했지만, 예언이 결코 거기서 끝나지 않았음을 기억해야 할 것이다. 예언은 종말을 지향한다. 물론 "종말"이라는 말 역시 잘못 만들어진 어휘들 가운데 하나이기 때문에 그 의미를 성경적으로 재규정해서 사용해야 할 것이다. 종말은 우리가 아는 것처럼 '끝'이 아니다. 종말은 새로운 시작을 의미한다. 그렇기 때문에 우리가 종말을 이야기할 때 끔찍스러운 재난만을 생각하는 것은 잘못이다.

종말은 현실주의적인 사람들이 불가능하다고 생각하는 것을 가능하다고 말하는 것이다. 종말은 우리가 할 수 있다고 말하는 대신, 하나님이 하신다고 말하는 것이다. 그렇게 함으로써 인간들이 하나님을 등에 업고 무엇이든 할 수 있다고 외치는 이 불경스러운 시대에 강력한 펀치를 먹이는 것이다.

종말의식이 없을 때, 탐욕이 발생한다. 탐욕은 비전이 아닌 야망을 갖기 때문에 생긴다. 우리는 비전과 야망을 혼동한다. 이사야서 2장 2-4절을 보면, 이사야는 하나님이 보여주시는 비전(vision)을 본다. 이사야는 왜 그런 비전을 보았을까? 이사야가 그것을 죽을 만큼 보고 싶어 했기 때문이다. 세상이 전쟁으로 끔찍한 고통을 당하던 시절, 이사야는 전쟁 없는 세상 보기를 간절히 원했고, 하나님은 이사야에게 그런 세상을 비전으로 보여주셨다.

비전. 참 좋은 말이다. 그래서인지 우리 기독교인들은 '비전'이라는 말을 유별나게 많이 한다. '비전 집회' '비전 트립'(vision trip) '비전 목회'…… 사람들은 비전을 가져야 한다고 생각하고, 다른 사람들에게도 비전을 가지라고 권고한다. 그런데 우리가 알아야 할 분명한 사실은 우리가 우리 마음대로 비전을 갖는 게 아니라는 것이다. 비전은 내가 보려고 해서 보는 것도 아니고, 내가 가지려고 해서 갖는 것도 아니다. 비전은 하나님이 우리에게 보여주시는 것이다. 이사야에게 보여주신 것처럼, 하나님의 역사를 보여주시는 것이 비전이다. 하나님이 만드실 그 아름답고도 복된 세상, 새 시대, 새 하늘과 새 땅의 모습을 보여주시는 것이 바로 비전이다. 그리고 하나님은 우리로 하여금 그날을 소망하게 하신다. 그래서 비전, 즉 하나님이 만드시는 새 나라 이미지는 하나님의 역사를 바라는 간절한 소망의 이미지다.[Desmond Tutu, God Has a Dream – A Vision of Hope for Our Time(New York: Image Books, Doubleday, 2004).]

그렇기에 하나님이 보여주시는 비전은 개인적인 차원이 전혀 아니다. 하나님은 한 개인이 앞으로 어떻게 될 것인지를 비전으로 보여주시지 않는다. 비전은 하나님이 만드실 새 나라에 대한 이미지이기 때문에, 언제나 공동체적이다. 비전을 개인적인 차원에 국한시켜서 생각하면 그것은 더 이상 '소망'(所望)이 아니고 '야망'(野望)일 뿐이다. 개인적인 차원에서 '비전을 갖자'고 말하는 것은 소망을 갖자는 것이 아니고 야망을 갖자는 뜻이다.

이렇듯 하나님은 우리에게 비전을 보여주시면서, 하나님이 만드실 새 나라 건설사역에 우리를 부르신다. 이것이 '소명'(召命)이다. 우리는 하나님이 보여주시는 비전을 보고, 하나님의 부름에 응답해서 하나님의 역사에 동참한다.

마틴 루터 킹 목사님은 워싱턴 링컨기념관 앞에 모인 수많은 사람들에게 간절하게 들려준 '나는 꿈을 꿉니다(I Have a Dream)'라는 유명한 연설에서 이런 말씀을 하셨다. "지금 나에게는 꿈이 있습니다! 골짜기마다 돋우어지고 산마다, 작은 산마다 낮아지며 고르지 않은 곳이 평탄케 되며 험한 곳이 평지가 될 것이요, 주님의 영광이 나타나고 모든 육체가 그것을 함께 보게 될 날이 있을 것이라는 꿈입니다. 이것은 우리 모두의 희망입니다. 저는 이런 희망을 가지고 남부로 돌아갈 것입니다. 이런 희망이 있다면 우리는 절망의 산을 토막내어 희망의 이정표를 만들 수 있습니다."

이런 것이 비전이다. 다시 말하지만, 자신이 앞으로 무엇이 될 것이라거나 앞으로 어떤 일을 해낼 것이라는 지극히 사적인 욕심을 비전이라고 하지 않는다. 그것은 야망일 뿐이다. 비전은 하나님이 우리에게 보여주시는 미래에 대한 '소망'이지, 결코 내 스스로 꿈꾸는 '포부'나 '야망'이 아니다.

예언 / 경건은 다시 삶이다

예언은 경건한 삶의 표현이다. 경건하지 않고 어떻게 예언자로 부름받았겠으며, 목숨이 위태로울 정도로 두려움에도 불구하고 하나님 말씀을 전했겠는가? 그렇기에 예언은 경건한 삶에 기초하며, 경건은 예언적 삶을 통해서 표출된다. 예언은 삶이며 삶의 한복판에서 이루어진다.

그리고 예언은 하나님 뜻을 따르는 결단이다. 하나님을 내 편으로 삼고 하나님 힘을 빌려서 내 뜻을 이루려는 지극히 주술적인 신앙을 버리고, 내가 하나님 편이 되어 하나님이 원하시는 뜻을 내 목숨 다해 이루어드리려는 치열한 섬김의 실천이다. 예언은 내 꿈을 꾸지 않고 하나님이 꾸시는 꿈을 꾸는 것이며, 그 꿈을 이뤄드리기 위해, 아니, 하나님이 이루시려는 세상에 동참하기 위해 애쓰는 삶이다.

그렇기에 예언은 다시 삶이다. 예언이 다시 삶인 까닭은 근본적으로 하나님이 삶을 원하시기 때문이다. 에스겔은 이렇게 말한다.

> 나 주 여호와가 말하노라 이스라엘 족속아 내가 너희 각 사람의 행한 대로 국문할지라 너희는 돌이켜 회개하고 모든 죄에서 떠날지어다 그리한즉 죄악이 너희를 패망케 아니하리라 너희는 범한 모든 죄악을 버리고 마음과 영을 새롭게 할지어다 이스라엘 족속아 너희가 어찌하여 죽고자 하느냐 나 주 여호와가 말하노라 죽는 자의 죽는 것은 내가 기뻐하지 아니하노니 너희는 스스로 돌이키고 살지니라(겔 18:30 - 32)

여기서 보듯, 하나님은 우리가 경건한 삶을 통해서 삶을 선택하기를 간절히 원하신다. 이러한 하나님 뜻을 이루기 위해 우리는 경건에 기초한 예언적 삶을 살아야 할 것이다. 지금까지 삶을 중심으로 예언과 경건을 살펴보았는데, 예언은 삶 속에서 발생하고 삶을 통해서 표출되며 삶을 추구하는 경건을 우리에게 제시한다.

3. 디지털시대, 한국교회에 영성이 있는가?

이 글을 쓰면서, 불현듯 궁금한 게 떠올랐다. 불과 몇 해 전, 어느 아주머니가 디지털을 돼지털이라고 해서 웃기던 시절, "몹쓸" 디지털을 염려하고 종말론적 공포분위기를 조성하던 사람들은 다 어디로 갔을까? 첨단과학이라고 하면, "그런 불경스러운 것을 용납할 수 없다"고 양팔 걷고 나서던 사람들은 다 어디로 갔을까? 궁금하지 않은가? 그래서 살펴본 결과, 붉은 악마를 도저히 받아들일 수 없다고 거의 목숨 걸고 반대하던 사람들이 전혀 예상하지 못한 엄청난 길거리 응원을 보더니, "축구 보고 은혜 받고 경품타자"는 구호를 내걸고, 어느새 너나없이 붉은 악마 티셔츠를 유니폼으로 갈아 입고는, "대형스크린완비·냉방완비·간식제공"으로 사람들을 끌어들이면서, "거룩한" 교회에 대형스크린을 설치하고 축구경기를 보며, 신종 찬송가 "대~한민국"을 합창하던 것처럼, 그들은 대세가 '디지털'임을 재빠르게 눈치 채고 대오각성해서, 이미 디지털 제국의 충성스런 신민이 된 지 오래였다. 그들은 디지털 지식인, 즉 디제라티라고 자부하는 나보다 훨씬 더 디지털적이어서, 오히려 내가 놀랄 지경이다.

정말 몇 년 사이에 디지털이 온 세계를 제패했다. 그래서 디지털은 우리에게 이미 "공기"다.(디지털을 사용하지 않는 사람까지 포함해서) 아무도 디지털 없으면 살 수 없지만, 아무도 디지털을 특별하게 의식하지는 않는다. 그만큼 디지털에 젖어 살기 때문이다. 조그마한 개인용품에서부터 미사일 같은 대량살상무기에 이르기까지 모든 게 디지털적이다. 이 시대가 디지털시대라고 말하는 것은 인간이 공기를 마셔야 산다고 하는 것만큼이나 당연한 말이어서 오히려 신선함이 떨어질 정도다.

이처럼 디지털에 둘려 사는 이 시대에, 영성(靈性)은 과연 무엇이며 어떤 의미를 갖는가? 영성을 말할 때, 신(神)을 먼저 말해야 할 것 같지만, 영성에서 정작 중요한 것은 사람이다. 영성은 인간관에 영향을 받는다. 그래서 디지털시대에서 영성에 대한 논의는 신중을 기해야 한다. 디지털 기술은 사람을 통합적 인격체로 규정하지 않고, 영과 육으로 나뉘는 이원론적 존재로 볼 가능성이 커서, 둘 가운데 어느 한쪽만을 지나치게 강조하기 쉽기 때문이다. 하지만 우리는 인간을 이원론적으로 보는 입장에서 벗어나야 하며, 영성은 인간이 형성하고 누리는 삶의 차원에 관한 것이어야 한다. 그래서 영성을 말하려면, 인간의 삶을 구체적으로 살펴야 한다.

영성을 기독교인이 갖는 가치관, 즉 삶을 형성하는 사상체계라고 할 때, 디지털시대에서 기독교인들이 어떤 가치관을 갖고 사느냐 하는 것은 매우 중요하다. 기독교인들이 어떤 가치관을 갖고 어떤 문화, 어떤 세계를 만드느냐가 바로 영성의 문제이기 때문이다.

디지털은 인간이 가상(假想)으로 그리던 세계를 형상화시켰다. 물론 가상이라고 해서 그것이 현실성이 없다는 것은 아니다. 가상의 것들이 현상적인 것보다 훨씬 더 강력한 현실성을 가질 수 있기 때문이다. 그러나 과거에는 가상적인 것들이 영향력을 가질 뿐 모습을 드러낼 수 없었는데, 이제 디지털 기술을 통해서 그것들이 우리 눈앞에 나타나게 되었다. 인간은 자신이 상상하는 모든 것들을 그래픽 기술을 통해서 표현할 수 있게 되었다. 그래서 어떤 사람은 "상상" (想像)이 고전적인 의미를 잃었다고 말하기도 한다. 인간이 생각하는 모습(像)마다 컴퓨터 그래픽으로 완벽하게 표현할 수 있다면, 대상의 현시성을 부인하는 상상이라는 말이 무용지물이 되기 때문이다. 더욱이 오늘날 상상은 엄청난 자본을 통해서 더 엄청난 자본을 만들어내는 기술적 도구이다. 컴퓨터 그래픽으로 만들어내는 정교한 영화는 상상을 디지털로 구현하는 이매지니어(imagineer: imagine＋engineer)들 몫이다. 옛날과 다르게, 상상은 바로 자본이다.

그런데 자본은 자본 주체들이 자본을 들여 모든 (디지털) 미디어를 통해 조장하는 탐욕에 의해서 더욱 증대된다. 제2의 데카르트 시대라고 할 수 있는 디지털시대는 인간의 주체성을 극대화한다. 그리고 그런 주체성은 자본과 결합해서 '소비'(消費)로 나타난다. 디지털시대는 인간 개체의 소비욕구를 증대하고, 그것을 계속 극대화한다. 그리고 통신 속도의 발달과 아울러 교통속도의 발달로 인간들의 소비욕구를 갈수록 더 신속하게 채워준다. 그래서 디지털시대에 인간들은 시간이 흐를수록 더욱 탐욕스러워진다. 특히 한국은 '지름교'를 이야기할 만큼, 물질적인 소비욕구에 사로잡혀 산다. 우리는 현실적인 욕구실현을 위해서 모든 것을 바친다. 컴퓨터를 켜면, 인간이 추구하는 이상은 사라지고, 인간이 이루려는 가상의 세계도 사라지고, 그저 모든 것이 눈앞에 존재하고 모든 것이 현시적인, 그래서 현실적인 욕구충족만이 삶의 전부인 것처럼 보이는 그런 삶을 사는 것이다.

사고 싶은 것들은 모두 인터넷이 연결해 준다. 인터넷은 인간들을 끊임없이 배고프게 한다. 그래서 물건을 사지 않고는 견딜 수 없게 한다. 사람들은 마음에 드는 물건이 있으면, 무조건 '지른다.' 여기에는 인터넷뿐만 아니라 티비의 상업방송도 큰 몫을 한다. 사람들은 그야말로 미디어에 귀가 얇아져서 미디어를 신봉하고, 자신도 모르는 사이에 신용카드 번호를 불러주거나 번호를 타이핑하는 자기 모습을 보고 깜짝 놀라는 형국이다. 이처럼 이 시대는 사람들에게 과도한 탐욕을 불러일으키고 모두를 탐욕무아지경으로 몰아간다.

이런 욕구는 교회를 새로 짓고 확장하고 싶어 하는 통제할 수 없는 욕구와도 일치한다. 교회도 탐욕과 몰아적 소비라는 틀에서 벗어나지 못한다. 그리고 교회 역시 현실적인 욕구충족을 위해 봉사하는 듯한 모습을 보인다. 인터넷에 난무하는 설교와 음악들은 모두 현실적인 욕구충족을 위한 것들이다. 그것들은 이미 고전이 된 "꿈은 이루어진다"는 구호를 아직도 내건다. 하지만 기억하라. 꿈은 하나님이 꾼다. 그렇기에 우리는 우리 꿈을 꿀 것이 아니라, 하나님이 꾸는 꿈이 무엇인지를 묻고 그 꿈을 이루는 일에 동참해야 한다. 더 이상 요셉을 꿈꾸는 자라고 말하지 말라. 요셉이 꾸었던 두 가지 꿈은 '개꿈'이다. 그는 출세욕에 사로잡혀 가족을 어렵게 만든 사람이다. "꿈꾸는 자가 오는도다." 그렇다. 제 야망으로 똘똘 뭉친 자가 오는도다. 그게 한국교회다. 말은 그렇게 하지 않지만, 결국 "그저 나만 잘 먹고 잘 살면 그만인겨"라고 외치는 자가 오는도다.

도대체 인간들에게 욕심을 부추기는 종교가 세상에 어디 있겠는가? 종교라면 당연히 인간들에게 욕심을 버리자고 외치지 않는가? 그런데 예전에는 영과 육을 구분하고, 이 세상과 저 세상을 구분하면서, 실제로는 어떤지 모르지만, 그래도 말로는 이 세상 것들 다 쓸데없다고, 명예와 부와 권력 다 아무것도 아니라고 하더니만, 지금은 드러내놓고 그 쓸데없는 것들을 얻기 위해 애쓴다. 그래서 성공하는 것이 곧 진정한 신앙의 증거라는 사실에 모두 동의한다. "이 눈에 아무 증거 아니 뵈어도"라는 찬송은 "이 눈에 성공이 증거로 뵈이니"로 불러야 할 상황이다.

이렇듯 디지털시대에 기독교는 욕심을 잉태하고 욕심을 실현하는 데 전력 질주하는 탐욕스러운 종교로 변모한다. 근면과 검약을 기초로 자본주의를 만들어낸 기독교는 오늘날 상업적인 자본주의와 완벽하게 결합함으로써 쾌락과 소비를 표어로 삼는다. 미국 기독교의 영향을 강하게 받는 한국기독교는 두어해 전부터 자본주의의 상업적 논리를 적극적으로 수용하기 시작했는데, 이것은 '야베스의 기도'를 통해서 극대화한다. 야베스의 기도는 미국뿐만 아니라 한국교회에 지대한 영향을 미쳤으며, 그 전략은 '아침형 인간'을 통해서 구체화된다. 야베스의 기도는 기독교가 자본주의와 완벽하게 결탁했음을 입증한다. 하나님은 사람들이 더 많이 바라고 더 많이 갖고 더 많이 누리고 더 많이 벌기 위해 필요하다. 그래서 예배는 사라지고 자본적 주술만 남는다. 우리가 경외할 신은 사라지고 램프의 요정 '지니'만 남는다. 그래서 우리는 하나님은 버려두고 법궤만 들고 전쟁터로 나서는 홉니와 비느하스다.

이런 주술적 사회에서 우리는 인터넷으로 전 세계를 연결하면서도 끊임없이 개인화하고 고립화한다. 교회와 교인들의 개인화는 정말 심각하다. 나는 토마스 머튼을 공부한 사람들이 개인적인 영성으로 치달리는 모습을 보면서, 이 머튼이 사회운동가로 활동하고, "아무도 섬이 아니다"는 책을 쓴 그 사람인지 의심하지 않을 수 없었는데, 영성은 윤리(倫理)를 기본으로 한다. 윤리는 기본적으로 어우러짐의 이치이다. 다른 사람들과 어우러짐이 없이 어찌 영성이 가능하겠는가? 골방에 틀어박혀 영성을 이루려는 것은 일장춘몽이다. 성경을 쓴 사람들이, 예언자들이 하나님 말씀을 듣기 위해 골방으로 들어가지 않았음을 기억하라. 그들은 각박한 삶의 현장에서 하나님 말씀을 들었다. 그들은 다른 사람들과 어우러지고 얽히는 삶 속에서 하나님을 만났고, 그런 삶 속으로 말씀을 들고 다시 들어갔다.

영성을 정신훈련쯤으로 생각하는 것도 문제다. 어떤 방법을 통해 정신적인 평화와 안정을 취하는 것을 영성으로 생각하는 것은 반성서적이고 반기독교적이다. 그러려면 차라리 참선(參禪)을 하든지 요가를 하는 게 좋을 것이다. 우리가 믿고 의지하며, 그렇게 닮으려고 하는 우리 주님은 신(神)인데도 불구하고 십자가를 지기 전날 겟세

마네 동산에서 잠도 못 이루고 땀이 피가 되도록 기도하셨다. 그리고 십자가에서 "엘리 엘리 라마 사박다니"라고 처절하게 외치셨다. 왜 우리 주님은 신이면서도 불안과 염려를 떨치지 못했는가? 왜 고통을 이기지 못했는가? 예상과 다르게, 주님은 항상 염려하셨다. 목자 잃은 양 같은 사람들을 보고 안타까워하셨다. 나사로가 죽은 것으로 보고 눈물지으셨다. 예루살렘을 보면서도 눈물 흘리셨다. 성전에서 장사하는 사람들에게는 진노하셨다. 종교를 통해서 평안을 얻으려는 웰빙 욕구로 충만한 이 시대에, 평상심을 잃는 모습을 보이신 예수님을 과연 어떻게 생각해야 할 것인가?

글을 쓰다가 얼핏 떠오른 생각인데, 운동선수들 가운데 기독교인들은 운동경기를 종교적 행위로 둔갑시키지 않기를 바란다. 운동경기 전에 모여서 기도하는 것도 그렇고, 골 넣고 감격스럽게 운동장에 무릎 꿇고 기도하는 것도 부자연스럽다. 그것은 그냥 게임일 뿐이다. 우리가 축구경기를 "○○전(戰)"이라고 하니까, 그게 무슨 영적 전쟁쯤 되는 것으로 생각하는 모양이지만, 그것은 그냥 게임일 뿐이다. 하나님이 역사하신다고 게임에서 이기고 그렇지 않으면 지는 게 아니다. 그것은 스포츠이다. 그리고 막대한 자본이 결합된 산업이다.

그리고 나도 영화를 매우 좋아하지만, 그저 영화라면 사족을 못 쓰고, 그게 어떤 영화인지 제대로 검토도 않은 채 '영상설교' 또는 '영화설교'라는 괴상한 이름 아래, 설교 시간에 앞뒤 자른 영화 장면들을 이어서 보여주는 장난질도 그만하기를 바란다. 그런 것으로 영성이 형성될 것 같으면, 예수님이 뭐 하러 이 세상까지 오셔서 십자가를 지셨겠는가. "웃다 보면 도를 깨치리라"고 외치는 웃음교 교주들도 자진 사퇴하기를 바란다. 검증도 안 된 하나님 이미지들을 만들어내는 천박함도 절제하기를 바란다. 영상시대라고 모든 것을 이미지로 도배하려는 섣부름을 경계해야 한다. 그리고 그만큼 이미지가 중요하다면, 이미지를 소중하게 다루어야 하고, 신적 이미지는 정말 조심해서 다루어야 한다.

교회 규모와는 상관없이 무조건 프로젝터와 스크린을 설치하고, 거기에 성경말씀과 찬송을 띄우고, 설교자 모습을 스크린에 보여주는 것도 가급적 지양하길 바란다. 가장 좋은 것은 직접적인 만남임을 기억하라. 그래서 교회를 지을 때부터 만남을 강조하는 설계를 하기 바란다. 그렇게 했는데도 부득이하게, 같은 공간, 같은 시간에 함께할 수 없는 사람들을 위해서 인터넷이 필요하다.

그러면 우리는 디지털시대에 디지털을 통해서 무엇을 할 것인가? 디지털 네트워크를 가장 발달시킨 나라에서 이 문제는 중요한 의미를 갖는다. 몇 가지를 예로 생각해 보면, 세계에서 일어나는 일들을 실시간으로 성도들에게 보여주며, 고통당하는 사람들과 함께 기도하는 것이 낫겠다. 그리고 병으로 나오지 못하는 성도들을 인터넷으로 연결해서 함께 기도하는 것도 좋은 방법이다. 사회봉사나 재난구조 시뮬레이션 게임을 만드는 것도 좋겠다.

글을 맺을 시간이다. 내가 디지털의 원조로 여기는 에스겔은 이미지, 원격현전(tele - presence), 시뮬레이션(simulation)이라는 디지털적인 개념들을 통해서 이스라엘 백성들에게 죄를 책망하고 심판을 선포했다. 그리고 하나님이 이루어주실 "여호와 삼마"의 시대를 소망하고, 그것을 이스라엘 백성들에게 강력한 이미지로 전했다. 이것이 에스겔이 보여주는 디지털적 영성이다. 디지털 무기들이 사람들을 대량살상하는 이 디지털시대에 우리는 무엇을 보며, 무엇을 소망하는가? 디지털 기술을 통해서 무엇을 하려는가? 다양한 미디어들이 부추기는 끝없는 욕망을 채우기 위해 몸부림칠 것인가? 신앙마저도 성공을 위해 용도변경할 것인가? 그렇지 않다. 우리가 디지털시대에도 꾸어야 할 꿈은 "하나님 나라"를 이루려는 "하나님의 꿈"이다. 그것을 먼저 – 전적으로 – 구하는 것, 이것이 우리 영성이(어야 한)다.

4. 삶과 서사, 그 해석학적 순환

- 성서를 삶의 이야기로 읽기 위하여 -1)

Ⅰ. 성서교육의 과제

A. 성서교육의 문제-그 이상과 현실의 심각한 괴리

기독교를 '책의 종교'라고 하는데, 이 말에서 알 수 있듯이, 기독교회는 자신들이 경전으로 인정한 구약과 신약 성서를 매우 중요하게 생각한다. 일단 이론적으로는, 또 교리적으로는 기독교에 있어서 성서가 기독교인의 사고와 삶에 절대적인 기준이고, 또 기독교인을 교육하는 교과서이다. 그렇기 때문에 상식적으로 생각해 봐도, 성서교육은 성서에 최고 권위를 부여하는 신학교육에서 최우선적이어야 한다. 명분상으로, 그리고 어떤 논쟁적인 상황에서 기독교인들에게는 성서가 최고 권위를 갖기 때문에, 기독교인들이 성서를 어떻게 읽고 거기서 어떤 내용을 파악하느냐에 따라서 기독교의 성향이 달

---

1) 이 원고는 대한예수교장로회(통합) 신학교육부 주관으로 2005년 6월 23일 목포에서 열린 신학교수세미나(주제-"성경교육과 신학교육")에서 발표한 것을 약간 수정한 것이다.

라질 수 있기 때문이다. 이런 점에서 기독교인들이 성서를 바르게 읽고 제대로 이해하는 것은 기독교 자체적으로는 말할 필요도 없고, 그들이 사는 사회에서도 대단히 중요하다.

그러나 지금까지의 역사, 기독교 역사를 찬찬히 살펴보면, 기독교인들은 성서를 제대로 읽지 못했고, 제대로 교육받지 못했다. 오히려 기독교인들은 성서의 많은 부분을 곡해하고 바르게 이해하지 못했으며, 오히려 성서가 말하는 것과 정반대 방향으로 나아가기도 했다.

특히 "기독교 이후 시대"(Post－Christianity)라고 일컬어지는 오늘날, 기독교회와 교인들에게 성서가 그렇게 큰 힘을 미치지 못한다.[2] 기독교인들은 성서를 잘 모를 뿐만 아니라, 진지하게 성서를 공부하려고 하지 않고, 성서가 말하고 가르치는 대로 살(려고 하)지 않는다. 이런 면에서 오늘날 기독교회와 기독교인들은 매우 심각한 위기에 처해 있다고 할 수 있을 것이다. 기독교회가 가장 중요하게 생각하는 성서가 기독교인들에게조차 제 역할을 하지 못하는 것이 현재 기독교가 당면하는 가장 큰 문제이다.

---

2) 현재 미국은 부정적인 측면에서 예외이다. 여기에 대해서는, 2005년 5월 14일 서울대에서 열린 한국종교학회 춘계 학술대회 그리스도교 분과에서 내가 발표한 "탈(脫)세속화시대와 기독교 보수주의－미국의 보수적 기독교에 대한 비판"을 참고하라.

B. 성서교육의 과제 – 오해(誤解)와 오용(誤用)의
역사를 넘어서

올바른 성서교육, 즉 올바른 성서해석이 얼마나 중요한지는 역사를 살펴보면 금방 알 수 있다. 우리가 기대하는 것과는 달리, 기독교인들은 성서를 오해하고 오용(誤用)했다.[3] 특히 근대에 들어오면서 서구 기독교회는 선교 제국주의에 사로잡혀, 아시아와 아프리카, 남아메리카를 침략하고 식민지로 삼았는데, 그들은 다른 나라를 침략하는 근거를 성서에서 찾았으며, 다른 민족들을 무자비하게 학살하는 데에도 성서를 인용했다. 아메리카에 건너간 청교도들이 인디언들을 학살하고 그들로부터 땅을 빼앗고 국가를 세우면서도 성서를 인용해서 자신들의 추악한 행동을 합리화했고,[4] 흑인들을 노예로 부리면서도 그들의 비인간적인 행위를 성서를 통해서 정당화했다.[5]

---

3) 조찬선, 기독교죄악사(상, 하)(서울: 평단문화사, 2000). Jim Hill and Rand Cheadle, The Bible Tells Me So – Uses and Abuses of Holy Scripture(New York: Anchor Books / Doubleday, 1996).
4) Bartolome de las Casas, A Short Account of the Destruction of the Indies.(London: Penguin Books, 1992).
5) 김형인, 두 얼굴을 가진 하나님 – 성서로 보는 미국 노예제, 살림지식총서 004(서울: (주) 살림출판사, 2003).
   김형인, "북아메리카 기독교의 형성과 발전", 외대사학 12호(2000), 한국외국어대학교 역사문화연구소.
   김형인, "'신은 우리편' – 미국 노예제 찬반론의 성서적 해석", 서양사론 58호, 63 – 88.
   배성은, "엘라 베이커(Ella Baker)와 남부 기독교 지도자회의(SCLC)",

이렇듯 수많은 범죄가 성서에 근거해서 저질러졌다는 것은 성서를 제대로 이해하는 것, 즉 올바른 성서교육이 얼마나 중요한 일인지를 여실히 보여준다. 전 세계 기독교인들이 17억 명 이상이고, 한국은 전체 인구 가운데 25%가 기독교인인 상황에서, 성서를 오해하거나 오용하지 않도록 기독교인들을 바르게 교육하는 것이 사회적으로 그리고 세계적으로 정말 중요하고 시급한 문제라고 할 수 있다.

C. 성서교육의 방향 – 삶·생명의 책, 삶·생명의 해석학, 그리고 삶·생명교육

지금부터 최소 2200여 년 이전에 기록된 구약성서는 그 고대성에도 불구하고 적절한 해석적 과정6)을 거쳐 현재 우리들에게도 적용

북미연구 6호(2000), 한국외국어대학교 외국학종합연구센테 북미연구소.
6) 성서읽기는 곧 해석작업이다. 해석은 해석자가 처한 구체적 상황과 사회적 환경 속에서 텍스트가 갖는 의미를 재창조해내는 작업이다. Werner G. Jeanrond, Text und Interpretation als Katergorien theologischen Denkens, 151. 현재 독자들이 처한 상황 속에서의 성서읽기에 대해서는, ed. R. S. Sugirtharajah, Voices from the Margin – Interpreting the Bible in the Third World(Maryknoll: Orbis Books, 1995, 1997), Gerald West, Biblical Hermeneutics of Liberation – Modes of Reading the Bible in the South African Context(Maryknoll: Orbis Books), 성서읽기를 통한 성서이해는 말씀으로 자신의 삶을 새롭게 하는 하나의 사건이며, 우리에게 들려주시는 하나님 말씀을 어떻게 받아들일 것인지를 우리가 처한 상황 속에서 결정해야 하는 윤리적 행위이다. 여기에 대해서는, Walter

가능한 교과서 기능을 할 수 있다고 생각한다. 무엇보다 최근 나타나는 여러 가지 문제들, 예를 들면, 환경문제나 전쟁문제, 인종차별 문제, 경제적·종교적·문화적 차별 같은 매우 현실적이고 전 지구적인 문제들, 특히 최근에 신학적 중심주제로 등장한 생명문제를 기독교인들이 깊이 있게 논의하면서 그 해결방안을 찾고, 실생활에서 실천하게 하는 교육을 위해서, 성서가 무엇보다 좋은 교과서가 될 수 있게 해야 할 것이다. 그럴 때에야 비로소 성서가 우리에게 의미를 갖기 때문이다.

그렇게 하기 위해서는 성서를 읽는 방법, 즉 독법(讀法)을 제대로 설정해야 한다. 그 독법은 성서가 구체적인 삶의 정황 속에서 발생하고 전승되었음을 인지하고, 성서를 삶에 근거해서 풀이하는 삶의 해석학이어야 할 것이다. 그리고 성서를 우리 삶에 근거해서 읽고 해석할 때, 현재 상황에서는 생명 문제를 다루지 않을 수 없다. 즉 삶과 생명이라는 주제를 통해서 성서를 읽고, 성서를 통해서 삶과 생명 이야기를 전개해야 한다는 것이다.

다시 말하면, 이 세상에서 살아야 하는 우리는 당연히 삶과 생명에 관한 이야기를 할 수밖에 없는데, 이것은 성서를 삶과 생명의 책으로 읽는 '삶·생명의 해석학'적 작업으로 시작된다는 것이다. 그런데 삶·생명의 해석학은 자아중심적이고 관조적이며 관념적이

Brueggemann, Interpretation and Obedience - From Faithful Reading to Faithful Living(Philadelphia: Fortress Press, 1991)과 Daniel Patte, Ethics Of Biblical Interpretation - A Reevaluation(Louisville, Kentucky: Westminster John Knox Press, 1995)를 보라.

고 추상적인 성서읽기를 비판하며, 타자대면적이고 참여적이며 실제적이고 구체적인 성서읽기로의 전환을 의미한다. 생명의 해석학은 삶과 이념의 일치를 추구하는 해석학적이고 신앙적인 실천이다. 그렇기에 삶·생명의 해석학에 근거한 성서읽기는 윤리적 행위이다.

> 삶·생명의 해석학은 근본적이면서도 생명을 상품화하고 해체하고 파괴하는 세상적 가치를 뒤집어 놓는 혁신적인 성서읽기이다. 삶·생명의 해석학은 무엇보다 인간에 대한 새로운 이해를 촉구하고, 인간과 더불어 모든 '생명체' 자체를 신학적으로 탐구케 한다. 생명 또는 생명체는 관념론적인 것이 아니며, 지금 이 순간 살아 움직이는 실제적인 것이기 때문이다. 그리고 생명(生命)은 말 그대로 '삶의 명령'이다(에스겔서 18장 30 - 32절).

생명은 결코 추상적이거나 관념적이지 않다. 생명은 구체적이고 역사적이다. 우리가 성서를 생명의 책으로 읽는다는 것은 현재 우리 삶의 문제들을 통해서 성서를 읽고, 성서를 통해서 우리 삶을 정의하고 새롭게 형성하기 위해 노력하는 것을 뜻한다. 이것을 삶과 서사의 해석학적 순환이라고 할 수 있겠고, 좀 더 풀어 말하면, 서사로 소통하는 삶·삶으로 소통하는 서사라고 할 수 있겠다. 그래서 이 연구에서는 삶·생명의 해석학을 위한 삶과 서사의 해석학적 순환에 대해서 살펴보려고 한다.

Ⅱ. 성서교육의 방식 – 서사로 소통하는 삶 · 삶으로 소통하는 서사

객관주의 신화와 주관주의 신화 모두가 간과하고 있는 것은 우리가 이 세계와의 상호 작용을 통해서 세계를 이해하는 방식이다. 객관주의가 간과하고 있는 것은 이해, 따라서 진리가 필연적으로 우리의 문화적 개념 체계에 상대적이며, 또한 이것이 결코 어떤 절대적이고 중립적인 개념 체계 안에서 형성되는 것이 아니라는 사실이다. 객관주의는 또한 인간의 개념 체계는 본성적으로 은유적이며, 하나의 사물을 다른 사물을 통해서 받아들이는 상상적 이해가 개입된다는 사실을 간과하고 있다. 주관주의가 특히 간과하고 있는 것은 우리의 이해, 나아가 우리의 가장 상상적인 이해마저도 물리적 · 문화적 환경 안에서의 성공적 활동에 근거하는 개념 체계를 통해서 주어진다는 점이다. 주관주의가 또한 간과하고 있는 것은 은유적 이해가 은유적 함의를 포함하며, 이 은유적 이해는 합리성의 상상적 형태라는 것이다.[7]

레이코프가 말한 이 구절에서 앞으로 우리가 이야기하려는 중요한 개념들을 찾을 수 있다(세계와의 상호 작용, 세계를 이해하는 방식, 은유[8]적, 상상[9]적). "마음에서 마음으로 이어지는 커뮤니케이

---

7) G. Lakoff, M. Johnson, Metaphors We Live By, 노양진 · 나익주 옮김, 삶으로서의 은유(서울: 서광사, 1995), 242.
8) 아브람스는 은유(隱喩, metaphor)를 이렇게 설명한다. "한 단어가 표준적(또는 '축어적') 용법에서 지시하는 것과는 다른 사물이나 특성이나 행동을 나타내기 위하여, 비교(comparision)가 아니라 同一(identity)의

션"은 "이 세계와의 상호 작용을 통해서 세계를 이해하는 방식"이
며, 그것은 결국 "이야기(하기)"라는 언어10)적 서사11)행위로 가능하

형식으로 사용된다." M. H. Abrams, A Glossary of Literary Terms,
최상규 역, 문학용어사전(서울: 대방출판사, 1985, 1987), 101. 이상섭
편, 세계문학비평용어사전(서울: 을유문화사, 1985, 1993), 196에도 동
일한 내용이 나온다. 은유에 대해서는, 특히 신학적 은유에 대해서는
Sallie McFague, Speaking in Parables – A Study in Metaphor and
Theology(Philadelphia: Fortress Press, 1975)와 Metaphorical Theology –
Models of God in Religious Language, 정애성 옮김, 은유신학 – 종교
언어와 하느님 모델(서울: 다산글방, 2001)을 보라.

9) "상상력은 고정물과 한정물 – 감각기관으로부터 받게 되는 마음속의 그
림이나 이미지들 – 을 분해시켜 그것들을 새로운 전완체로 통합함으로
써, 단순히 재결합을 하는 것이 아니라 '創造'를 할 수 있다. 그리고 공
상이 그저 기계적인 데 반해, 상상력은 '생기에 넘쳐' 있다. 즉 그것은
기계처럼 작동하는 것이 아니라 살아서 성장하는 식물 같은 有機的 기
능이다." M. H. Abrams, A Glossary of Literary Terms, 96.

10) 인간에게 언어는 인간을 인간답게 하고, 삶을 형성케 해주는 매우 중요
한 요인이다. "언어는 단순히 생각한 것을 표시하고 다른 이에게 전달하
는 수단이 아니다. 또한 언어는 단순히 기호가 아니라 사고를 형성하는
수단, 자신과 세계를 형성하는 수단인데, 다시 말하면 언어 자체가 사고
를 생산한다. 그리고 언어는 사고의 생산이기 때문에 이 같은 기능에 해
당하는 기호학적 구조도 갖는다." Jürgen Trabant, Traditionen Humboldts,
안정오·김남기 옮김, 훔볼트의 상상력과 언어(서울: 도서출판 인간사랑,
1998), 57.

11) 한국 성서학자들은 "서사"라는 용어를 매우 낯설어하는데, 일반문학에서
는 익숙한 용어다. 최상규는 아브람스의 문학용어사전을 번역하면서,
narrative를 '서사물'로, narratology를 '서사학'으로 번역한다(M. H.
Abrams, A Glossary of Literary Terms, 97 – 100.). 그리고 최상규는 제
랄드 프랭스의 책제목('narratology')을 '서사학'으로, 시모어 채트맨의
책 제목(Story and Discourse – Narrative Structire in Fiction and Film)

다고 생각하고, 삶과 서사가 서로 교통하고 순환하는 해석학12)적
행위, 즉 "서사로 소통하는 삶·삶으로 소통하는 서사 - 삶과 서사

에서 narrative를 '서사'로 번역한다. 한용환·강덕화도 미케 발의 책제목
을 '서사란 무엇인가'로 번역했다. 임병권도 마리 매클린의 책제목에서
narrative를 '서사'로, 로버트 숄즈·로버트 캘로그의 책제목('The Nature
of Narrative')을 '서사의 본질'로 번역한다. 오연희는 헬무트 본하임의
책제목('The Narrative Modes')을 '서사양식'으로 번역한다. 이호는 제레
미 템블링의 책제목('Narrative and Ideology')을 '서사학과 이데올로기'
로 번역한다. 아래를 보면, 권택영도 narrative discourse를 '서사담론'으
로 번역한다. 여러 장르에서 서사를 다루는 '한국서사학회'가 있는데, 이
학회는 서사연구저널 '내러티브'를 펴낸다. 이런 상황에서 '서사'라는 용
어는 신학계에서만 낯선 듯하다. 즈네뜨는 '서사'를 세 가지로 설명한다.
"오늘날 가장 흔히 그리고 핵심적으로 쓰이는 첫 번째의 의미는 하나의
사건이나 일련의 사건들을 말하되, 글로 쓰였거나 말로 된 담론, 즉 서술
적인 진술을 지칭한다." "좀 덜 알려져 있지만 요즘 서사 내용의 분석
자와 이론가들 사이에서 쓰이는 두 번째 의미는 진짜든 허구든 사건의
연속으로 이 담론의 주제가 되는 것, 그리고 그들이 연결되고 대립되고
반복되는 여러 관계들을 지칭한다. 이런 의미에서 '서사 분석'은 행동과
상황들이 서로 얽히는 총체성의 연구이다." "가장 오래된 듯싶은 세 번
째 의미는 '서사'가 어떤 사건을 다시 한 번 언급하는 것이다. 그러나 이
야기된 사건이 아니고 누군가가 무엇인가를 이야기하는 사건이다. 즉 서
술하는 행위 그 자체이다." Gérard Genette, Narrative Discourse, 권택영
옮김, 서사담론(서울: 교보문고, 1992), 15 - 16.

12) "解釋學(hermeneutics)이라는 용어는 원래, 성서 원전의 타당성 있는
독법을 지배하는 법칙의 공식화와 원전 속에 표현된 의미의 응용에
관한 성서주석(exegesis), 또는 논평을 포함하는, 특별히 성서의 해석
을 지칭하는 말이었다. 그러나 19세기 이후로 '解釋學'이란 말은 해석
의 일반 이론, 즉 법률·문학·성서 등을 포함하는 모든 문자화된 원
전의 의미를 밝히는 데 관련되는 제반 원리나 절차의 공식화를 의미
하게 되었다." M. H. Abrams, A Glossary of Literary Terms, 133.

의 해석학적 순환13)"이라고 이름 지을 수 있는, 가장 전통적이면서 새로운, 또 소박하기 그지없는 성서읽기를 이야기하려고 한다.14)

---

13) '해석학적 순환'(hermeneutic circle)이라는 말은 슐라이어마허의 해석학적 절차에 딜타이가 붙인 명칭이다. "어떤 언어단위의 부분들의 결정적 의미를 이해하기 위해서는 먼저 전체의 의미에 대해 이해를 가지고 접근하지 않으면 안 된다. 그러나 우리는 또한 구성부분들의 의미를 알아야만 전체의 의미를 알 수 있다. 이와 같은 해석절차의 순환성은 한 문장 내의 구성 단어들의 의미와 문장 전체의 의미와의 관계는 물론이고, 모든 구성요소로서의 문장들의 의미와 전체 작품의 의미와의 관계에도 해당된다. 그러나 딜타이는 점진적인 전체 의미의 이해와 구성부분의 반성적인 이해 간의 지속적이고 상호 수정적인 상호작용에 의하여 타당성 있는 해석에 도달할 수 있다는 점에서 이 순환은 결코 惡循環이 아니라고 주장했다." M. H. Abrams, A Glossary of Literary Terms, 134. 그런데 이 글에서는 이야기와 삶의 순환을 이야기하는 리쾨르(Ricoeur)식 용어로 사용한다.

14) 우리가 서사를 다룬다는 점에서 이 논의는 서사학적이라고 할 수 있을 것이다. "서사학 narratology은 서사 텍스트에 관한 이론으로 존재하는 특정 자료에 대해 일반화시킨 진술들을 체계화시킨 학문이다. 특정 자료들이란 서사 텍스트와 여타의 서사적인 텍스트들로 구성되는 자료들을 가리킨다." Mieke Bal, Narratology – Introduction to the Theory of Narrative, 한용환·강덕화 옮김, 서사란 무엇인가(서울: 문예출판사, 1999), 13. 서사비평과 관련해서는 다음 책들을 보라. Gérard Genette, Narrative Discourse, 권택영 옮김, 서사담론(서울: 교보문고, 1992), Mark Allan Powell, What is Narrative Criticism? 이종록 옮김, 서사비평이란 무엇인가?(서울: 한국장로교출판사, 1993)[이 책은 즈네뜨의 서사담론을 축약하고, 그것을 공관복음서연구에 적용한 것이다.] R. Bourneuf, R. Ouellet, L'univers du roman, 김화영 편역, 현대소설론 – 소설의 세계(서울: 현대문학, 1996, 1997)[이 책은 즈네뜨의 서사담론과 유사하다.].

0. 삶과 서사

성서는 전체적으로 '이야기'성(性), 즉 서사성(敍事性)을 갖고 있다. 성서가 서사양식을 갖고 서사성을 지니고 있다는 것은 매우 뜻깊다. 이것은 성서가 본질적으로 서사적임을 보여주는데, 성서가 서사적이라는 것은 성서가 인간에게 가장 근원적이고 기본적인 성격을 지니고 있음을 보여준다. 그 이유는 서사라는 것이 인간에게 근원적이며 기본적인 것이기 때문이다. 우리는 이 글을 통해서, 무엇보다 인간의 삶이 바로 이야기(하기)의 연속이며, 성서(쓰기와 읽기)도 마찬가지라는 사실을 확인해 보려고 한다.

1. 인간은 본성적으로 이야기를 만든다.

우리가 삶에서 경험하는 대로, 인간들은 자신들이 경험한 것들을 언어를 사용해서 이야기로 엮어내는 능력을 갖고 태어난다. 이 능력은 모든 인간에게 공통된 것이다. 사람에 따라서 능력의 차이가 있을 뿐이지, 그 능력을 갖고 있다는 점에서는 모두가 같다. 이야기하기 능력이 없으면, 인간은 인간으로서 살아갈 수 없을 것이다. 그래서 인간이 살아간다는 것은 "이야기를 엮어간다", "이야기를 만들어낸다", "이야기를 나눈다"는 것과 동일한 의미라고 할 수 있다. 인간들은 누구나 그들이 경험한 것들을 이야기로 엮어내는데, 그러기 전에 인간들은 이미 이야기적인 시각을 갖고 그들이 살아가는 그들의 삶을 경험하고 인식한다. 그래서 이야기성, 즉 서사성은 그들이 삶을 살아가는 기본적인 방식이며, 또 그들이 경험한 삶을 개념화하고 이해하는 방식이다.[15]

그리고 서사작업을 통해서 인간들은 언어의 폐쇄성을 넘어서서 새로운 삶을 창조해낸다. 특히 위기에 처했을 때, 인간들에게 힘을 주는 것은 바로 이야기(하기)이다. 사람들은 이야기(만들기)를 통해서 위기를 극복해낸다. 성서라는 거대한 (복합적) 이야기 역시 고대 이스라엘 사람들이 처한 위기를 스스로 극복하는 과정에서 만든 것이다. 그들의 삶이 성서라는 거대 서사를 형성하게 하고, 그 서사를 통해서 새로운 삶을 살아갈 수 있었던 것이다.[16] 인간들이 보여주

---

15) "서사는 인간의 경험을 구조화하여 세계를 이해하는 기본적인 도식을 생산한다." 김혜영, "서사의 본질", 우한용 외, 서사교육론(서울: 도서출판 동아시아, 2001), 104.

16) "역사적 담론으로서의 이야기체 담론은 역사적 시간을, 특별히 역사적 삶을 구성한다. 과거의 역사적 삶은 역사적 담론을 필요로 한다. 왜냐하면 과거의 역사적 삶은 역사적 시간 간격 때문에 직접 파악이 불가능하기 때문이다. 매개하는 담론은 그 자체로 직접적 이해의 불가능성을 전재하고, 이야기를 통한 역사적 과거로의 접근 간접성을 전제한 인간은, 인간과 과거를 연결하는 매개로서, 언어를 이해한다. 역사의 진행뿐만 아니라, 역사의 의미부여는 언어의 질서에 따라 형태를 갖추게 된다. 의미통합은 과거의 사건을 분절화하는 언어 구조 속에서 생긴다. 과거는 시간 속에 자신의 흔적을 남긴다. 이렇듯 흔적으로 남겨진 과거의 시간은 이야기체 담론 구조의 범주 속에서 구성된다. 과거에 남겨진 흔적의 시간이 인간 스스로를 언어 속에서 해명한다. 다시 말하면, 인간은 역사적 담론을 매개로 과거를 이야기한다는 것이 리쾨르의 생각이다. 그에 따르면, 분절화된 과거는 쓰인 과거의 의미를 재구성하는 해석 작업을 필요로 하는 쓰인 텍스트이다."(정기철, 상징,

는 이런 서사작업, 즉 삶을 이야기로 엮어내고 이야기로 삶을 형성하는 작업은 매우 독특하며, 인간을 인간되게 하는 능력이다.

> 인간은 서사적 존재이다. 인간은 이야기 속에서 살아간다. 이야기 속에서 태어나고 이야기를 만들며 살다가 한 편의 이야기를 완성하면서 생을 마감한다. 그것이 얼마나 가치가 있는 이야기인가, 얼마나 위대한 이야기인가 하는 평가는 차후의 일이다. 누구든지 문화적으로 규정되어 있는 서사 속에서 태어난다. 집안의 내력이며, 부모의 인생역정, 지역의 삶의 방식 등이 문화와 연관되는 문화소(文化素)들인데, 그러한 맥락을 이루는 이야기 속에서 태어나는 것이다. 그리고 그 아이가 자라고, 사랑하고, 일을 하고, 어떤 과업을 성취하는 등 삶의 과정은 다양한 맥락의 이야기를 이룬다. 그리고 그가 삶을 마감할 때 그 삶은 그에 대한 평가와 더불어 한 편의 이야기로 남게 된다. 다른 사람에게는 그것이 언어로 정리되며 하나의 서사적 기억으로 남게 된다. 인간은 이야기를 떠나서는 삶을 영위할 수 없는 존재이다.[17]

어떤 사람이 자기 정체성을 지니고 사는 것은 바로 자기 이야기를 갖고 사는 것을 의미한다. 그렇기에 기억상실증에 걸리면, 즉 자기 이야기를 잃어버리면, 자신이 누구인지 알 수 없게 된다. 만약 과학이 발달해서 한 사람에게 다른 사람의 기억을 이식해 준다면, 그 사람은 그 기억에 근거해서 자신이 누구인지 이야기할 것이다.

은유 그리고 이야기, 289.)
17) 우한용, "서사의 위상과 서사교육의 지향", 우한용 외, 서사교육론, 3-4.

그래서 외모는 예전 대로지만, 자기 정체성은 완전히 달라질 것이다. 그리고 누구를 아는 것은 그 사람의 이야기를 아는 것이다. 가족은 그 가족의 이야기(族譜는 매우 중요한 가족 이야기다)를 알고, 그 이야기에 동참하는 사람들이다. 자녀가 부모를 안다는 것은 부모의 이야기를 아는 것이다. 부모와 자녀 사이에 대화가 없어서 서로 잘 이해하지 못하고 갈등이 발생하는 것은 그들 사이에 이야기하기가 없었기 때문이다. 즉 자신의 삶의 이야기를 상대방에게 들려주지 않았기 때문에, 서로를 잘 알지 못해서 그런 갈등이 발생하는 것이다. 부모와 자녀 사이의 관계형성은 바로 그들의 이야기를 소통하면서 형성된다. 이야기를 하지 않으면 인간은 결코 자신을 초월해서 타인을 인식하거나 그와 소통할 수 없다.[18] 그래서 이야기의 부재는 바로 인간관계의 부재, 더 나아가서 인간 자체의 부재를 뜻한다.

이야기가 소통되는 과정에서 이야기는 이야기를 요구하는 자나 이야기를 해야만 하는 자 모두가 갖고 있는 이원적 대립을 지양할 수 있는 계기를 마련한다. 이야기를 소통하는 맥락에서 공유하고자 하는 것은 이야기가 세계를 구성하고 나아가 자신의 정체성을 정립

---

18) "말하는 사람에게 언어는 대상이 아니라 매개체다. 언어를 거쳐, 언어를 수단으로 삼아 우리는 우리를 표현하고 사물을 표현한다. 말한다는 것은 말하는 사람이 누군가에게 무엇에 대해 무언가를 말하기 위해 폐쇄된 기호 세계를 넘어서는 행위다. 말한다는 것은, 언어가 기호이기를 넘어서서 자신이 가리키고 겨냥하는 것으로 가는 행위다. 언어는 사라지기를 바란다. 대상으로서는 죽기를 바란다." Paul Ricoeur, Le Conflit des Interpretations, 양명수 옮김, 해석의 갈등, 대우학술총서 500(서울: 아카넷, 2001), 93.

하게 하는 역할을 하고 있다는 점에 대한 인식이다. 이야기를 생
산, 수용하는 자는 모두 이야기를 필요로 하며, 이야기를 통해서
세계를 이해하고 자신을 발견할 수 있게 된다. 그런 점에서 이야기
는 세계와 주체를 잇는 매개이며 존재와 무, 결핍과 충족을 잇는
매개라고 할 수 있다.[19]

이렇듯 이야기(하기)는 인간의 정체성을 확립하는 중요한 작업이
다. 인간은 이야기(하기) 없이 자신이 누구인지 알 수 없고, 상대방
에게 자신이 누구인지 밝힐 수도 없으며, 주체적으로 살아갈 수도
없다. 그래서 이야기(하기)는 바로 인간의 삶 자체이며, 인간 자체
이기도 하다.[20]

---

19) 김혜영, "서사의 본질", 우한용 외, 서사교육론, 124.
20) "그래서 인간은 심지어 최악의 비극적인 상황에 처한 경우에조차 이
    야기라든가 동화 등에 귀 기울여 듣고 싶어 하는 실존적 욕구를 보여
    준다. 따라서 이런 욕구는 인간 조건의 구조를 형성한다고 말할 수 있
    다. 예를 들어 소련의 시베리아 강제수용소에 관한 책인 《제7천》
    (Le Septieme Ciel)에서 비멜은 자신과 같은 공동 막사에서 지낸 거의
    100여 명에 이르는 피수용자들이 한 명도 빠짐없이 더 살아날 수 있
    었다고 증언한다.(다른 막사에서는 매주 열 명 내지 열두 명씩 죽어나
    갔다고 한다.) 그것이 어떻게 가능했을까? 이는 바로 어떤 노파가 밤
    마다 그들에게 동화를 들려주었기 때문이라는 것이다. 그들은 이야기
    를 너무나 계속 듣고 싶어 한 나머지 모두 서로 돌아가면서 자신의
    하루치 배급 식량의 일부를 떼어 그 노파에게 나누어 주었다고 한다.
    그래야 노파가 낮에 노동일을 안 나가고도 배급 식량 걱정을 안 할
    수 있었기 때문이다. 그럼으로써 노파는 지칠 줄 모르는 이야기꾼으로
    서의 기력을 저축할 수 있었던 것이다." M. Eliade, Symbolism, the
    Sacred and the Arts, 박규태 옮김, 상징, 신성, 예술(서울: 서광사,
    1991, 2001), 297.

2. 인간은 모든 것을 통해서 삶을, 이야기한다.

인간은 근본적으로 갖고 있는 이야기(하기) 능력을 통해서, 삶을 형성한다. 인간들은 무엇을 바라보든지 거기서 삶을 경험하고 삶을 창조한다. 예를 들어, 누군가 아름다운 꽃을 보았다고 하자. 그 사람은 그 꽃을 냉정한 시선으로만 보지 않는다. 객관적으로도 꽃을 살피겠지만, 인간들은 거기에서 그치지 않고, 아니, 오히려 객관적으로 꽃을 보기 이전에 이미 그 꽃에서 아름다움과 향기로움을 경험한다. 그러면서 자신의 삶을 되돌아보고 반성하면서, 나도 꽃처럼 아름답고 향기롭게 살아야겠다고 마음먹는다. 이렇듯 인간들은 인간 바깥에 존재하는 꽃을 우리의 마음속으로 끌어들여서 은유화하고 삶의 상징[21]으로 삼으며, 그 상징을 통해서 이야기를 엮어내고 삶을 형성한다. 이것을 가능케 해주는 것이 바로 '삶의 서사성'이며, 이것은 인간을 인간답게 해주는 힘이다.

삶의 서사성은 삶에서 이야기로, 이야기에서 다시 삶으로 나아가는 연쇄작용[22]을 통해서 끊임없이 삶을 형성하는 원동력이다.[23] 그

---

21) "상징이란 넓은 의미에서 그 자체 이외의 것을 의미하는 것을 가리킨다. 이러한 의미에서는 모든 단어가 다 상징이다. 그러나 문학을 논할 때 상징(symbol)이라고 하면, 어떤 대상이나 사건을 의미하면서도 또 그것을 넘어서는 어떤 것을 의미하거나 일정한 범위의 지시 내용을 갖는 단어나 어구를 가리키기 위해 사용된다." M. H. Abrams, A Glossary of Literary Terms, 303.

22) 이것을 리쾨르는 "해석의 순환"이라고 한다. 리쾨르는 불트만을 이야기하면서, "그런데 그 해석학 관계는 쌍방향으로 되어 있다. 인간 실

렇기에 서사이해에 있어서 삶이 가장 중요하다. 우리들의 이야기(하기)는 철저히 삶에 근거하고 삶을 지향하기 때문이다.

이야기, 특히 문학적 이야기를 통해 우리는 삶을 새롭게 이해할 뿐 아니라 이야기가 우리 삶의 한 방식이라는 것이다. 삶은 곧 이야기된 삶이다. 삶은 이야기를 통해 질서화되고 이해되고 삶의 의미가 풍부해진다는 것이다. 삶이 이야기된다는 말은 이야기를 통해 삶을 진정으로 이해한다는 것이다. 삶은 문화적 현상들의 복합이다. 따라서 나의 삶뿐 아니라 타인의 삶도, 우리 공동체뿐만 아니라 다른 공동체도 이야기할 수 있으며 따라서 진정한 상호 이해를 가능케 한다. 절대적 과학적 객관적 삶에 있어 그것을 이야기하는 것이 아니라, 문화 속에서 상호 이해를 추구하는, 그리고 추구되고 이야기된 삶이 참으로 이야기된 삶이라는 것이다.[24]

존이 십자가와 부활에 비추어 새롭게 해석되듯이, 그리스도의 죽음과 부활 역시 인간 실존의 해석을 거쳐 새로운 해석을 받아들인다. 그리스도와 인간 실존 사이에 <해석의 순환>이 있다. 서로 상대방을 밝힌다."고 말한다. Paul Ricoeur, Le Conflit des Interpretations, 419.

23) "해석학의 임무란 하나의 작품이 삶과 행동, 그리고 고통의 흐릿한 배경에서 벗어나 독자에게 주어지며, 독자는 그것을 받아들여 자신의 행동을 변화시키게 되는 그러한 작업들 전체를 재구성하는 것이다. 기호학에서 유일한 조작 개념은 여전히 문학 텍스트라는 개념이다. 반면 해석학은 작품과 작가, 그리고 독자에 대한 실천적 경험을 제공하는 작업들의 아치 전반을 재구성하는 데 관심을 둔다." Paul Ricoeur, Temps et Récit－intrigue et récit historique, 김한식·이경래 옮김, 시간과 이야기 1－줄거리와 역사 이야기(서울: 문학과지성사, 1999, 2001), 127. "독서 행위는 이야기의 형상화를 따라가면서 독자가 따라갈 수 있도록 하는 그 능력을 현실화한다. 어떤 스토리를 따라간다는 것, 그것은 독서 행위를 통해 그것을 현실화하는 것이다." ibid., 169.

3. 인간은 상징으로 삶을 이야기한다.

의식은 감각적인 내용을 단순히 갖는 것에 만족하지 않고 그 내용을 자신에게서 **만들어**낸다. 이 산출의 힘은 단순한 감각 내용과 인지 내용을 상징적 내용으로 형성하는 힘이다. 여기에서 그림은 단순히 외부에서 지각된 것 그대로가 아니다.[25]

앞에서 말한 대로, 인간은 그들이 보는 모든 것들을 그들의 삶 속으로 이끌어 들여서 "삶의 상징"[26]으로 만들고, 그들의 이야기로

---

24) 정기철, 상징, 은유 그리고 이야기, 267 - 8.

25) Ernst Cassirer, Der Begriff der symbolischen Form im Aufbau der Geisteswissenschaften, 오향미 옮김, 인문학의 구조 내에서 상징형식 개념 외(서울: 책세상, 2002), 24.

26) "상징이란 직접 의미, 일차 의미 또는 문자 의미가 흘러넘쳐 다른 의미, 곧 간접 의미, 이차 의미 또는 상징 의미를 낳는 의미구조를 가리킨다. 이때 이차 의미는 반드시 일차 의미를 거쳐 생긴다. 그와 같은 이중 의미 표현을 다루는 것이 해석학의 작업이라고 할 수 있다." Paul Ricoeur, Le Conflit des Interpretations, 16. 상징에는 우주 상징, 꿈의 상징, 시의 상징이 있다. ibid., 17. "인간적 차원의 행위라는 것은 상징의 행위를 말한다. 아마도 인간은 유일하게 상징화의 동물 symbolizing animal일 것이다. 인간은 어떤 행위를 수행할 뿐 아니라 이에 의미를 부여하고 저 나름의 의사를 지니고 지식을 추구하는 동물이다. 인간은 오랜 신비로운 시간의 과정에서 신체·이미지·소리 아니면 문자, 무엇이든 이용해서 어떤 것이 다른 어떤 것을 대신해 뜻할 수 있는 능력과 특성을 가질 수 있게 되었다. 비록 인류학자나 철학자도 언제 어떻게 그러한 능력을 갖게 되었는지 밝힐 수는 없으나 인간은 결국 그러다가 언어적 동물 linguistic animal이 되었던 것이다. 언어적 동물이 되는 것과 사고하는 동물이 된다는 것은 하나의 인간

엮어낸다. 이것을 서사작업 또는 문학화 작업이라고 할 수 있겠다. 이런 상징화작업은 인간에게 본질적이고 자연스럽다.[27]

예를 들어, '가시고기'라는 소설도 그렇다. 이 소설, 즉 이 이야기는 '가시고기(가 하는) 이야기'가 아니다. 가시고기가 어떻게 제 이야기를 엮을 수 있겠는가. '가시고기'는 가시고기를 은유화[28]한 '인

적 상황으로서, 서로 떼어서 생각할 수 없는 양면이라 하겠다. 어떠한 형태로든지 언어를 사용하지 않고 존재에 대해 사고할 수 없으며, 언어의 구사는 신음 소리나 비명과는 달리 의미의 지시물이 있어야 하고 이것이 존재에 관해서 말하거나 혹은 적어도 이에 대한 물음을 제기한다. 의미론과 존재론은 불가분의 관계를 가지며 전자는 후자 없이는 피상적이며, 반대로 후자는 전자 없이는 이해할 수 없는 것이 된다." Philip Ellis Wheelwright, Metaphor and Reality, 김태옥 역, 은유와 실재(서울: 한국문화사, 2000), 13.

27) "상징 작용은 우리가 아무리 내쫓으려고 노력해도 언제나 되돌아온다. 상징 작용은 단순히 헛된 환상이거나 부패한 퇴락만이 아니다. 그것은 바로 인간 생활의 바탕 속에 고유한 것이다. 언어 자체가 하나의 상징 작용이다…… 인류는 자신을 표현하기 위해 상징을 찾아내지 않으면 안 되는 것처럼 보인다. 사실 '표현'이란 '상징 작용'인 것이다." A. N. Whitehead, Symbolism: Its Meaning and Effect, 정연홍 옮김, 상징작용 - 그 의미와 효과(서울: 서광사, 1989, 2001), 64 - 65.

28) "은유는 즉각적인 창조 행위이자 의미론적 혁신으로서, 이미 구축된 언어에서는 아무런 지위도 가지지 못하며 다만 특별하거나 기대하지 않은 어떤 술어의 도움으로만 존재할 뿐이다. 그러므로 은유는 유사성의 원리에 기반한 단순한 연합이라기보다는 오히려 수수께끼의 해결과 유사한 것이다. 즉 은유는 의미론적 불협화음(dissonance)의 해결에 의해 구성된다." "두 번째 결론은 은유가 담화에 부가된 장식물이 아니라는 것이다. 은유는 정서적 가치 이상이다. 왜냐하면 은유는 새로운 정보를 제공해 주기 때문이다. 간단히 말해서 은유는 우리에게 실재에 대해 무언가 새로운 것을 이야기해 준다." Paul Ricoeur,

간들의 이야기'다. 인간들은 가시고기를 보면서, 거기서 자기들 삶을 바라보고 경험한다. 그리고 가시고기를 삶의 상징으로 삼아서 그들의 이야기를 엮어낸 것이다. 이런 서사적 작업, 즉 문학화 작업을 통해서 사람들은 그들의 삶을 이야기하고, 독자들은 그 소설을 읽으면서 삶을 인식하고 경험하면서, 또 나름대로 새로운 삶을 엮어간다.29) 가시고기는 삶의 은유화 작업을 통해서 부성(父性)과 자식사랑 이야기를 엮어내는 서사적 상징이 된다. 사람들은 이 이야기를 읽으면서, 새로운 삶을 경험한다.30)

Interpretation Theory: Discourse and the Surplus of Meaning, 김윤성 · 조현범 옮김, 해석이론(서울: 서광사, 1996, 1998), 96 – 97. 리쾨르의 은유이론에 대해서는, Paul Ricoeur, La métaphore vive, tr. Robert Czerny, The Rule of Metaphor: Multi – disciplinary studies of the creation of meaning in language(London and Henley: Routledge & Kegan Paul, 1978)을 보라. "우리는 인간의 사고과정의 대부분이 은유적이라는 것을 주장하려고 한다. 이것이 인간의 개념 체계가 은유적으로 구성되고 규정된다는 말의 의미이다. 언어적 표현으로서 은유가 가능한 것은 바로 인간의 개념 체계 안에 은유가 존재하기 때문이다." G. Lakoff, M. Johnson, Metaphors We Live By, 24. 한국어 은유연구에 대해서는, 박영순, 한국어은유연구(서울: 고려대학교 출판부, 2000)를 보라. 그리고 미디어(시대)와 은유의 관계에 대해서는, Raymond Gozzi, Jr., The Power of Metaphor in the Age of Electronic Media(Cresskill, NJ.: Hampton Press, Inc., 1999, 2001)을 보라.

29) "슐라이어마허나 딜타이를 통해서도 우리는 본문과 문서와 기념 작품들이 글로 기록된 삶의 표현임을 배웠다. 그처럼 심리 연관이나 역사 흐름의 고리 속에서 밖으로 표현된(객관화된) 삶을 거꾸로 추적해 올라가는 것이 주석이다." Paul Ricoeur, Le Conflit des Interpretations, 15.

30) "상징은 정적이면서 동시에 인지적이고, 실존적이면서도 존재론적이다.

우리는 한 사물을 다른 것에 의해 이해함으로써 인간의 사상과 언어가 성장하고 변화해 간다는 사실을 상기한다. 인간의 사상과 언어는 본질적으로 은유적이다. 명백한 은유, 혹은 살아 있는 은유는 우리에게 이 세계 속에서 우리가 존재하는 방식의 역동성과 긴장을 깨닫게 한다.[31]

본질적으로 상징은 인간 삶에서 감정의 영역을 인지적 측면 또는 존재론적 측면에서의 가장 중요한 영역과 연결시켜 준다. 이처럼 상징은 인간 경험의 총체를 효과적으로 소통시켜 주는 역할을 한다." D. M. Rasmussen, Symbol and Interpretation, 장석만 옮김, 상징과 해석(서울: 서광사, 1991, 2001), 23. "<도덕 의미>에 중점을 두었다는 것은 해석학이 좁은 의미의 주석 이상임을 말해 준다. 그것은 삶을 텍스트라는 거울에 비추어 보는 일이다. 알레고리는 성서를 새롭게 밝혀주지만, 만일 그 새로움이 일상생활의 새로움이 아니라면 다시 말해서 <지금 여기서> 발생하는 것이 아니라면 사라져 버리고 말 것이다." Paul Ricoeur, Le Conflit des Interprétations, 420. "나에게, 세계란 내가 지금까지 읽고, 이해하고, 사랑해 온 모든 텍스트, 기술적인 것이든 시적인 것이든, 그 모든 텍스트가 열어주는 지시들의 총체이다. 그리고 하나의 텍스트를 이해한다는 것은 곧 우리의 환경(Umwelt)으로부터 하나의 세계(Welt)를 만들어 내는 모든 의미 작용을 우리의 상황에 대한 술어들 속에 끼워 넣는 것이다. 우리가 텍스트에 의해 열리는 지시들에 대해 말할 수 있고, 또 대부분의 텍스트가 갖는 지시적 단언들에 의해 열리는 세계에 대해 말할 수 있는 것은 바로 이렇게 텍스트가 우리의 존재 지평을 넓혀 주기 때문인 것이다." Paul Ricoeur, Interpretation Theory, 74.

31) Sallie McFague, Metaphorical Theology - Models of God in Religious Language, 정애성 옮김, 은유신학 - 종교 언어와 하느님 모델(서울: 다산글방, 2002), 83 - 84. 맥페이그는 이렇게 말한다. "언어를 인간 존재의 본질로 이해하고 인간의 이미지 형상화 능력이 동물과 다른 점이라고 보는 모든 철학은 언어라는 간접 수단과 연결해서, 즉 은유에 의지해서 실재를 파악하고 표현할 수밖에 없다. 우리와 실재 사이에 언제나 언어가

(리쾨르는) 그중에서도 상징이나 은유와 같은 언어가 현실을 창조적으로 새롭게 서술하는 것으로 보았다. 언어가 현실을 새롭게 서술한다는 말은 언어가 인간이나 인간의 삶 또는 인간의 경험을 기술해 줄 때 그 기술로 인간이나 인간의 현실 또는 삶 등을 의미 있는 것으로 표현해 준다는 것을 뜻한다. 이로써 언어의 현실에 대한 재서술은 새로운 의미를 창조하게 된다. 새로운 의미 창조로 인해 인간 이해와 해석이 가능해진다.[32]

지금까지 살펴본 대로, 이야기를 만들어내고 읽어내는 것은 바로 인간들이 기본적으로 갖고 있는 이야기성, 즉 서사성에 의해서 가능하다. 그 이야기성에 의해서 만들어진 이야기문학을 서사문학(敍事文學)이라고 한다. 인간들은 남이 만들어놓은 서사문학을 읽을 때 그들이 갖고 있는 이야기성, 즉 서사성을 동원하는데, 사람들이 이야기를 듣거나 읽을 때, 그들에게 천부적으로 내재하는 서사성이라는 프로그램이 자연스럽게 발현된다. 그리고 이 서사성은 정형적인 서사문학뿐만 아니고, 모든 문학장르에서도 거의 동일하게 나타난다.

우리 문화는 수많은 서사 유형들을 기반으로 하고 있다. 장편 소설, 단편 소설, 영화, 텔레비전 쇼, 신화, 일화, 노래, 뮤직 비디오, 만화, 회화, 광고, 수필, 전기, 그리고 뉴스 기사 등이 그것이다.[33]

존재한다면, 언어가 우리와 '존재'와의 관계성과 그 거리감을 깨닫게 하는 매개라고 한다면, 어린이들의 첫마디에서 극도로 복잡한 철학자들의 실재 이해에 이르기까지 은유는 우리에게 주어진 짐이자 영광이다." ibid., 69.
32) 정기철, 상징, 은유 그리고 이야기(서울: 문예출판사, 2002), 12.

이처럼 다양한 장르의 서사들 속에 내재하는 서사성이 인간들로 하여금 삶을 경험하고 인식하게 하며, 그것을 통해서 다시 새로운 삶을 형성케 해준다.

4. 인간은 상상력으로 삶을 이야기한다.

우리가 지금 이야기하는 서사성은 다른 말로 하면 '문학적 상상력' 또는 '삶의 상상력'이라고 할 수 있을 것이다.[34] 서사성이라는 것이 인간으로 하여금 삶에 기초해서 무엇인가를 바라보고 그것을 이해하고 새로운 삶을 형성해내는 능력이기 때문이다.[35] 상상력에

---

33) Steven Cohan & Linda M. Shires, Telling Stories: A Theoretical analysis of narrative fiction, 임병권 · 이호 옮김, 이야기하기의 이론 - 소설과 영화의 문화 기호학(서울: 도서출판 한나래, 1996, 2001), 13. 바르트도 "세상에는 무수한 형식의 서사물들이 있다"고 말한다. Gerald Prince, Narratology: The Form and Functioning of Narrative, 최상규 역, 서사학 - 서사물의 형식과 기능(서울: 문학과지성사, 1988), 11.

34) "우리가 은유에 그렇게 강한 관심을 보이는 이유는 은유가 이성과 상상력을 결합시키기 때문이다. 이성은 최소한 범주화, 함의, 추론을 포함한다. 상상력은 그 다양한 측면들 중 하나로서 어떤 사물을 다른 사물의 관점에서 보는 것 - 우리가 은유적 사라고 부르는 - 을 포함한다. 그래서 은유는 상상적 합리성(imaginative rationality)이다. 우리의 일상적 사고의 범주가 대부분 은유적이며, 일상적인 사유가 은유적 함의와 추론을 포함하기 때문에 일상적인 합리서은 바로 그 본성에 있어서 상상적이다. 시적 은유에 대한 이해를 은유적 함의와 추론의 관점에서 이해한다고 하면, 시적 상상력의 산물은 똑같은 이유 때문에 본성에 있어서 부분적으로 합리적이라는 것을 알 수 있다." G. Lakoff, M. Johnson, Metaphors We Live By, 240 - 241.

의해서 삶과 서사는 강하게 연결된다. 그래서 삶과 서사는 결코 따로 떼어놓을 수 없다. 상상력에 의해서 서사는 삶을 형성하고 삶은 서사를 풀어낸다. 성서를 이야기라고 했을 때, 바로 이런 점을 말하는 것이다.

> 인간은 자신이 살고 있는 세계를 구성하는 상상력 속에서 산다. 이것은 삶이 확인되고 체험되기 전에 삶 자체가 상상적이라는 것을 뜻한다. 이야기체 상상력은 역시 역동적 활동이다. 즉 일상 삶을 새롭게 서술할 수 있는 힘이다.[36]

> 상상력은 마음의 종합적 능력으로, 구조화의 작용이며 패턴을 가진 통일적인 표상을 획득한다. 상상력은 인간의 경험, 지각, 촉각, 창조, 이해 등등 모든 측면에서 중심 역할을 하는 역동적인 능력이라 할 수 있다. 그러므로 서사의 표현과 이해(수용)에서 서사적 상상력의 역할은 매우 중요하다 하겠다.[37]

여기서 말하는 '서사적 상상력'은 바로 '삶의 상상력'이다. 서사는

---

35) "문학적 상상력에서 나온 모든 창작 또한 의미와 가치에 관한 새로운 세계를 드러낸다. 이런 새로운 의미와 가치는 말할 나위 없이 여러 가지 무한한 가능성을 보장해 준다. 그리고 이 가능성은 세계 안에 있고자 하는, 즉 존재하고자 하는 자라면 누구에게나 열려져 있다. 그러므로 문학은 지식의 도구가 될 수 있다. 왜냐하면 문학적 상상력은 인간 조건에 내포된 미지의 차원이나 감추어진 측면을 드러내 보여주기 때문이다." M. Eliade, Symbolism, the Sacred and the Arts, 296.
36) 정기철, 상징, 은유 그리고 이야기, 235.
37) 임경순, "서사교육의 의의, 범주, 기능", 우한용 외, 서사교육론, 57.

삶에 근거하고 삶을 형성하기 때문이다. 그래서 서사는 삶의 기록이다. 서사성을 지닌 성서 역시 삶의 기록이다. 다시 말해서, "삶의 서사"라는 것이다. 물론 문학형태로 보았을 때, 성서에는 서사문학이 아닌 것들도 있다. 크게는 시가문학도 있고, 작게는 예언문학, 지혜문학, 묵시문학이 있다. 서사문학은 분명히 이것들과 구별되는 문학 장르이지만, 성서는 전체적으로 삶에 기초한 서사성을 기본으로 갖는다.

그래서 우리에게 가장 중요한 것은 바로 '삶'이다. 우리는 무엇을 하든 결코 삶을 벗어날 수 없다. 해석학적인 작업에서도 마찬가지다. 그런데 사람들이 삶을 이야기한다고 하면서 실제로는 삶을 무시하는 경우들이 많다. 인간은 본능적으로 갖고 태어난 서사성을 통해서 삶을 형성하고, 삶을 이해하고, 삶을 소통한다는 사실, 즉 이야기하기 자체가 바로 삶이라는 사실을 기억해야 한다.

Ⅲ. 성서교육의 미래

지금까지 우리는 성서교육의 문제점을 지적하고, 성서교육이 지향해야 할 본질적인 방향을 확인한 다음, 성서교육을 구체적으로 어떻게 해야 하는지 살펴보았다. 성서교육은 삶·생명의 해석학에서 비롯해야 한다.

그런데 우리에게 주어진 근본적인 과제는 성서 이야기(narrative as

text)를 정확하게 해석해내는 것은 물론, 그것을 현대적으로 수용해서 우리의 이야기(narrative as our story)로 만드는 작업을 포함한다.38) 그러기 위해서는 '성서이야기의 현대적 수용'이라는 분야를 성서학의 한 분야로 삼아야 한다.39) 성서이야기의 현대적 수용을 성서학의 한 분야로 삼으려면, 상호 텍스트성(intertextuality)에 입각해서, 우리 시대의 소설과 시, 연극, 영화, 음악 등에서 성서 내용이 어떻게 반영되고 있는지를 살피는 작업을 성서학에 포함시켜야 할 것이다. 그래서 이런 연구가 논문으로도 나올 수 있도록 유도해야 한다.

그리고 이미 하는 작업이지만, 한국의 이야기를 기독교적인 시각에서 해석하는 작업도 필요하고, 한국 민담과 성서이야기를 비교해서 연구하는 작업도 필요하며, 이러한 작업들을 성서학의 한 분야로 생각해야 할 것이다.

그리고 이것을 확대해서 종합적인 서술이론을 정립하면, 우리의 연구는 기록된 고정된 성서텍스트 연구뿐만 아니라, 그것을 토대로 성서이야기를 확산할 수 있고, 또 설교(문)연구도 성서학의 범위에 넣을 수 있을 것이다. 설교는 성서 이야기의 현대적 수용에서 매우 중요한 역할을 한다.40) 그리고 성서이야기의 현대적 수용과 창작을

---

38) 일상적 삶을 토대로 성서를 읽고 이해하고 함께 나누고 적용하는 것에 대해서는, Ernesto Cardenal, El dvangelio en Solentiname, 성염 옮김, 말씀이 우리와 함께 – 솔렌띠나메 농어민들의 복음 대화(왜관: 분도출판사, 1981)를 보라.

39) 여기에 대해서는, ed. Daniel Smith – Christopher, Text & Experience towards a Cultural Exegesis of the Bible(Sheffield: Sheffield Academic Press,1995)를 보라.

위해서 성서이야기대회도 정기적으로 개최했으면 좋겠다. 이렇게 했을 때, 성서이야기를 원본 그대로 또는 창조적으로 확산시킬 수 있을 것이다.

그리고 그러한 해석과 수용의 과정을 연구할 수 있을 것이다. 현재 사람들은 성서이야기, 예를 들면 요셉이야기를 어떻게 수용하고 있는가? 성서이야기를 수용할 때, 어떤 점이 부각되고, 또 어떤 점은 약화되고 있는가? 즉 성서이야기의 현대적인 변이를 추적해 보는 것도 좋을 것이다. 또 설교자들은 성서이야기의 어떤 점을 부각해서 어떻게 이야기를 전개하는가? 오늘날 우리 주변에서 듣는 이야기 가운데 성서이야기와 유사한 것들은 무엇인가? 이러한 점들을 밝혀 보면, 성서연구를 단순한 구조연구나 텍스트 연구에서 **실제 서술행위**까지 확대시킬 수 있을 것이다.41)

이렇게 할 경우, 성서이야기는 오늘도 살아 있는 생생한 삶의 이야기로 들려지고 전해질 것이다. 즉 삶과 서사가 원만한 해석학적 순환을 한다는 것이다.

---

40) 가장 중요한 해석적 장소는 바로 설교단이다. Frances M. Young, Biblical Exegesis and the Formation of Christian Culture(Peabody, Massachusettes: Hendrickson Publishers, Inc., 2002), 4.

41) "모던에서는 원본들(originals)에 관심이 있었지만, 포스트모던에서는 사본들(copies)에 관심이 있다." David J. A. Clines, 359. 여기서 '사본'은 원본에서 파생한 다양한 형태의 이본(異本. version)들도 포함한다고 생각한다.

참고문헌

김형인, "'신은 우리편' - 미국 노예제 찬반론의 성서적 해석", 『서양사
  론』58호, 63 - 88.

_____, "북아메리카 기독교의 형성과 발전", 『외대사학』12호(2000), 한
  국외국어대학교 역사문화연구소.

_____, 『두 얼굴을 가진 하나님 - 성서로 보는 미국 노예제』, 살림지식
  총서 004, 서울: (주)살림출판사, 2003.

박영순, 『한국어은유연구』, 서울: 고려대학교 출판부, 2000.

배성은, "엘라 베이커(Ella Baker)와 남부 기독교 지도자회의(SCLC)",
  『북미연구』6호(2000), 한국외국어대학교 외국학종합연구센테 북
  미연구소.

우한용 외, 『서사교육론』, 서울: 도서출판 동아시아, 2001.

윤철호, 『기독교 인식론과 해석학』, 서울: 한국장로교출판사, 2001.

이상섭 편, 『세계문학비평용어사전』, 서울: 을유문화사, 1985, 1993.

이종록, 『성서로 읽는 디지털시대의 몸 이야기』, 서울: 책세상, 2004.

정기철, 『상징, 은유 그리고 이야기』, 서울: 문예출판사, 2002.

조찬선, 『기독교죄악사(상, 하)』, 서울: 평단문화사, 2000.

Abrams, M. H., *Glossary of Literary Terms*, 최상규 역, 『문학용어사
  전』, 서울: 대방출판사, 1985, 1987.

Bal, M., *Narratology - Introduction to the Theory of Narrative*, 한용
  환·강덕화 옮김, 『서사란 무엇인가』, 서울: 문예출판사, 1999.

Block, D. I., *The Book of Ezekiel Chapters 1 - 24. The New International
  Commentary on the Old Testament,* Grand Rapids, Michigan:

William B. Eerdmans Publishing Company, 1997.

Bourneuf, R., Ouellet, R., *L'univers du roman*, 김화영 편역, 『현대소설론-소설의 세계』, 서울: 현대문학, 1996, 1997.

Brownlee, W. H., *Ezekiel 1-19*. Word Biblical Commentary 28, Waco, Texas: Word Books, Publisher, 1986.

Brueggemann, W., *Interpretation and Obedience-From Faithful Reading to Faithful Living,* Philadelphia: Fortress Press, 1991.

Cardenal, E., *El dvangelio en Solentiname*, 성염 옮김, 『말씀이 우리와 함께-솔렌띠나메 농어민들의 복음 대화』, 왜관: 분도출판사, 1981.

Cassirer, E., *Der Begriff der symbolischen Form im Aufbau der Geisteswissenschaften*, 오향미 옮김, 『인문학의 구조 내에서 상징형식 개념 외』, 서울: 책세상, 2002.

Clines, D. J. A., *Interested Parties-The Ideology of Writers and Readers of the Hebrew Bible*, 김병하·김상래·김종윤·정승우 옮김, 『포스트모더니즘과 이데올로기 성서비평』, 서울: 한들출판사, 2000.

Cohan, S. & Shires, L. M., *Telling Stories*: *A Theoretical analysis of narrative fiction*, 임병권·이호 옮김, 『이야기하기의 이론-소설과 영화의 문화 기호학』, 서울: 도서출판 한나래, 1996, 2001.

Collingwood, R. G., *The Principles of Art*, 김혜련 옮김, 『예술의 철학적 원리-상상과 표현』, 서울: 고려원, 1996.

Crenshaw, J. L., *Education in Ancient Israel*. New York: Doubleday, 1998.

Davis, N. Z., *The Return of Martin Guerre,* Cambridge: Havard University

Press, 1983.

de las Casas, B., *A Short Account of the Destruction of the Indies.* London: Penguin Books, 1992.

ed. Lazareth, W. H., *Reading the Bible in Faith – Theological Voices from the Pastorate,* Grand Rapids, Michigan: William B. E erdmans Publishing Company, 2001.

Eichrodt, W., *Der Prophet Hesekiel,* tr. Cosslett Quin, Ezekiel, OTL. London: SCM Press, 1970.

Eliade, M., *Symbolism, the Sacred and the Arts,* 박규태 옮김, 『상징, 신성, 예술』, 서울: 서광사, 1991, 2001.

Fowl, S. E. & Jones, L. G., *Reading in Communion – Scripture and Ethics in Christian Life,* Eugene: Wipf and Stock Publishers, 1998.

Fretheim T. E. & Froehlich, K., *The Bible as Word of God in a Postmodern Age,* Eugene: Wipf & Stock Publishers, 1998.

Genette, G., *Narrative Discourse,* 권택영 옮김, 『서사담론』, 서울: 교보문고, 1992.

Gozzi, R., Jr., *The Power of Metaphor in the Age of Electronic Media,* Cresskill, NJ.: Hampton Press, Inc., 1999, 2001.

Heaton, E. W., *The School Tradition of the Old Testament – The Bampton Lectures for 1994,* Oxford: Oxford University Press, 1994.

Hil, J. L. and Cheadle, R., *The Bible Tells Me So – Uses and Abuses of Holy Scripture,* New York: Anchor Books / Doubleday, 1996.

ed., Hunt, L., *The New Cultural History,* California: University of California Press, 1989.

Jamieson – Drake, D. W., *Scribes and Schools in Monarchinc Judah – A Socio – Archeological Approach,* Sheffield: Sheffield Acdemic Press, 1991.

Jeanrond, W. G., *Text und Interpretation als Katergorien theologischen Denkens*, tr. Thomas J. Wilson, Text and Interpretation as Categories of Theological Thinking, New York: Crossroad Publishing Company, 1988.

Lakoff, G., Johnson, M., *Metaphors We Live By*, 노양진 · 나익주 옮김, 『삶으로서의 은유』, 서울: 서광사, 1995.

McFague, S., *Metaphorical Theology – Models of God in Religious Language*, 정애성 옮김, 『은유신학 – 종교 언어와 하느님 모델』, 서울: 다산글방, 2001.

McFague, S., *Speaking in Parables – A Study in Metaphor and Theology,* Philadelphia: Fortress Press, 1975.

Melchert, C. F., *Wise Teaching – Biblical Wisdom and Educational Ministry*. Harisburg: Trinity Press International, 1998.

Patte, D., *Ethics Of Biblical Interpretation – A Reevaluation*(Louisville, Kentucky: Westminster John Knox Press, 1995).

Powell, M. A., *What is Narrative Criticism?* 이종록 옮김, 『서사비평이란 무엇인가?』, 서울: 한국장로교출판사, 1993.

Prince, G., *Narratology*: *The Form and Functioning of Narrative*, 최상규 역, 『서사학 – 서사물의 형식과 기능』, 서울: 문학과지성사, 1988.

Rasmussen, D. M., *Symbol and Interpretation*, 장석만 옮김, 『상징과 해석』, 서울: 서광사, 1991, 2001.

Ricoeur, P., *Du Texte à l'action – Essis d'herméneutique* II, 박병수 · 남기영 편역, 『텍스트에서 행동으로』, 서울: 아카넷, 2002.

Ricoeur, P., *Interpretation Theory: Discourse and the Surplus of Meaning*, 김윤성 · 조현범 옮김, 『해석이론』, 서울: 서광사, 1996, 1998.

Ricoeur, P., *La métaphore vive*, tr. Robert Czerny, The Rule of Metaphor: Multi – disciplinary studies of the creation of meaning in language, London and Henley: Routledge & Kegan Paul, 1978.

Ricoeur, P., *Le Conflit des Interpretations*, 양명수 옮김, 『해석의 갈등』, 대우학술총서 500, 서울: 아카넷, 2001.

Ricoeur, P., *Temps et Récit – intrigue et récit historique*, 김한식 · 이경래 옮김, 『시간과 이야기 1 – 줄거리와 역사 이야기』, 서울: 문학과지성사, 1999, 2001.

ed. Smith – Christopher, D., *Text & Experience towards a Cultural Exegesis of the Bible*, Sheffield: Sheffield Academic Press, 1995.

Sontag, S., *Against Interpretation*, 이민아 옮김, 『해석에 반대한다』, 서울: 도서출판 이후, 2002.

ed. Sugirtharajah, R. S., *Voices from the Margin – Interpreting the Bible in the Third World*, Maryknoll: Orbis Books, 1995, 1997.

Trabant, J., *Traditionen Humboldts*, 안정오 · 김남기 옮김, 『훔볼트의 상상력과 언어』, 서울: 도서출판 인간사랑, 1998.

West, G., *Biblical Hermeneutics of Liberation – Modes of Reading the Bible in the South African Context*, Maryknoll: Orbis Books.

Wheelwright, P.E., *Metaphor and Reality*, 김태옥 역, 『은유와 실재』, 서울: 한국문화사, 2000.

White, H., *The Content of the Form – Narrative Discourse and Historical Representation*, Baltimore: Johns Hopkins University Press, 1987.

Whitehead, A. N., *Symbolism*: *Its Meaning and Effect*, 정연홍 옮김, 『상징작용 – 그 의미와 효과』, 서울: 서광사, 1989, 2001.

Young, F. M., *Biblical Exegesis and the Formation of Christian Culture*, Peabody, Massachusettes: Hendrickson Publishers, Inc., 2002.

Zimmerli, W., *Ezekiel 1*, tr. Ronald E. Clements, *Ezekiel 1. A Commentary on the Book of the Prophet Ezekiel, Chapters 1 – 24*, Philadelphia: Fortress Press, 1979.

5. 하우와, 그대는 생명의 어머니

- 망각(忘却)과 변조(變造)의 오랜 역사를 넘어서 -

들어가는 글

  유대교와 기독교 역사는 성경기록과 성경해석의 역사라고 할 수 있을 것이다. 성경기록과 성경해석은 그 신적인 성격 부여에도 불구하고 실제적으로는 인간들이 하는 작업이기 때문에, 성경을 쓰고 해석하는 사람들이 어느 시대 사람인지, 그리고 그들이 어떤 관점을 갖고 있었는지에 따라서 그 결과가 달라질 수밖에 없다. 그렇기 때문에 우리가 (이미 완성되어서 정경으로 인정하는) 성경을 읽을 때는 성경 본문이 말하는 바를 정확하게 찾아내기 위해 무엇보다 성경 본문을 꼼꼼하게 읽어야 하고, 명확한 시대적·문화적 한계성을 지니고 있거나 그릇된 시각에 의해서 왜곡된 본문들[1]은 과감하게

---

1) "성서는 남성의 언어로 기록되었을 뿐만 아니라 '하나님'을 남자로 '만들어 버리고' 궁극적 현실을 남성 언어로 결정함으로써 여성을 보이지 않게 했거나 주변으로 쫓아버린 한에 있어서, 가부장적 권력과 억압의 정당화에 봉사하고 있다고 말할 수 있다.": Elisabeth Schüssler Fiorenza, Bread not Stone - The Challenge of Feminist Biblical Interpretation, 김윤옥 옮김, 돌이 아니라 빵을 - 여성신학적 성서해석학(서울: 대한기독교서회,

파기(破棄)하거나 전복(顚覆)시키고, 또 재해석해야 한다.2) 이런 한 계성에도 불구하고 성경본문에 문자적으로 집착하는 것은 결코 바람직하지 않을 뿐 아니라, 매우 위험한 일이기도 하다.

기독교인들이 성경을 어떻게 읽고 거기서 어떤 내용을 파악해내느냐에 따라서 기독교의 성향이 달라질 수 있다. 이런 점에서 기독교인들이 성경을 바르게 읽고 제대로 이해하는 것은 기독교 자체적으로는 말할 필요도 없고, 사회적으로도 대단히 중요하다.

그러나 지금까지의 역사를 살펴보면, 기독교인들은 성경을 제대로 읽지 못했고, 제대로 교육받지 못했다. 기독교인들은 성경의 많은 부분을 곡해하고 바르게 이해하지 못했으며, 오히려 성경이 말하는 것과 정반대 방향으로 나아가기도 했다.3)

1994), 8f.

2) "기독교 역사 전체에서 성서는, 한편으로는 노예나 여성의 해방을 저지하기 위해서 사용되어 왔고, 또 한편으로는 그러한 사람들의 해방을 정당화하기 위해서 사용되어 왔다는 사실이다.": Elisabeth Schüssler Fiorenza, Bread not Stone, 139. "따라서 남성들의 이야기 속에 잠식된 여성들의 소리들로부터 여성들의 이야기를 도출해 내기 위한 첫 번째 단계는, 남성들의 이야기를 해체하여 재구성하는 것이다. 나는 이러한 것은 오로지 성서의 남성주의적 이데올로기로부터 우리들이 벗어남으로써 가능하게 된다고 생각한다.": J. Cheryl Exum, Fragmented Women – Feminist (Sub)versions of Biblical Narratives, 김상래 외 역, 산산이 부서진 여성들 – 페미니즘 비평으로 본 구약성서의 여성들(서울: 한들출판사, 2001), 17.

3) "성서는 진리와 계시의 원천일 뿐만 아니라 폭력과 지배의 원천이기도 하다는 통찰은 해방신학의 기본이다.": Elisabeth Schüssler Fiorenza, Bread

그렇기에 우리는 성경 본문을 정확하게 읽어서, 뒤틀린 해석을 바로 잡아야 하며,[4] 그래서 성경이 이 시대에도 제대로 읽혀지도록, 아니, 성경이 제대로 말하게 해야 한다. 그러한 작업을 하우와에 관한 본문쓰기와 읽기의 역사를 짚으면서 하려고 한다. 하우와에 관한 본문들 가운데는 파기하고 전복시켜야 할 부분들도 있고,[5] 또 그대로 읽어야 하는 부분들도 있다. 이것을 정밀하게 가려내면서 본문들을 읽고, 또 하우와에 대한 해석의 역사를 살피면서, 뒤틀린 해석을 바로잡으려는 목적으로 이 글을 쓴다. 하우와 이야기는 분명 문학작품이며, 역사성을 갖지 못하는 허구(fiction)이다.[6] 아니, 모든 문학

---

not Stone, 129.

4) "여성해방운동의 시대에 에덴동산을 방문해 본 우리들은, 이제 더 이상 창세기 2 - 3장에 대한 전통적인 해석을 받아들일 필요가 없다는 것을 알게 되었다. 본문은 그런 해석을 하게 만든 가부장적 문화를 합법화해 주기는 커녕 오히려 그 문화를 심판하고 있다. 그리하여, 창조설화는 노예화하기 보다는 자유롭게 하는 기능을 한다.": Phyllis Trible, "Eve and Adam: Genesis 2 - 3 Read", "이브와 아담 - 창세기 2 - 3장에 대한 재조명", 이우정 편, 여성들을 위한 신학(서울: 한국신학연구소, 1985), 164.

5) 하우와 이야기를 바르게 읽으려는 시도에 대해서는 Carol Meyers, Disco vering Eve: Ancient Israelite Women in Context(Oxford: Oxford University Press, 1988)를 보라.

6) 아담과 하우와 이야기는 상상력과 신학적 해석이 결합된 문학작품이다. 그래서 아담과 하우와는 실존인물이었을 가능성이 없으며, 그 역사성을 입증할 수 없다. 만약 아담과 하우와가 실존인물이 아니고, 그 이야기도 역사성이 없다면, 상징적인 의미를 지닐 뿐, 실제로 범죄와 그로 인한 심판도 실재하지 않으며, 원죄도 발생하지 않는다.: Patricia A. Williams, Doing without Adam and Eve - Sociobiology and Original Sin. Theology and Scineces Series(Minneapolis: Fortress Press, 2001), 80. 그렇기 때문에

이 그렇듯, 하우와 이야기는 허구이면서 동시에 강력한 문학적 사실성을 갖는 팩션(faction＝fact＋fiction)이다. 이 글은 사람들이 그런 허구에 뒤틀린 상상력을 발휘해서 고집스럽게 편향적인 역사성을 부여하고 그것을 통해서 현실세계를 지배하려는 불순한 의도를 갖는 거대한 이야기로 만들어 왔음을 지적하고, 하우와 이야기를 바르게 읽기 위한 시도를 할 것이다.

I. 하우와 죽이기, 그 긴 역사

사람들이 하우와를 '이브'라고 부르는 것을 볼 때마다, 나는 유행가 가사를 패러디해서 이렇게 꼬집어 주고 싶다. "하우와는 어디 가고 이브만 남았느냐?"

우리는 '이브'라는 이름을 아무런 문제의식 없이 사용한다.[7] 하지만 이브는 적합한 이름표기가 아니다. 어떠한 의도에서건 고유명사를 제 맘대로 바꿀 수는 없기 때문이다. 그리고 '하와'라는 표기도 그렇게 정확한 것은 아니다. 히브리어로 חַוָּה이기 때문에, '하우

창조 이야기나 아담과 하우와 이야기는 역사성보다는 상징적인 의미를 갖는다.: Alice Ogden Bellis, Helpmates, Harlots and Heroes－Women's Stories in the Hebrew Bible(Westminster / John Knox Press Louisville, Kentucky, 1994), 45.

7) 심지어 페미니스트들도 '이브'라는 이름을 전혀 문제의식 없이 사용한다.

와'(hawwah)라고 하거나, '하브바'(havvah)라고 읽어야 한다. 그래야 이 이름이 갖는 원래의 의미도 찾을 수 있다. 창세기 3장 20절은 하우와를 '생명'(하이)이라는 단어와 연결짓는다.[8]

아담이 그 아내를 하와라 이름하였으니 그는 모든 산 자의 어미가 됨이더라

여기서 '모든 산 자'는 '생명이 있는 모든 사람'이라는 의미이다. 그래서 칠십인역 성경(LXX, Septuaginta)은 창세기 3장 20절에서 하우와를 조에(ζωή. 생명)로 번역한다. 비록 고유명사를 자의적으로 변경한 잘못은 있지만, 번역자는 그 이름이 무엇을 의미하는지는 분명하게 알고 있었던 것이다. 그러나 칠십인역은 창세기 4장 1절에서는 하우와를 에우아(Ευα)로 비슷하게 음역했는데, 그 이후로 사람들은 칠십인역의 이 전통을 따라서 하우와를 이브(Eve)로 부른다.[9] 이브라는 이름은 이렇게 생겨났다.[10] 그런데 문제는 지금껏 하우와

---

8) 나훔 사르나는 하우와가 하이야의 고어(古語)일 것이라고 생각한다.: Nahum M. Sarna, Genesis. The JPS Torah Commentary(Philadelphia: The Jewish Publication Society, 1989), 29.

9) 라틴어 성경인 불가타(Vulgata)는 하바(또는 하와. Hava)로 음역한다.

10) 하우와를 이브로 부르는 것은 하나님을 '여호와'(Jehowah)라고 부르는 것에 비하면 별것 아니다. 히브리 성경은 하나님 이름을 신명4문자로만 표기하기 때문에 이것을 어떻게 읽어야 하는지 알 수 없다. 그런데 이 4개 자음에 '주'(아도나이)의 모음을 붙여서, '여호와'로 부른 것이다. 그러니 '여호와'라는 신명은 인간들이 신명4문자에 임의적으로 모음을 조합해서 만들어낸 가짜 이름이다. 요즘에는 Yahweh(야웨나 야

를 이브로 부르는 것에 대해 사람들이 별 이의를 제기하지 않는다는 사실이다. "아무리 비슷하게 음역했다고는 하지만, 고유명사 하우와를 왜 이브로 표기하고 그렇게 불러야 하는가? 아담은 여전히 아담(Adam)으로 표기하지 않는가?"에 대한 문제를 제기하지 않는 것이다. 이것은 사소한 문제인 것 같지만, 이름을 정확하게 표기하고 정확하게 부르는 일이 결코 사소하지 않다는 사실을 우리는 잘 안다.

이처럼 '이름정확하게 부르기'에는 주의를 기울이지 않으면서도, 사람들은 아담과 하우와에 대해 깊은 관심을 갖는다.11) 그들은 창세기 1 - 3장을 근거삼아,12) 아담과 하우와에 대한 이야기를 하는데, 마치 성경 자체가 그렇게 이야기하는 듯 아담과 하우와에 대해 말한다.13) 그러나 실제로는 전혀 그렇지 않다. 그들은 성경 본문을 매

훼)가 원래 이름에 더 가까울 것으로 생각한다.
11) 아담과 하우와 이야기는 서구의 종교적 전통에서 오랫동안 깊은 논의와 해석의 주제였다.: Leila Leah Bronner, From Eve to Esther - Rabbinic Reconstructions of Biblical Women(Louisville: Westminster / John Knox Press, 1994), 22.
12) 서구에서 창세기 처음 몇 장들만큼 여성들에게 큰 영향을 미친 텍스트는 없을 것이다.: ed. Kristen E. Kvam, Linda S. Schearing, Valarie H. Ziegler, Eve & Adam - Jewish, Christian and Muslim Readings on Genesis and Gender(Bloomington and Indianapolis: Indiana University Press, 1999), 15. 창세기 2 - 3장은 오늘날까지 전 세계에 알려진 몇 안 되는 성경이야기 가운데 하나이다.: Claus Westermann, Genesis 1 - 11, tr. John J. Scullion S. J., Genesis 1 - 11(Minneapolis: Augsburg Publishing House, 1984), 275.

개삼아서 제 주관적인 생각들을 전파할 따름이다. 우리가 아는 이 브, 즉 하우와는 상당 부분 성경을 매개로 삼은 상상력의 산물임을 알아야 한다. 한마디로 창작물이라는 것이다. 그것도 오랜 세월을 거치면서 시대마다 그 시대의 독특한 사고방식을 첨가해 온 상상력의 산물이다.[14] 그렇기에 그들이 보여주는 상상력의 탁월함은 칭찬할 만하지만, 거기에 반영된 그들의 주관적인 관점들은 날카롭게 비판해야 하는 것이다.

그리고 그에 앞서서 우리가 기억해야 할 것은 아담과 하우와 이야기가 지금처럼 거의 모든 사람이 아는 이야기로 등장하기까지는 오랜 망각의 세월을 거쳐야 했다는 사실이다. 우리가 기대하는 것과는 다르게, 아담과 하우와가 선악을 알게 하는 나무 열매를 따먹은

---

13) 어거스틴도 아담과 하우와 이야기에 근거해서 여러 가지 주장들을 한다. 예를 들면, 성적 욕망은 죄스런 것이고, 어린 아이들은 임신되는 순간부터 원죄라는 질병에 감염되며, 아담의 죄는 본성 전체를 타락케 했다는 것이다.: Elaine Pagels, Adam, Eve and the Serpent(New York: Vintage Books, 1988), xix. 그러나 이것은 어거스틴이 그렇게 주장하는 것일 뿐, 본문에는 그런 주장에 대한 근거들이 명확하게 드러나지 않는다.
14) 독자들은 어떤 텍스트를 읽으면서 거기에 등장하는 인물들을 나름대로 형상화하는 작업, 즉 성격 부여하는 작업을 하는데, 이런 측면에서 하우와 이야기 읽기는 하우와에게 성격을 부여하는 작업이다. 여기에 대해서는 Mieke Bal, Lethal Love – Feminist Literary Readings of Biblical Love Stories(Indianapolis: Indiana University Press, 1987), 104 – 130("5. Sexuality, Sin and Sorrow: The Emergence of the Female Character")을 보라.

이야기는 창세기 3장을 제외하고는 방대한 구약성경에서 더 이상 나타나지 않는다.15) 그리고 아담과 하우와라는 이름도 창세기 5장 이후로는 거의 나타나지 않는다. 이것은 구약시대 사람들이 아담과 하우와에게, 그리고 선악을 알게 하는 나무 열매를 먹은 일에 대해서 별 관심이 없었다는 증거이다.16) 오랜 세월, 아담과 하우와는 철저하게 잊혀졌다. 이상하게 여길 정도로, 구약시대 사람들은 아담과

---

15) 아담과 하우와 이야기는 구약성경에 다시 나타나지 않는데, 이러한 사실이 최근 많은 학자들을 의아하게 만든다. 아담과 하우와 이야기는 전혀 전승되지 않았으며, 인용되거나 언급되지 않았다. 그 사건은 신앙고백에도 포함되지 않았는데, 그 이유는 이스라엘 백성들이 그 사건을 역사적인 사건으로 간주하지 않았으며, 또 그 사건을 인류역사의 시작으로 삼고 싶지 않았기 때문이다.: Claus Westermann, Genesis 1 - 11, 276. 그리고 아담과 하우와 이야기가 문제삼는 것은 죽음이 어떻게 이 세상에 들어왔는지, 원죄가 무엇인지가 아니고, 하나님이 창조하신 인간이 왜 죽어야 하고 고통당해야 하고, 수고하고 범죄하는가 하는 것이다. 원죄개념은 구약성경에서 찾아볼 수 없다.: ibid., 277.

16) 우리가 생각하는 것과는 다르게, 하우와 이야기는 구약성경에서 결코 두드러진 주제가 아니었다. 초기 유대교문헌이나 기독교문헌에서 아담과 하우와가 두드러지게 나타나는 것은 상당히 이례적이다.: ed. Kristen E. Kvam, Linda S. Schearing, Valarie H. Ziegler, Eve & Adam - Jewish, Christian and Muslim Readings on Genesis and Gender, 19. 그리고 더욱 이상한 것은, 구약성경이 이스라엘 역사를 끊임없이 하나님을 거역하고 불순종하는 역사로 규정하면서도, 아담과 하우와가 저지른 일을 불순종과 징벌의 예로 인용하지 않는다는 사실이다.: Carol Meyers, Discovering Eve, 3. 물론 이스라엘의 범죄를 여성적인 이미지로 묘사하기도 하지만, 그것은 여성에 대한 일반적인 이해에서 비롯한 것이지, 그 본문들이 하우와를 구체적으로 지칭하는 것으로 볼 수는 없다.

하우와가 에덴동산에서 무엇을 했는지에 대해서는 관심이 없었다. 우리가 아담과 하우와에게 보이는 지대한 관심을 구약시대 사람들은 도무지 보이지 않은 것이다. "우리 인간들의 조상인 아담과 하우와를 이렇게 대접해도 되는 거야?" 라는 책망을 들을 만큼 그들은 아담과 하우와를 잊고 지냈다. 그래서 우리가 아담과 하우와 이야기에 근거해서 전개하는 신학적 개념들, 즉 '타락'(fall)이나 원죄교리는 구약성경에서 전혀 찾아볼 수 없다.[17]

아담과 하우와는 이렇게 철저하게 잊혀진 채 육백 년이 훨씬 넘는 세월이 흐른다.[18] 그들은 구약정경에는 나타나지 않고, 위경에 처음으로, 그것도 간접적으로 등장한다. 벤시락은 집회서에서 "죄는 여자로부터 시작하였고, 우리의 죽음도 본시 여자 때문이다."($\mathrm{\dot{\alpha}\pi\dot{o}}$ γ $\mathrm{\upsilon\nu\alpha\iota\kappa\dot{o}\varsigma}$ $\mathrm{\dot{\alpha}\rho\chi\dot{\eta}}$ $\mathrm{\dot{\alpha}\mu\alpha\rho\tau\dot{\iota}\alpha\varsigma,}$ $\mathrm{\kappa\alpha\dot{\iota}}$ $\mathrm{\delta\iota'}$ $\mathrm{\alpha\dot{\upsilon}\tau\dot{\eta}\nu}$ $\mathrm{\dot{\alpha}\pi o\Theta\nu\dot{\eta}\sigma\kappa o\mu\epsilon\nu}$ $\mathrm{\pi\dot{\alpha}\nu\tau\epsilon\varsigma.}$ 25:24)라고 말한다. 하우와를 직접 지칭하지는 않았지만, 우리는 이 구절에서 '여자'가 하우와라는 것은 쉽게 알 수 있다.[19] 그리고 아

---

17) Patricia A. Williams, Doing without Adam and Eve, 38. "이스라엘은 이 전설을 현질서를 정당화하거나 여성의 종속을 주장하기 위해서 사용하지 않았다.": Phyllis Bird, "Images of Woman in the Old Testament", in ed. Rosemary Radford Ruether, Religion and Sexism‐Images of Woman in the Jewish and Christian Traditions(New York: Simon and Schuster, 1974), 75.
18) 주전 2세기경에 유대인들은 악의 기원에 대해서 큰 관심을 가졌다.: Bernard P.Prusak, "Woman: Seductive Siren and Source of Sin‐Pseudepigraphal Myth and Christian Origins", ed. Rosemary Radford Ruether, Religion and Sexism, 90.

담과 하우와 이름이 명확히 나타나는 것은 주전 1세기 전반부에 기록된 것으로 보이는 희년서(Jubilees)이다.[20] 그러니까 하우와라는 이름은 700여 년이 지난 다음에야 다시 불린 것이다.

구약성경이 완성된 이후에 유대인들은 자신들이 처한 상황 속에서 성경을 해석하고 풀이하는 작업에 몰두했는데, 그러면서 그들은 기발한 상상력을 동원해서 성경 이야기를 실마리 삼아 흥미진진한 이야기들을 만들어냈다.[21] 아담과 하우와 이야기도 그런 재담꾼들에 의해서 새롭게 조명받기 시작했다. 그렇기에 우리가 아는 하우와 이야기는 실제로는 유대인들과 기독교인들이 뛰어난 상상력으로 만

---

19) 주후 1세기경에 만들어진 '아담과 이브의 생애'라는 책 역시 하우와를 그렇게 본다.

20) 희년서 2-4장은 구약성경 창세기 1-3장 내용을 그대로 따르면서, 거기에 상상력을 첨가해서 이야기를 확장하고, 구약성경과는 다르게 자기 나름대로 이야기를 전개하기도 한다. 날짜를 표기하는 것이 눈에 띈다. 그리고 하우와는 아완과 아주라라는 두 딸을 두었고, 모두 14명의 자녀를 낳았다고 한다.

21) 이러한 작업을 미드라쉬(midrash)라고 하는데, 성경본문이 모든 것을 다 말해주지 않기 때문에, 그들은 자신들이 궁금해하는 것들에 대한 답을 찾기 위해 본문을 넘어서곤 했다.: ed. Kristen E. Kvam, Linda S. Schearing, Valarie H. Ziegler, Eve & Adam – Jewish, Christian and Muslim Readings on Genesis and Gender, 3. 여기에 대한 구체적인 연구는, Howard Schwartz, Reimaging the Bible – The Storytelling of the Rabbis(New York: Oxford University Press, 1998)를 보라. 유대인들은 성문 토라와 구전 토라를 다 하나님 말씀으로 인정했기 때문에, 정경형성 이후에도 구전 토라를 통해서 다양한 이야기들을 만들어냈다.

들어낸 창작물이다.22)

  물론 그 상상력이라는 것이 매우 주관적이고 편파적이어서 하우
와(를 비롯한 여성들)에게는 지극히 불리하다.23) 유대인들은 '하우
와'가 생명이라는 고귀한 단어와는 관련이 없으며, 하우와라는 이름
이 실제로는 '뱀'이라는 단어에서 유래했다고 주장했다.24) 왜 이런

---

22) 하우와는 에덴에서 추방되던 날에 가인과 아벨을 임신하고 출산했으
    며(Genesis Rabbah. 22:2), 아담과 하우와는 130년 동안 떨어져 살다
    가, 재결합해서 셋을 낳았다고 한다(Eruvin. 18b). 그리고 하우와가 세
    상을 떠났을 때, 헤브론 막벨라 동굴 아담 곁에 묻혔다고 한다(Pirkei
    de－R. Eliezer 20). 이런 것을 보면, 유대교 랍비들이 이야기를 꾸며
    내는 상상력이 얼마나 뛰어난지 알 수 있다.
23) 랍비시대에 여성들은 부당한 대우를 받았다. 예를 들어, 여성들은 사
    소한 이유들에 의해서도 이혼당했는데, 삼마이 학파(the School of
    Shammai)는 아내가 부정을 저질렀을 때만 이혼할 수 있도록 규정했
    지만, 힐렐 학파(the School of Hillel)는 아내가 음식을 태우거나, 남
    편이 아내보다 아름다운 여자를 보았을 때도 이혼할 수 있게 했다.:
    Leila Leah Bronner, From Eve to Esther, 7.
24) 아람어 ḥewyā(뱀)와 연결시키면서, 하우와가 남편에게 뱀－같은 역
    할을 하는 여자－이었다고 말한다.: Marvin H. Pope, "EVE",
    Encyclopedia of Judaica CD ROM. 그리고 페니키아어인 ḥwt(페니키
    아의 뱀 신)와 관련이 있을 것으로 생각한다.: "She was given to him
    for an adviser, but she played the eavesdropper like the serpent[חיוה]
    R. Aha said: The serpent was your [Eve's] serpent [i.e. seducer] and
    you are Adam's serpent."(Bereshith Rabba xx 11). U. Cassuto, tr.
    Israel Abrahams, A Commentary on the Book of Genesis Part I
    From Adam to Noah Genesis I－VI 8(Jerusalem: Magnes Press,
    1961), 170f. Kurt Lüthi, Gottes Neue Eva－Wandlungen des
    Weiblichen, 김윤옥 역, 하느님의 새 이브(서울: 한국신학연구소,

주장을 펴는지는 쉽게 알 수 있다. 그들이 보기에 이 세상에 죽음을 가져온 하우와를 모든 생명의 어머니라고 부르고 싶지 않았던 것이다. 아담에게 그릇 충고해서 아담으로 하여금 범죄케 하는 '뱀 같은' 하우와를 생명의 어머니로 부르는 것은 전혀 용납할 수 없는 일이었다.

그리고 그들은 창세기 1장과 2장을 극단적인 문자주의로 읽어서, 하우와가 아담의 둘째 부인이라는 놀라운 상상의 나래를 펼치기에 이른다. 창세기 1장은 하나님이 남자와 여자를 만드셨다고 기록하는데, 창세기 2장은 하나님이 남자를 먼저 만든 다음에 남자의 갈비뼈로 여자를 만드셨다고 기록하기 때문에, 차이점을 보이는데, 이것을 문학적인 차이로 보지 않고, 연속적인 기록으로 보아서, 하나님이 처음에는 남자와 여자를 동시에 만드셨고, 나중에 다시 여자를 만드셨는데, 두 번째로 만든 여자가 바로 하우와라는 것이다. 그러면 아담의 첫째 부인은? 그들은 아무런 거리낌 없이 릴리트(Lilith)25)라는 이름을 붙였다. 하나님은 처음에 아담과 릴리트를 차례대로 창조하셨으나, 기가 센 릴리트가 아담에게 순종하지 않으려고 고집을 피우다가 가출하자,26) 좀 더 아름답고 순한 하우와를 만들었

1984), 189f.
25) 릴리트라는 이름은 구약성경에서는 이사야서 34장 14절에 나온다. 그러나 릴리트는 주전 2400년경의 수메르 왕 명단에 처음 나온다.: Raphael Patai, The Hebrew Goddess(Detroit: Wayne State University Press, 1967, 1990), 221.
26) Howard Schwartz, Reimaging the Bible, 58. 유대인 페미니스트들은

다는 것이다.[27] 하지만 하우와 역시 나중에 범죄하고 아담까지 죄에 끌어들이는 악녀가 되었다는 것이다.[28] 도대체 이런 이야기를 어디에 근거해서 만들었는지 알 수 없지만, 철저히 가부장적이고 남성우월적인 사고방식을 가진 사람들이 합작해서 엮어낸 것만은 사실이다. 그리고 그렇게 만들어진 하우와 이야기는 오랜 세월 동안 가부장적이고 남성우월적인 사고방식을 더욱 강화시키는 데 기여해 왔으며, 세월이 흐를수록 그 허구적인 이야기들이 모두 사실인 양

릴리트를 자신들의 모델로 삼고, 릴리트 메거진(Lilith Magazine)을 발행한다. 릴리트의 출생에 대해서는 여기서 말하는 것이 세 번째 입장인데, 첫 번째 입장은 릴리트가 다섯째 날에 창조되었다는 것이고, 두 번째 입장은 릴리트가 여섯째 날 아담보다 조금 먼저 창조되었다는 것이다.: Raphael Patai, The Hebrew Goddess, 230.

27) 하우와는 릴리트가 아담을 떠난 후에, 아담의 오른쪽 13번째 갈비뼈로 만들어졌다고 한다(Targum Jonathan Genesis 2:21). 이런 이야기 역시 매우 정교한 상상력을 통해서 만들어진 것이다. 릴리트는 초기 미드라쉬 문헌들에서 언급되었지만, 중세의 카발라 문헌에서 온전히 등장한다.: Leila Leah Bronner, From Eve to Esther, 33. 릴리트에 관한 문헌들에 대해서는, Barbara Black Koltuv, The Book of Lilith(York Beach, Maine: Nicolas‒Hays, Inc., 1986)을 보라. 이 책은 여러 책들(특히 조하르<the Zohar>. 13세기경에 쓰인 카발라 문헌으로, 구약성경에 대한 묵상)에서 릴리트에 관한 이야기를 찾아 그것을 주제별로 정리해 놓았다. 이 책에서 인용하는 그림들을 보면, 릴리트는 여인의 얼굴을 하고 뱀의 꼬리를 달았다.

28) 하우와는 선악을 알게 하는 나무열매를 따먹은 다음, 죽음의 천사가 자기 앞에 있는 것을 보았다. 그는 마지막이 가까운 줄 알고, 아담에게도 그 열매를 주어서 먹게 했는데, 자신이 죽은 후에, 아담이 다른 여자와 재혼하지 못하게 하려고 그렇게 했다는 것이다(Pirkei de‒R. Eliezer 13).

그렇게 전해져 왔다. 사람들-특히 남성들-은 상상력으로 꾸며낸 허구에 확인할 수 없는 '역사적 사실성'을 부여하면서, 그것을 통해 현실을 지배하는 이데올로기를 만들어 온 것이다.

후대에는 그러한 비꼬인 상상력마저 사라지고, 철저하게 교리적인 작업에 치중해서,29) 아담과 하우와, 특히 하우와를 원죄 발생의 장본인으로 낙인찍었다.30) 과일 하나 먹은 것이, 천 년 동안 잊혀진 채로 지낼 만큼 사소한 그 사건이, 나중에 제정된 교리에 의해서 엄청난 죄로, 도저히 씻을 수 없는 죄로 규정되고 하우와는 그 교리에 의해서 아무리 가혹한 벌을 받아도 마땅한 그런 처벌을 받았고, 앞으로도 계속 처벌을 받을 것이다. 이렇듯 하우와의 역사는 오랜 망각, 그리고 그 이상으로 오랜 변조의 역사인 것이다.

---

29) 기독교 교리(원래 상태, 타락, 원죄)에서 말하는 하우와는 본래 이야기와는 많은 차이를 보인다.: Claus Westermann, Genesis 1-11, 275. 창세기 2-3장은 타락(fall)에 대해서 이야기하지 않는다. ibid., 276.

30) 기독교는 하우와의 불순종에 근거해서 원죄(original sin)와 타락(fall) 교리를 전개하지만, 유대교는 그렇게까지는 하지 않았다.: ed. Kristen E. Kvam, Linda S. Schearing, Valarie H. Ziegler, Eve & Adam-Jewish, Christian and Muslim Readings on Genesis and Gender, 3. 그리고 하우와가 아니고 아담에게 책임을 지우는 경우들도 있다. 그러나 결과적으로는 하우와가 모든 책임을 떠맡는다.

Ⅱ. 하우와, 생명의 어머니

아담과 하우와 이야기는 기독교 교리를 형성하는 데 많은 영향을
미쳤다. 오히려 아담과 하우와 이야기에 논리적으로 추론한 교리를
주입했다고 볼 수 있다.[31] 그런데 기독교는 하우와에 대해서 이야
기할 때, 창세기 2－3장만을 열성적으로 다룰 뿐, 4장과 5장은 거
의 다루지 않는다. 창세기 4장에 하와가 등장함에도 불구하고, 사람
들은 고집스럽게 1－3장만을 읽고, 3－5장은 도무지 읽으려고 하지
않는다. 아무리 성경(聖經)이라고 해도 하우와에 대해 지독한 선입
견을 갖고 있는 그들에게는 창세기 2장과 3장만 의미가 있을 뿐,
나머지는 읽을 필요가 없는 것들이다.[32] 그러나 창세기 1－5장을
한 묶음으로 읽을 때, 특히 3－5장을 연속해서 읽을 때, 우리는 그
들이 생각하는 것과는 다르게, 하우와를 새롭게 이해할 수 있을 것
이다. 창세기 3장과 4장, 5장에 하우와가 등장하기 때문에,[33] 창세

---

31) Patricia A. Williams, Doing without Adam and Eve, 81. 기독교는
   본래 기독교적이지 않은 여러 가지 개념들을 받아들여서, 그것으로 기
   독교 신앙을 표현했다.: Elaine Pagels, Adam, Eve and the Serpent,
   xvii－xviii.

32) Kristen E. Kvam, Linda S. Schearing, Valarie H. Ziegler, Eve &
   Adam, 18.

33) 창세기 3장과 4장에는 하우와가 직접 등장하고, 5장에서는 하나님이
   "남자와 여자를 창조하셨고 그들이 창조되던 날에 하나님이 그들에게
   복을 주시고 그들의 이름을 사람이라 일컬으셨다"(2절)는 구절에는
   '여자'로 등장한다. 3－4장이 J문서이고 5장은 P문서이기 때문에, 3－
   4장과 5장은 문서상으로는 연속성이 없지만, 현재의 편집된 형태로는

기 3 – 5장을 연속성 있는 본문으로 읽는 것은 성경을 바르게 읽는 매우 중요하고 의미 있는 작업이다.[34]

A. 창세기 3장 읽기 – 그대 이름은 하우와

우리는 아담과 하우와가 죄를 선악을 알게 하는 나무의 열매를 먹고 하나님께 징계를 받아 에덴동산에서 추방당하는 장면까지는 선명하게 기억한다. 그런데 이 장면에서도 그렇고 그다음 장면들에서도 우리는 사건들을 매우 선별적으로 기억한다. 창세기 3장과 4장을 읽으면서, 우리는 여러 가지 중요한 구절들을 일부러 주목하지 않고 비껴간다. 4장을 읽을 때는 가인이 아벨을 죽이고, 라멕이 청년을 죽이는 살인사건에만 주목함으로써, 그것이 바로 아담과 하우와, 특히 하우와가 저지른 엄청난 죄로 인해서 나타나는 당연한 비극적 결과로 규정함으로써, 하우와를 두 번, 세 번 죽이려 한다.

그러나 이렇게 본문을 읽을 때, 우리는 많은 것들을 잃는다. 먼저 창세기 3장에서 우리가 관심을 기울여 할 중요한 부분은 아담과 하

분명히 연속성을 갖는다.
34) ed. Kristen E. Kvam, Linda S. Schearing, Valarie H. Ziegler, Eve & Adam – Jewish, Christian and Muslim Readings on Genesis and Gender, 18. 많은 독자들이 하우와가 에덴동산에서 추방당하는 것으로 이야기가 종결되는 것으로 생각한다. 하지만 메어리 필 코삭(Mary Phil Korsak), 일라나 파드스(Ilana Pardes)는 창세기 4 – 5장의 중요성을 강조한다.: ibid., 19.

우와가 선악을 알게 하는 나무 열매를 맺는 장면만이 아니다. 이야기 전개상 아담이 아내에게 하우와라는 이름을 지어주는 것이 더 중요하다. 그때까지 하우와는 제 이름으로 불리지 않았다. 처음 지어졌을 때부터 '여자'(또는 아내._잇샤)였을 뿐, 제 이름을 갖지 못했다. 그런데 선악을 알게 하는 나무 열매를 먹고 하나님께 책망을 들은 다음, 아담은 아내에게 이름을 지어준다. 여기서 이름짓는 시점이 중요하다. 범죄로 인한 징계 이후에, 아담은 아내에게 하우와, 즉 "모든 생명의 어머니"라는 지극한 칭호를 부여한다.

아담이 아내에게 이름을 지어주는 것을 남성우월적인 시각에서 볼 수도 있을 것이다. 그러면 아담이 하우와를 규정하고, 하우와는 아담에게 예속되는 것처럼 보인다.[35] 그러나 아담이 하우와에게 이름을 지어주는 상황과 그 이름의 의미를 생각해 보면, 오히려 이름짓기를 통해서 하우와는 아담도 인정하는 명확한 정체성을 갖는 것으로 볼 수 있겠다.[36] 아담은 심문과정에서는 책임을 아내에게 돌

---

35) 카수토는 아담이 하우와에게 이름을 지어주는 것은 "남편은 너를 다스릴 것이니라"(16절)는 하나님 명령대로 아담이 하우와를 다스리는 징표라고 말한다.: U. Cassuto, A Commentary on the Book of Genesis Part Ⅰ, 170. 코터도 동일한 의견을 제시한다.: David W. Cotter, Genesis. Berit Olam – Studies in Hebrew Narrative & Poetry(Collegeville, Minnesota: The Liturgical Press, 2003), 35.

36) Nahum M. Sarna, Genesis, 29. 남자에게는 고유한 이름이 없는데 여자에게는 하우와라는 이름이 주어진 것은 매우 의미 깊다. 스키너는 하우와라는 이름이 보존된 것은 모든 인류는 한 어머니로부터 비롯되었다는 고대적 생각이 반영된 것으로 본다.: John Skinner, A Critical and

렸지만, 여기서는 하우와를 책망하거나 원망하지 않고, 또 하우와에게 원죄에 대한 책임을 묻는 사람들과는 다르게, "모든 생명의 어머니"라는 놀라운 이름을 지어준다.37)

그리고 앞뒤를 살펴보면, 이름짓는 장면이 부자연스럽게 두드러지는 것을 알 수 있다.38) 창세기 3장 1-19절은 아담과 하우와가 선악을 알게 하는 나무 열매를 따먹고 하나님께 심문받는 장면을 다룬다. 그리고 20절에서는 아담이 아내에게 하우와라는 이름을 지어주고, 21절에서는 하나님이 아담과 하우와에게 가죽옷을 지어 입히신다. 그리고 22-24절은 아담과 하우와를 에덴에서 추방하는 이야기다. 그래서 창세기 3장 20절(과 21절)은 아담과 하우와가 죄를

Exegetical Commentary on Genesis, ICC(Edinburgh: T & T Clark Ltd., 1910, 1980), 86.

37) 카수토는 아담이 하우와에게 이름을 지어주면서, 하우와가 모든 사람들의 어머니가 될 것을 어떻게 알고 그런 이름을 지어주었겠느냐고 반문하면서, 아담이 아내에게 하우와라는 이름을 지어주었는데, 결과적으로 하우와가 모든 인류의 어머니가 되었기 때문에 후에 이름을 그렇게 해석한 것이라고 말한다.: U. Cassuto, A Commentary on the Book of Genesis Part Ⅰ, 170. 일종의 끼워 맞추기라는 것이다. 웬함은 하우와라는 이름이 하이, 즉 생명에서 유래한 것으로 보는 것이 문맥에 어울린다고 생각한다.: Gordon J. Wenham, Genesis 1-15. WBC. 1(Waco, Texas: Word Books, Publisher, 1987), 84.

38) Gerhard von Rad, Das erste Buch Mose, Genesis, tr. John Bowden, Genesis(London: SCM Press, 1961, 1981), 96. 몇몇 주석가들은 이 구절이 자리를 잘못 잡은 것으로 여긴다.: U. Cassuto, A Commentary on the Book of Genesis Part Ⅰ, 170. 스키너는 이 구절이 4장 1절 앞이나 뒤에 와야 한다고 주장한다.: John Skinner, Genesis, 86.

짓고 그 벌로 추방당하는 장면 중간에 나온다. 이름짓는 이야기가 범죄와 처벌로 이어지는 이야기를 단절하고 끼어드는 것이다. 이러한 단절은 매우 중요한 의미를 갖으며, 3장을 넘어서 4장으로, 그리고 5장으로 이어지는 새로운 이야기를 예시하는 복선이기도 하다.

아담이 하우와에게 이름을 지어주는 것은 하우와에게 인류타락의 책임을 부과하는 사람들에게는 그리 달갑지 않은 본문이다. 아담은 왜 범죄와 심판 이후에 아내에게 이름을 지어주고, 그것도 하우와라고 했을까? 왜 하우와는 저주와 죽음의 어머니가 아니고 생명의 어머니, 삶의 어머니인가? 이것이 심히 못마땅한 사람들도 있을 것이다. 오죽하면 본문이 하우와를 생명과 연결시키는데도 불구하고, 이름의 어원마저 변조하려고 했을까?

그런데 창세기 4장을 꼼꼼하게 읽어 보고, 그리고 창세기 5장까지 읽어 보면, 우리는 아담이 하우와라는 이름을 짓는 것이 새로운 이야기의 시작이며, 새로운 삶의 시작임을 알 수 있다. 이름짓는 장면이 범죄와 처벌39)을 끊어놓듯이, 이 이름짓기를 통해 비극을 넘

---

39) 에덴동산에서 추방하는 것이 과연 처벌인지에 대해서는 논란이 있을 수 있다. 하나님이 아담과 하우와를 에덴동산에서 추방하시는 이유는 선악을 알게 하는 나무 열매를 따먹은 것에 대한 벌이라고 생각할 수도 있지만, 성경이 그렇게 말하지 않기 때문이다. "여호와 하나님이 가라사대 보라 이 사람이 선악을 아는 일에 우리 중 하나같이 되었으니 그가 그 손을 들어 생명나무 실과도 따먹고 영생할까 하노라"(창세기 3장 22절). 여기서 보는 대로, 하나님은 인간이 신적인 존재가

어서는 새로운 역사가 일어나는 것이다. 이렇듯 창세기 3장은 이름 짓기를 주축으로 삼아 앞 뒤 이야기를 전개하고, 또한 이름짓기를 통해서 범죄와 처벌을 넘어선다.

B. 창세기 4장 읽기 — 죽임을 넘어서 살림으로

많은 사람들이 하우와 이야기를 창세기 3장까지로 제한하는데, 그렇게 하면 성경을 제 맘대로 부리는 잘못을 범할 수밖에 없다. 우리는 연속적이어야 하는 범죄와 처벌 구조를 예기치 못하게 단절하는 창세기 3장 20-21절을 복선으로 삼아서, 그다음에 이어지는 창세기 4장과 5장을 섬세하게 읽어야 할 의무가 있다.

1. **주어**: 먼저 창세기 4장 읽기를 마지막 구절인 25절과 26절을 꼼꼼하게 읽는 것으로 시작해 보자.

25 아담40)이 다시 아내와 동침하매 그가 아들을 낳아 그 이름을 셋이라 하였으니 이는 하나님이 내게 가인의 죽인 아벨 대신에 다른 씨를 주셨다 함이며 26 셋도 아들을 낳고 그 이름을 에노스41)

되는 것에 대한 두려움에서 인간들을 추방한 것이다.
40) 다른 곳에서는 하아담(아담에 정관사 '하'가 붙은 형태)인데, 여기서는 정관사 없이 '아담'으로만 표기해서, 사람을 통칭하는 집합명사가 아니고, '아담'이라는 한 사람을 가리키는 고유명사로 쓰인다.
41) 에노스는 아담처럼 사람을 통칭하는 집합명사인데, 여기서는 25절에 나오는 아담처럼 고유명사로 쓰인다. 그래서 에노스는 인류의 새로운 삶,

라 하였으며 그때에 사람들이 비로소 여호와의 이름을 불렀더라

25절과 26절을 읽으면서 이해하기 어렵다고 느낀 곳은 아마 없었을 것이다. 본문의 내용은 아주 단순해 보여서 우리가 내용을 모두 이해하는 것같이 느낀다.

그러면 과연 우리가 이 구절들을 잘 이해하고 있는지 확인하기 위해서, 25절부터 읽어 보자. 25절 앞부분은 세 구절로 나눌 수 있다. "아담이 다시 아내와 동침하매 / 그가 아들을 낳아 / 그 이름을 셋이라 하였으니 /." 25절 앞부분은 이렇듯 지극히 단순하고 분명한 세 구절로 이루어져 있다. 그래서 겉으로 보기에는 별 문제 없어 보인다.

그런데 25절에서 주어는 누구인가 하는 문제를 제기하면, 이 구절이 그리 만만치 않다는 것을 알 수 있다. 첫 번째 구절("아담이 다시 아내와 동침하매")(와이예다 아담 오드 에트ー이쉬토)의 주어는 누구인가? 분명히 아담이다. 그러면 두 번째와 세 번째 구절, "그가 아들을 낳아(왓텔레드 벤) / 그 이름을 셋이라 하였으니(왓티크라 에트ー쉐모 쉐트) /." 이 구절들의 주어는 누구일까? "그"는 누구인가? 아들을 낳고, 그 아이의 이름을 셋이라고 지은 그 사람은 도대체 누구일까?

새로운 시대의 시작을 의미한다.: U. Cassuto, A Commentary on the Book of Genesis Part I, 246.

그리고 그다음에 이어서 나오는 25절 뒷부분의 말을 한 사람은 누구일까? 아담일까? 그의 아내일까? 아니면 또 다른 누구일까? 이것은 본문을 읽는 데 별로 중요하지 않은 것처럼 보이지만, 실상은 우리가 본문을 제대로 읽어내고 있느냐 그렇지 않느냐를 확인할 수 있는 가늠자 역할을 한다.

누가 주어일까? 개역성경을 읽으면, 우리는 첫 번째 구절뿐만 아니라 두 번째, 세 번째 구절의 주어도 아담이라고 생각하기 쉽다.[42] 그렇게 보면 25절의 두 번째 부분에 나오는 말은 아담이 한 것으로 해야 한다. 이러면 25절에서는 아담이 주도적인 역할을 하고 그의 아내인 하우와는 무대 뒤로 숨는다.

과연 25절 전체 주어가 아담일까? 아니면 누구일까? 한글성경으로는 명확하지 않다. 히브리어 성경을 보면, 두 번째, 세 번째 구절의 주어가 3인칭 여성 단수형이다. 3인칭 남성 단수형이 아니라는 말이다. 만약 아들을 낳고 그 아이의 이름을 '셋'이라고 지은 사람이 아담이라면, 주어는 3인칭 남성 단수형(이크라)이어야 한다. 그런데 이 구절들에서는 동사형태가 3인칭 남성 단수형이 아니고 분

---

42) 어거스틴도 그렇게 생각했다.: ed. Andrew Louth, Genesis 1-11. Ancient Christian Commentary on Scripture. Old Testament I(Downers Grove, Illinois: InterVarsity Press, 2001), 115. 그는 아담이 셋에게 이름도 지어주었다고 말한다. 그러나 창세기 5장은 3절에서는 아담이 셋에게 이름을 지어주지만, 창세기 4장에서는 분명히 하우와가 아들들에게 이름을 지어준다.

명히 3인칭 여성 단수형(티크라)[43]이다. 그러니까 이 구절의 주어는 남자가 아니고, 여자라는 말이다. 그러니 아들을 낳고 그 이름을 '셋'으로 부른 사람은 아담이 아니고 그의 아내 하우와인 것이다.

본문에 다른 사람들의 이름은 다 밝혀져 있는데, 유독 "하우와"는 이름이 밝혀져 있지 않고 "아내"라고만 되어 있고, 또 개역성경이 '그'라고 번역했기 때문에, 우리는 얼핏 하우와가 아닌 아담이 주어인 것으로 생각하기 쉽다. 그렇지만 두 번째, 세 번째 구절의 주어는 분명히 하우와다. 아담은 첫 번째 구절에서 역할을 끝내고, 두 번째 구절부터는 하우와가 전면에 등장한다.

이렇게 해서 우리는 25절의 중심인물이 아담이 아니고 하우와임을 확인했다. 그래서 바로 다음에 살펴볼 25절의 두 번째 부분("하나님이 내게 가인의 죽인 아벨 대신에 다른 씨를 주셨다")을 말하는 사람도 아담이 아니고, 하우와이다.

  2. **포용**: 이제는 25절 두 번째 부분을 보자. "하나님이 내게 가 인의 죽인 아벨 대신에 다른 씨를 주셨다." 하우와가 아들을 낳고 그 아들의 이름을 '셋'이라고 짓고 나서 그렇게 이름을 지은 이유를 밝히는 장면이다. 이 구절

---

43) 사마리아 오경은 '티크라'를 '이크라'로 바꾼다. 즉 하우와가 이름을 지어준 것이 아니고, 아담이 이름을 지어준 것으로 수정한 것이다.

에서 우리가 읽어낼 수 있는 것은 무엇일까? 이것과 비슷한 구절이 4장 1절에도 나온다.

아담이 그 아내 하오와 동침하매 하오와가 잉태하여 가인을 낳고 이르되 내가 여호와로 말미암아 득남하였다 하니라.

우리는 이 두 절이 닮았다는 것을 금방 알 수 있다. 그래서 4장은 첫아들을 낳은 다음 하우와가 하는 말로 시작해서 막내아들을 낳은 다음 하우와가 하는 말로 끝난다.[44] 그렇기에 4장 전체의 주인공은 다른 사람이 아닌 하우와이다.

그런데 우리는 이 말에서 하우와의 깊은 신앙을 엿볼 수 있다. 하우와는 자기 아들이 세상에 태어나는 것을 결코 심상하게 여기지 않았다. 아들이 태어나는 일을 중대한 사건으로 보고 그 사건을 하나님의 사건으로 해석한다.[45] 하우와는 가인을 낳을 때도 그랬고 셋을 나을 때도 그랬다. 하와가 아들 낳는 일을 하나님의 사건으로 해석하는 것이 창세기 4장에 두 번이나 나오고, 그것이 4장 맨 앞부분과 뒷부분에 나오는 것을 문학적으로 보면, 그 중간에 나오는

---

44) 카수토는 4장 1절과 25절을 비교하면서, 이 두 구절이 얼마나 유사한지를 보여준다.: U. Cassuto, A Commentary on the Book of Genesis Part Ⅰ, 244f.

45) 코터는 "자신의 창조적인 생동력을 드러내면서, 처음으로 하나님 이름을 부르고, 하나님과 함께 창조사역에 동참한 사람은 여자였다는 것에 주목해야 한다"고 말한다.: David W. Cotter, Genesis. 42.

비극적인 살인 사건들을 하우와의 신앙고백으로 끌어안고 있음을 알려준다.

우리는 여기서 하우와의 새로운 모습을 본다. 하우와는 최초로 범죄한 인간이고 이 세상에 비극을 가져온 사람이기 때문에, 누구에게나 비난의 대상이지 결코 모범이 아니다. 그런데 그런 평가는 창세기 3장 20절과 4장, 5장을 읽지 않고 내린 것이다. 하지만 이 구절에서 우리가 만나는 하우와는 얼마나 신앙적인 인물인가? 아들 낳은 일을 하나님의 사건으로 해석하는 하우와는 이스라엘의 위대한 신앙의 인물인 사무엘의 어머니 한나와 예수의 어머니 마리아에 비길 수 있는 여인이다. 그렇기에 우리는 이 구절을 읽으면서 한 신앙심 깊은 여인을 만난다. 지금까지 우리가 알아온 하우와와는 다른 새로운 모습을 보는 것이다.

다시 말해서, 우리는 이 구절을 읽으면서 우리와 같은 한 인간을 생생하게 만난다. 자녀들로 인해 아픔을 겪으면서, 그것을 신앙으로 극복해내는 한 어머니의 모습을 본다. 우리는 지금까지 하우와를 어떻게 여겼는가? 우리와 같은 한 인간으로 생각한 적이 있는가? 기뻐하고 즐거워하고 감사하고 노래하고 때로는 슬퍼하고 고통스러워하는 그런 하우와를 떠올린 적이 있는가? 물론 실존인물일 가능성이 적고, 그 역사성을 규명하는 것이 불가능하기는 하지만, 하우와가 아무리 허구적인 문학작품 속에 등장하는 인물이라고 해도, 그

작품 속에서, 그리고 우리의 기억 속에서 하우와는 분명 인격을 갖는 인물이다. 그렇기에 본문 속에 감추어져 있는 하우와의 기쁨과 슬픔을 살려내는 것, 그래서 그녀를 한 인간으로 경험하는 것, 이것이 본문을 읽는 독자들에게 대단히 중요하다.

이런 측면에서, 우리는 "하나님이 내게 가인의 죽인 아벨 대신에 다른 씨를 주셨다."고 말하는 하우와의 심정을 세심하게 헤아려 보아야 한다. 이 말 속에는 하우와가 겪는 깊은 아픔이 담겨 있기 때문이다.[46]

4장 첫 부분과 마지막 부분 사이에는 가인이 아벨을 죽이는 이루 말할 수 없는 비극적인 사건이 나온다. 물론 이 사건의 주인공은 가인이다. 그래서 성경은 가인이 아벨을 죽이는 것에 초점을 맞춘다. 그러다 보니 이 사건으로 인해서 아담과 하우와가 얼마나 큰 고통을 당했는지에 대해서는 본문은 한마디도 언급하지 않는다. 그렇지만 그것을 밝혀내는 것이 바로 우리들이 해야 할 일이다. 우리는 성경이 표면적으로 말하는 바를 꼼꼼하게 읽어내야 할 뿐만 아

---

46) 카수토는 하우와가 이때는 첫 번째 아들, 즉 가인을 낳을 때와는 정반대로 가족적인 재난으로 인해 비통함과 참담함을 느꼈으며, 그래서 부드럽고 겸손하고 정중하게 말했다고 생각한다. 1절에서는 신명을 야훼를 사용했는데, 여기서는 엘로힘을 사용했는데, 카수토는 야훼에 비해서 엘로힘은 하나님이 멀리 떨어져 계심을 뜻한다고 보았다. 하우와가 그만큼 고통 가운데 있었다는 것이다.: U. Cassuto, A Commentary on the Book of Genesis Part Ⅰ, 245 – 246.

니라, 성경이 침묵으로 전달해 주는 정작 더 귀중한 메시지도 들을
수 있어야 한다.

4장 1절을 보자. "내가 여호와로 말미암아 득남하였다." 우리는
이 말에서 아들을 낳은 한 어머니의 환호성을 듣는다.[47] 하우와는
가인을 낳고 얼마나 기뻐했을까? 물론 아벨을 낳은 후에도 그런 맘
이 들었겠지만, 아벨을 낳고 그런 말을 했다는 기록이 없는 것으로
보아 하우와가 가인을 낳고 얼마나 기뻐하고 감격하고 감사했는지
알 수 있다.

그런데 25절에서 "하나님이 내게 가인의 죽인 아벨 대신에 다른
씨를 주셨다"고 말하는 하우와의 심정은 어떠했을까? 하나님이 주
신 아들. "아 하나님이 아들을 주셨다." 기쁨에 넘쳐서 외쳤던 그
아들이 사랑하는 둘째 아들 아벨을 죽이고, 하나님의 저주를 받아서
멀리 떠나가는 모습을 보며 하우와는 얼마나 피눈물을 흘렸을까?
또 피 흘린 채 죽어 있는 둘째 아들 아벨의 시신을 끌어안고 하우
와는 얼마나 얼마나 가슴아파했을까? 누구와도 나눌 수 없는 고통
을 당하는 하우와여.

그러면서도 그 모든 일들을 신앙으로 이겨내는 하우와. 하우와는
아들 낳은 일을 하나님의 사건으로 해석해내고 모든 아픔을 신앙으

---

47) 카수토는 하우와가 첫째 아이를 낳고 기뻐하면서 자신의 출산력을 자
랑스러워했다고 말한다.: U. Cassuto, A Commentary on the Book of
Genesis, 201.

로 이겨냄으로써 창세기 3장의 범죄와 심판의 고리를 끊고 새로운 삶을 시작하는 모습을 보여준다. 그렇기에 우리는 1절에서처럼 이 구절에서도 지독한 아픔을 이겨내고 기뻐하는 하우와를 만난다.[48) 하우와는 진정 강인한 어머니이며, 위대한 신앙의 인물이다. 이 하우와가 창세기 4장을 지배하는 무서운 증오와 죽음을 신앙으로 끌어안아서 녹여낸다.

3. **갱신** : 아담과 하우와가 낳은 아들이 누구인가? '셋'이다. '셋'의 뜻이 무엇인가? 개역성경 번역대로 하면, '대신한다'이다. 셋은 가인과 아벨을 대신하는 아들이다. 셋은 가인과 아벨로 상징되는 증오와 죽음을 대신하는 아들이다. 그렇기에 아담과 하우와가 아들을 낳은 것은 인간의 삶과 역사를 갱신하는 하나의 사건이다.[49) 가인이 아벨을 죽이는 그 증오와 죽음을 넘어서서 새로운 사랑과 살림으로 나아가는 사건이다. 다시 말해서, 셋이 태

---

48) 카수토는 하우와가 1절에서는 기쁨과 자부심이 가득했지만, 25절에서는 대단히 겸손하고 공손하다고 말한다. 베스터만은 1 - 2절과 25절이 동일하게 환호하는 분위기라고 주장한다.: Claus Westermann, Genesis 1 - 11, 338.

49) '셋'의 어원인 쉬트는 '대신한다'는 의미는 없고, '(기초를) 놓다, 두다' 또는 '점지하다'(appoint)는 의미를 갖는다. 그래서 하우와가 아들 이름을 셋이라고 지은 것은 셋의 탄생이 가족과 인류를 위해서 새로운 삶의 초석을 놓은 것으로 의미부여한 것이다.: U. Cassuto, A Commentary on the Book of Genesis Part I, 245.

어난 것은 증오와 죽음의 현장, 증오와 죽음의 시대를 넘어서 사랑과 삶의 시대로 나아가는 사건이다. 만약 셋이 탄생하지 않고 에노스로 그 계보가 이어지지 않았다면, 증오와 죽음이 세계를 지배하고 비극의 역사가 계속되었을 것이다. 가인에서부터 라멕에까지 이어지는 증오와 죽음의 역사를 문학적으로 단절하는 것이 바로 '셋'의 탄생이다.

창세기 4장의 구성을 보면, 증오와 죽음의 역사는 셋의 탄생으로 일단 끊어지는 구조를 보인다. 4장 3절부터 15절까지는 가인이 아벨을 죽이는 이야기이고, 16절부터 24절까지는 가인과 그의 후손들에 관한 이야기이다. 가인과 그의 후손들의 이야기는 라멕이 부르는 증오와 죽음의 노래로 종결된다. 그래서 4장 3절부터 24절까지가 증오와 죽음의 이야기이다. 이 이야기를 감싸고 있는 것이 아들의 탄생과 하우와의 신앙고백이다. 그러니 창세기 4장에서 이 이야기가 얼마나 중요한지 알 수 있을 것이다. 증오와 죽음의 이야기 다음에 나오는 두 번째 탄생의 이야기, 셋의 탄생 이야기가 중요하다. 셋은 증오와 죽음의 역사를 단절시킬 뿐만 아니라, 그것을 넘어서는 새로운 역사를 만들어간다. 그때에야 비로소 사람들이 야훼의 이름을 불렀다고 한다. 셋에서 에노스로 이어졌을 때에야 사람들은 야훼의 이름을 부른다. 이것은 셋의 후예들이 뿌리 깊은 증오와 죽음의 매듭을 끊어버리고 새로운 삶을 만들어가는 것을 말한다.

C. 창세기 5장 읽기 - 족보, 생명의 계보50)

아담에서부터 노아에까지 이어지는 열 사람의 족보(族譜)51)를 담고 있는 본문은 사람이 태어나서 살다가 죽는 과정을 매우 단순화시켜서 통일된 문학형태로 말한다. 통일된 형태의 전형적인 양식은 3절부터 나타난다.

> 3 아담이 일백삼십 세에 자기 모양 곧 자기 형상과 같은 아들을
>   낳아 이름을 셋이라 하였고
> 4 아담이 셋을 낳은 후 팔백 년을 지내며 자녀를 낳았으며
> 5 그가 구백삼십 세를 향수하고 죽었더라

본문의 깔끔함과 간략함은 본문이 일정한 형식을 충실하게 따르는 것에 기인한다. 본문을 기록한 사람은 짧은 세 절로 된 일정한 양식(form)을 정하고, 그 양식에 맞춰서 각 사람 생애를 기록한다. 첫째 절에서는 어떤 사람이 몇 세에 아들을 낳았는지를 말하고, 둘째 절에서는 그 이후로 몇 년을 더 살면서 자녀를 낳았는지를 말하고, 마지막 절에서는 그가 몇 세에 죽었는지를 말한다.

다시 말해서, 본문기자는 어떤 사람이 몇 세에 아들을 낳았는지를

---

50) 여기에 대해서는 이종록, 새로운 삶을 소망하는 성경읽기(서울: 한국장로교출판사, 2002), 209-282, "6. 족보-끊어짐과 이어짐의 변증법(창세기 5:1-32)"를 보라.
51) 아담-셋-에노스-게난-마할랄렐-야렛-에녹-므두셀라-라멕-노아. 이 열 사람 계보는 역대상 1장 1-4절에도 나온다.

맨 먼저 밝힌다. 그리고 둘째 구절에서도 그 사람이 죽기 전까지 자녀들을 낳았다는 말을 한다. 한 사람의 온 생애를 담고 있는 그 짧은 구절들 속에서 다른 할 말도 많았을 텐데, 각 사람들이 자녀를 낳았다는 사실을 본문기자가 두 번씩이나 이야기하는 것이 특이하다. 그것을 다시 확인하기 위해서 셋에 관한 구절들을 읽어 보자.

> 6 셋은 일백오 세에 에노스를 낳았고
> 7 에노스를 낳은 후 팔백칠 년을 지내며 자녀를 낳았으며
> 8 그가 구백십이 세를 향수하고 죽었더라

여기서도 마찬가지다. 이렇듯 본문기자는 한 사람의 삶을 이야기하면서, 그가 몇 년 살다가 죽었는지를 밝히는 한편, 살아 있는 동안에 그가 (열심히) 자녀들을 낳았다는 사실을 다른 무엇보다도 강조한다. 그래서 본문은 죽음을 부각시킬 뿐만 아니라, 새 생명의 출산을 그보다 훨씬 더 강조하는 것이다.[52] 본문기자는 셋째 절에 나오는 죽음보다는 첫째와 둘째 절에 거듭 나오는 이 '자식 낳음'을 더 강조하는 것으로 보인다. 그리고 이 새로운 생명들은 그들을 낳은 부모들이 세상을 떠난 이후에야 독자적인 양식을 갖추고 등장하기 때문에, 부모들의 죽음은 자녀들의 삶으로 이어지는 것이다. 이

---

52) 창세기 5장은 창세기 1장처럼 제사문서(P)인데, 창세기 1장의 주제(인간이 하나님의 형상으로 창조되었다는 것)를 반복하면서, 첫 인간들의 이야기를 그다음에 나오는 6-9장의 홍수 이야기와 구분짓는 역할을 한다: David W. Cotter, Genesis. 47.

런 이어짐을 기록한 것이 바로 본문과 같은 족보(族譜)다. 그래서 본문은 우리로 하여금 죽음을 단절이 아닌 이어짐으로 새롭게 이해하게 한다.

그래서 '누가 몇 세에 누구를 낳았고, 그리고 몇 년을 살면서 자녀들을 낳았다'는 것은 출산이 죽음이라는 단절을 넘어서게 하는 사건, 즉 죽음을 초월케 해주는 일임을 말해 준다. 그러니 임신과 출산은 인간의 삶에서 매우 중요한 일이다. 본문이 이것을 얼마나 강조하는가.

자신을 넘어서는 새로움을 꿈꾸고 소망하는 마음. 자신의 시대를 넘어서는 새로운 시대를 염원하는 마음. 그것이 인간으로 하여금 출산을 소망케 하고, 인간은 자녀출산이라는 사건을 통해서 자신과 자신의 시대를 초월한다.

앞에서 살펴보았듯이, 인간은 창조 이후로 범죄와 심판의 굴레에서 벗어나올 수 없었다. 그 '범죄와 심판'의 강력한 틀을 깨뜨리고 그 굴레에서 벗어날 수 있는 가능성은 '족보'로 나타난다. 족보는 자신 이후의 삶, 즉 자녀들의 삶으로의 이어짐을 뜻한다. 자신을 넘어서 자기 자손들이 대대로 끊어지지 않고 이어지는 그 계보를 통해서 인간은 구원의 미래를 경험한다. 그래서 인간은 자녀출산에 본능적으로 몰두한다.[53] 앞에서 말한 것처럼, 본문은 한 사람의 삶에서 그 사람 자신의 죽음보다는 자녀출산에 비중을 둔다. 본문기자가 자녀출산에 얼마나 몰두하는지 알 수 없다. 세 절 가운데 두 절에서 자녀출산을 언급한다는 것은 그가 그만큼 거기에 집착한다는 것을 보여준다. 자녀출산에 대한 집착. 이것은 본문기자뿐만 아니라 본문에 언급되는 사람들, 즉 아담으로부터 노아에 이르는 그 모든 사람들이 다 자녀출산에 집착한다는 것을 보여준다. 아니, 본문 맨 처음에 등장하시는 하나님도 자녀출산에 집착하시는 분이시다. 이렇듯 사람들이 자녀 출산에 집착하는 까닭은 자신들이 죽음으로써 자녀들과 단절된다는 사실을 너무도 잘 알기 때문이다. 만약 그들이 영원히 살 수 있다면, 그들은 결코 자녀출산에 집착하지 않았을 것이다. 그들은 자녀출산을 통해서 그들이 '단절로서의 죽음'을 초월할 수 있음을 알았던 것이다.

그리고 창세기 5장을 창세기 3장 · 4장과 연결해서 읽을 때, 이 계보는 생명창조와 계승이라는 의미를 갖는다. 무엇보다 이 계보는, 창세기 3장 20절에서 말하는 것처럼, 하우와가 모든 생명의 어머니라는 사실을 분명하게 입증하는 역할을 한다.

---

53) 자녀를 출산하면서 여성들이 겪는 고통을 범죄에 대한 벌로 보는 것은 파기해야 하고, 전복해야 한다. 하나님은 사람을 남자와 여자로 만드시고, 그들에게 복주신 다음, "생육하고 번성하라"는 명령을 하셨다. 생육하고 번성하기 위해서는 성교와 임신, 그리고 출산과정이 필수적이며, 출산하는 과정에서 겪는 고통은 고귀한 것일 수밖에 없다.

Ⅲ. 하우와 살리기 : "나를 하우와라고 불러다오!"

우리 성경학자들은 언제나 "성경이 무엇이라고 말하는가?"를 묻는다. 그런데 실망스럽게도 성경은 스스로 말하지 않는다. 그리고 무엇보다 지금까지 사람들은 성경이 말하도록 내버려 두지 않았다. 그것을 제 마음대로 성경을 실마리삼고 상상력을 발휘해서 그들이 원하는 이야기를 만들어 왔을 뿐, 성경이 무엇을 말하는지를 제대로 물어본 적이 없었던 듯 하다. 창세기에서 하우와 이야기를 읽을 때에도 읽고 싶은 부분만 자기들 읽고 싶은 대로 읽었을 따름이다. 그렇게 해서 그들은 하우와 죽이기를 계속해 왔다.

그러나 이제는 성경을 제대로 읽어 보자. 창세기 1-3장만 읽을 것이 아니라, 불온문서처럼 여기는 3-5장을 연속해서 읽어 보자. 그러면 하우와가 분명 모든 생명의 어머니라는 사실을 인정할 것이다. 그리고 무엇보다 하우와에게 제 이름을 붙여주자. 아담은 아담인 채로 지나게 하면서,[54] 왜 하우와는 이브로 불러야 하는가? 하우와는 당연히 하우와여야 한다. 그래야만 "생명의 어머니"로 불리기 때문이다. 우리, 이렇게 불러보자. 하우와여, 모든 생명의 어머니여. 그대, 영원한 생명이여.

---

54) 물론 우리는 '아담'이 '하우와'라는 이름과는 달리, 사람이나 남자를 보편적으로 지칭하는 단어이지, 한 사람을 구체적으로 가리키는 고유명사가 아니라는 점에서, 남성들은 아직 제 고유한 이름을 갖지 못했다고 할 수 있을 것이다. 여기에 대해서는 각주 39를 보라.

참고문헌

김형인, "북아메리카 기독교의 형성과 발전", 외대사학 12호(2000), 한국외국어대학교 역사문화연구소.

김형인, "'신은 우리편' - 미국 노예제 찬반론의 성서적 해석", 서양사론 58호, 63 - 88.

김형인, 두 얼굴을 가진 하나님 - 성서로 보는 미국 노예제(서울: (주)살림출판사, 2003).

배성은, "엘라 베이커(Ella Baker)와 남부 기독교 지도자회의(SCLC)", 북미연구 6호(2000), 한국외국어대학교 외국학종합연구센터 북미연구소.

이종록, 새로운 삶을 소망하는 성경읽기. 서울: 한국장로교출판사, 2002.

조찬선, 기독교죄악사(상, 하), 서울: 평단문화사, 2000.

Bal, M., Lethal Love - Feminist Literary Readings of Biblical Love Stories. Indianapolis: Indiana University Press, 1987.

Bellis, A. O., Helpmates, Harlots and Heroes - Women's Stories in the Hebrew Bible. Westminster / John Knox Press Louisville, Kentucky, 1994.

Bird, P., "Images of Woman in the Old Testament", in ed. Rosemary Radford Ruether, Religion and Sexism - Images of Woman in the Jewish and Christian Traditions. New York: Simon and Schuster, 1974.

Bronner, L. L., From Eve to Esther - Rabbinic Reconstructions of Biblical Women. Louisville: Westminster / John Knox Press, 1994.

Cassuto, U., מאדם עד נח, tr. Israel Abrahams, A Commentary on the Book of Genesis Part Ⅰ From Adam to Noah Genesis Ⅰ - Ⅵ 8. Jerusalem: Magnes Press, 1961.

Cotter, D. W., Genesis. Berit Olam - Studies in Hebrew Narrative & Poetry. Collegeville, Minnesota: The Liturgical Press, 2003.

de las Casas, B., A Short Account of the Destruction of the Indies. London: Penguin Books, 1992.

Exum, J. C., Fragmented Women - Feminist (Sub)versions of Biblical Narratives, 김상래 외 역, 산산이 부서진 여성들 - 페미니즘 비평으로 본 구약성서의 여성들. 서울: 한들출판사, 2001.

Fiorenza, E. S., Bread not Stone - The Challenge of Feminist Biblical Interpretation, 김윤옥 옮김, 돌이 아니라 빵을 - 여성신학적 성서해석학. 서울: 대한기독교서회, 1994.

Koltuv, B. B., The Book of Lilith. York Beach, Maine: Nicolas - Hays, Inc., 1986.

ed. Kvam, K. E., Schearing, L. S., Ziegler, V. H., Eve & Adam - Jewish, Christian and Muslim Readings on Genesis and Gender. Bloomington and Indianapolis: Indiana University Press, 1999.

ed. Louth, A., Genesis 1 - 11. Ancient Christian Commentary on Scripture. Old Testament Ⅰ. Downers Grove, Illinois: InterVarsity Press, 2001.

Lüthi, K., Gottes Neue Eva - Wandlungen des Weiblichen, 김윤옥 역, 하느님의 새 이브. 서울: 한국신학연구소, 1984.

Meyers, C., Discovering Eve: Ancient Israelite Women in Context. Oxford: Oxford University Press, 1988.

Pagels, E., Adam, Eve and the Serpent. New York: Vintage Books, 1988.

Patai, R., The Hebrew Goddess. Detroit: Wayne State University Press, 1967, 1990.

Pope, M. H., "EVE", Encyclopedia Judaica CD ROM.

Prusak, B. P., "Woman: Seductive Siren and Source of Sin – Pseudepigraphal Myth and Christian Origins", ed. Rosemary Radford Ruether, Religion and Sexism – Images of Woman in the Jewish and Christian Traditions. New York: Simon and Schuster, 1974.

Sarna, N. M., Genesis. The JPS Torah Commentary. Philadelphia: The Jewish Publication Society, 1989.

Schwartz, H., Reimaging the Bible – The Storytelling of the Rabbis. New York: Oxford University Press, 1998.

Skinner, J., A Critical and Exegetical Commentary on Genesis, ICC. Edinburgh: T&T Clark Ltd., 1910, 1980.

Trible, P., "Eve and Adam: Genesis 2 – 3 Read", "이브와 아담 – 창세기 2 – 3장에 대한 재조명", 이우정 편, 여성들을 위한 신학. 서울: 한국신학연구소, 1985.

von Rad, G., Das erste Buch Mose, Genesis, tr. John Bowden, Genesis. London: SCM Press, 1961, 1981.

Wenham, G. J., Genesis 1 – 15. WBC. 1. Waco, Texas: Word Books, Publisher, 1987.

Westermann, C., Genesis 1 – 11, tr. John J. Scullion S. J., Genesis 1 – 11. Minneapolis: Augsburg Publishing House, 1984.

Williams, P.A., Doing without Adam and Eve – Sociobiology and Original Sin. Theology and Scineces Series. Minneapolis: Fortress Press, 2001.

6. 계약의 신체성

- 할례, 그 섬뜩함과 에로틱함의 절묘한 조화 -

Ⅰ. 몸의 백성 이스라엘

에일버그-슈워츠는 이스라엘을 '책의 백성'이 아니라 '몸의 백성'
이라고 했는데, 나는 여기에 전적으로 동감한다.[1] 몇 가지를 생각해
보자. 이스라엘에서 왜 남자들은 공동체 구성원으로 인정받는데, 여자
들은 인정받지 못하는가? 그 이유는 지극히 단순하다. 그것은 철저히

---

1) ed. Howard Eilberg-Schwartz, People of the Body-Jews and Judaism
from and Embodied Perspective(Albany: State University of New York
Press, 1992). 특히 서론(Introduction: People of the Body)과 제1장
(Eilberg-Schwartz, H., "The Problem of the Body for the People of the
Book")을 보라. 호프만은 유대교를 '몸의 종교'라고 한다. "But the
essence of my argument is that precisely because rabbinic Judaism was
a religion of the body, men's and women's bodies became signifiers of
what the Rabbis accepted as gender essence, especially with regard to
the binary opposition of men's blood drawn during circumcision and
women's blood that flows during menstruation. Gender opposition
remains absolutely central in my reading of rabbinic texts"(Lawrence A.
Hoffman, *Covenant of Blood: Circumcision and Gender in Rabbinic
Judaism*(Chicago: University of Chicago Press, 1996), 23.)

신체성에 기인한다. 남자와 여자는 신체적으로, 특히 성적인 것을 기준으로 삼아서 구분하지 않는가. 여자는 여성이기에 불가하고, 남자는 남성이기에 가능한 것이다. 에일버그-슈워츠는 '기억하다'는 의미의 <자카르>가 남성을 의미하는 단어<자카르>와 어원적으로 같다는 것과 아랍어에서 남성을 의미하는 단어가 남성기관(male organ)과 예배드리게 하다(call upon in worship)는 의미를 동시에 갖는다는 것은 오직 남자의 신체만이 계약의 상징을 가질 수 있음을 보여준다고 주장하면서, 제사공동체의 일원(member)으로 계약을 기억하는 것(remember)은 거기에 적합한 신체 일부(member)를 가지는 것이라고 말한다.2)

그리고 남자들이라고 해서 모두 공동체의 구성원으로 인정하는 것도 아니다. 남자들도 나이를 기준삼아 대체로 20세에서 50세까지만 정식 멤버로 인정한다. 그래서 20세 이전과 50세 이후의 사람들은 회중에 들지 못했다. 이처럼 나이로 사람을 구분하는 것이 신체성에 근거한 것이라고 할 수 있기 때문에, 이러한 규정 역시 인간의 신체성을 부각시킨다는 점을 부인할 수 없다.

이스라엘은 계보(系譜)를 강조하고, 이방인과의 통혼을 금지하기도 하는데, 이것 또한 신체적이다. 한번 생각해 보라. 누가 유대인

---

2) Howard Eilberg-Schwartz, *The Savage in Judaism — An Anthropology of Israelite Religion and Ancient Judaism*(Bloomington and Indianapolis: Indiana University Press, 1990), 172. 'member'를 사용하는 언어유희에 주목하라.

이고 누가 이방인인가? 다시 말해서, 누가 유대인이 되는가? 유대인들은 태어날 때부터 신체적으로 유대인이어야 한다. 부모가 둘 다 유대인이거나 어머니가 유대인이어야 유대인으로 인정받는다는 것[3]은 유대인 자격이 신체적임을 명백하게 보여준다. 그렇기에 유대인은 유대인으로 태어난 사람이다.[4] 즉 유대인은 무엇보다 계보의 산물이다.[5] 구약성서가 계보에 유난히 관심을 많이 갖는 것은 바로 여기에 기인한다.[6]

오랜 역사 속에서 유대인들이 수많은 탄압을 받고 대량학살까지 당한 이유가 무엇인가? 그것은 그들이 신체적으로 다른 사람들과 구별되는 '유대인'이기 때문이다. 그리고 구약성서에 나오는 장애인

---

3) 최근 개혁파 유대인들은 유대인 아버지와 비 유대인 어머니 사이에서 태어난 사내아이도 만약 그 부모들이 그 아이를 유대인으로 양육하겠다고 하면, 유대인으로 인정하기도 한다. Michele Klein, A Time to be Born – Customs and Folklore of Jewish Birth(Philadelphia: The Jewish Publication Society, 1998, 2000), 214. 하지만 유대인으로 인정하는 폭이 조금 넓어졌다고 해도, 여전히 혈통이 중요한 기준이라는 사실에는 변함이 없다.
4) "유대인에 대한 정의는 종교적이거나 신학적이지 않고, 종족적이다." Ruth Langer, "Jewish understandings of the religious other", in Theological Studies. Volume: 64. Issue: 2.(2003), 255ff. 앞으로 우리가 다룰 할례도 어떤 아이를 유대인으로 받아들이는 예식이 아니다. 아이는 태어나면서 이미 유대인인지 비유대인인지가 결정난다. Lawrence A. Hoffman, Covenant of Blood, 7.
5) ed. Howard Eilberg – Schwartz, *People of the Body*, 1.
6) 특히 제사문서가 계보에 관심을 기울이는데, 계보는 할례와 깊은 연관을 갖는다. Lawrence A. Hoffman, Covenant of Blood, 41.

에 대한 규정 역시 신체성에 기인한다. 그가 어떤 정신성을 갖고 있는지에 의해서가 아니라, 그의 몸이 어떤 상태인지에 따라서 장애인으로 규정되는 것이다. 아래 본문을 읽어 보면, 이스라엘 사람들이 (긍정적이든 부정적이든) 인간의 몸에 얼마나 관심이 많았는지 알 수 있을 것이다.

> 16 여호와께서 모세에게 일러 가라사대 17 아론에게 고하여 이르라 무릇 너의 대대 자손 중 육체에 흠이 있는 자는 그 하나님의 식물을 드리려고 가까이 오지 못할 것이라 18 흠이 있는 자는 가까이 못할지니 곧 소경이나 절뚝발이나 코가 불완전한 자나 지체가 더한 자나 19 발 부러진 자나 손 부러진 자나 20 곱사등이나 난장이나 눈에 백막이 있는 자나 괴혈병이나 버짐이 있는 자나 불알이 상한 자나 21 제사장 아론의 자손 중에 흠이 있는 자는 나아와 여호와의 화제를 드리지 못할지니 그는 흠이 있은즉 나아와 하나님의 식물을 드리지 못하느니라(레 21장)

몸 상태에 따라서 하나님께 나아올 수도 있고 거부당할 수도 있는 것이다. 구약성서에 나오는 여러 가지 질병에 대한 규정들은 인간이 신체를 지니고 사는 존재임을 확인시켜 준다. 그리고 먹는 것에 대한 금령도 인간이 음식을 먹는 존재, 즉 인간이 지극히 신체적임을 의미한다.

지금까지 대략 살펴본 것처럼, 고대 이스라엘 사람들은 인간의 몸에 지대한 관심을 기울였다. 그리고 그들 자신이 무엇보다 몸 자체였다.

이런 의미에서 유대인들은 단순히 책을 읽거나 쓰지 않았음을 기억
해야 한다. 다른 민족들처럼, 그들은 몸을 지니고 있다. 그리고 그
들이 몸을 지니고 있기 때문에, 그들은 그 몸들이 무엇을 의미하고
그 몸들을 어떻게 다루어야 할지를 고민했다. 책의 공동체라는 유
대인 이미지에서 유대인들이 그들의 몸을 이해하고 다루는 방법들,
예를 들면, 생식과 성생활, 결혼과 죽음 같은 그들의 관심사로 주
의를 전환함으로써, 우리는 유대인들과 유대교가 무엇이며 어떠했
는지에 대한 다른 견해를 부각시키는 데 기여하기를 희망한다.[7]

인간의 몸은 사회적인 관심사들이 상징적으로 드러나는 장소 가
운데 하나이다.[8] 메어리 더글러스가 말한 것처럼, 인간 신체는 사회
를 비추는 거울 역할을 한다.[9] 이런 사실들은 구약성서에서도 역시

---

7) ed. Howard Eilberg – Schwartz, People of the Body, 7.
8) Howard Eilberg – Schwartz, The Savage in Judaism, 177. "우리는 주
요한 경제적 · 정치적 문제들의 초점이 몸에 맞추어지고 몸에 의해서
표현되는 '육체사회'에 살고 있다"고 말하는 터너(Bryan S. Turner)는
<몸과 사회>(The Body and Society – Exploration in Social Theory,
1996, 임인숙 옮김, 「몸과마음」, 2002)에서 총 10장에 걸쳐 몸을 사회
학적으로 다양하게 살피는 작업을 하는데, "인류 역사에서 인간의 몸은
정치적 · 사회적 관계들을 표현하는 유력하고 지속적인 메타포"(21)였으
며, "현대의 많은 저자들은 몸은 이제 자아 프로젝트의 일부로서 자신
의 몸을 구성하는 것을 통해서 개인들은 자신의 감정적 욕구를 표현한
다고 주장한다"(33)고 말한다.
9) Mary Douglas, *Purity and* Danger(London: Routledge and Kegan Paul,
1966), 115. Howard Eilberg – Schwartz, The Savage in Judaism, 177에

마찬가지이다.

의식하든 못하든, 플라톤과 데카르트적 사유에 익숙한 대다수 기독
교인들은 그렇게 읽지 않지만,[10] 구약성서를 보면, 고대 이스라엘 사

서 재인용.

10) 최근에는 기독교인들도 몸에 관심을 많이 갖는다. 몸에 대한 기독교적
생각을 잘 정리한 것은 James F. Keenan, "Christian perspectives on the
human body", in Theological Studies. Volume: 55. Issue: 2.(1994),
330ff.을 보라. 그리고 '몸의 신학'에 대해서는 다음 책들을 보라.
1973. Arthur Anton Vogel, Body Theology: God's Presence in Man's
World, HarperCollins.
1976. Carl E., Braaten, *The Living Temple*: *A Practical Theology of the
Body and the Foods of the Earth*, HarperCollins.
1985. by Benedict M. Ashley, *Theologies of the Body*: *Humanist and
Christian*, National Catholic Bioethics Center.
1988. John A. T. Robinson, *Body*: *A Study in Pauline Theology*,
Wyndham Hall Press.
1992. James B. Nelson, *Body Theology*, Westminster John Knox Press.
1995. Elisabeth Moltmann – Wendel, John Bowden, *I Am My Body*: *A
Theology of Embodiment*, Continuum Pub Group.
1997. John Paul, et al., *The Theology of the Body According to John
Paul II*: *Human Love in the Divine Plan*, Daughters of St. Paul.
1997. Mary Timothy Prokes, *Toward a Theology of the Body,* Wm. B.
Eerdmans Publishing Co.
2000. ed. Lisa Isherwood, Elizabeth Stuart, Introducing Body
Theology(Feminist Theology eries), Pilgrim Press.
2001. Christianity and the human body: a theology of the human body:
proceedings of the ITEST Workshop, October, 2000, ITEST Faith /
Science Press.

람들이 몸에 깊은 관심을 보여 왔음을 알 수 있다. 그들은 몸을 통제하고 몸을 다른 중대한 종교적 관심사들에 대한 상징으로 삼는 수많은 법들을 만들었다.[11] 그리고 유대교는 성적 금욕을 언급하지 않으며, 성을 타락의 결과로 보지도 않는다.[12] 오히려 성을 자연스러운 것으로 여긴다.[13] 그렇기 때문에 몸과 정신을 예리하게 나누는 헬라적

2002. Vincent M. Walsh, *Pope John Paul Ⅱ: The Theology of the Body: A Simplified Version*, Key of David Publications.

2003. Christopher West, *Theology of the Body Explained: A Commentary on John Paul Ⅱ's "Gospel of the Body"*, Pauline Books & Media.

2004. Sam Torode, *Purity of Heart: Reflections on Lust and Love Pope John Paul's heology of the Body in Simple Language,* New City Press. 천주교에서 펴낸 몸의 신학에 대한 평가에 대해서는, Luke Timothy Johnson, "A Disembodied 'Theology of the Body': John Paul Ⅱ on love, sex and pleasure." in *Commonweal. Volume*: 128. Issue: 2.(2001), 11ff.를 보라.

11) ed. Howard Eilberg－Schwartz, *People of the Body.* 19.
12) 보야린은 히브리어와 아람어를 사용하는 팔레스타인·바빌로니아의 유대인들(랍비 유대교인들)과 헬라어를 사용하는 유대교인(상당수의 기독교인 포함)들이 몸과 성에 대해서 정반대의 입장을 보였다고 주장한다. 랍비 유대교인들은 인간의 몸과 성적인 차이를 자연스럽게 인정했으며, 성은 인간창조 시에 생긴 것으로 보았다. 이에 비해서 필로를 비롯한 헬라적 유대인들과 기독교인들은 성을 타락 이후에 생겨난 것으로 보았다. Daniel Boyarin, Carnal Israel－Reading Sex in Talmudic Culture(Berkeley: University of California Press, 1993, 1995), 37ff., 45. 초기 기독교의 신체관에 대해서는, Teresa M. Shaw, The Burden of the Flesh: Fasting and Sexuality in Early Christianity(Minneapolis: Fortress Press, 1998)를 보라. 이 책에 대한 서평은, Margaret R. Miles, "The Burden of The Flesh: Fasting and Sexuality in Early Christianity" in Theological Studies. Volume: 60. Issue: 1.(1999), 154ff.을 보라.

이원론 사상을 구약성서와 유대교에서는 발견할 수 없다. 구약성서는 인간을 몸, 즉 통합적인 인격체로 규정한다. 이런 여러 가지 점에서 몸은 대단히 중요한 신학적, 특히 구약신학적 주제이다.14)

Ⅱ. 할례 - 몸과 계약의 만남

1. 할례 - 섬뜩함과 에로틱함의 조화

제의를 강조하는 제사문서도 몸에 대해 많은 이야기를 한다. 그 가운데에서도 무엇보다 할례(割禮) 의식은 제의의 신체성을 부각시킨다. 특히 할례는 구약성서의 핵심주제인 계약(契約)과 밀접한 관계를 가짐으로써, 계약이 지극히 신체적임을 분명하게 보여준다. 계약이 구약성서신학에서 차지하는 비중이 크고, 또 할례만큼 계약의

---

13) 랍비 유대교인들은 인간을 몸으로 정의하지만, 필로와 같은 헬라 유대인들이나 바울과 같은 기독교인들은 인간의 본질이 몸에 갇힌 영이라고 생각했다. Daniel Boyarin, Carnal Israel, 5. 랍비들은 인간을 몸으로 이해하기 때문에, 성은 인간에게 있어서 필수적인 것으로 생각했다. ibid., 35.

14) 신학적으로 몸을 중심주제로 다루는 경우는 아직 그렇게 많지 않은데, 여성신학은 몸과 성을 중요한 개념으로 삼는다. 몸을 해석학적 주제로 삼아서 여성신학을 전개한 것에 대해서는, Nancy Cardoso Pereira, "The body as hermeneutical category: guidelines for a feminist hermeneutics of liberation", in The Ecumenical Review. Volume: 54. Issue: 3.(2002), 235ff.을 보라.

신체성을 명료하게 드러내는 것도 없다는 점에서 할례를 몸의 신학적 차원에서 연구할 충분한 이유가 있다고 생각한다.

할례가 유대인들에게 매우 중요하다는 사실은 말할 필요가 없을 것이다.[15] 할례는 유대인을 유대인답게 해주고, 유대인을 다른 사람들과 구별지어주는 징표이다.[16] 그러나 그들만 할례를 하는 것도 아니었고, 더욱이 그들이 할례 의식을 창안하거나 시작한 것도 아니다.[17] 그래서 오랫동안 유대인들만 할례를 하는 것으로 알고 있던

---

15) Michele Klein, *A Time to be Born - Customs and Folklore of Jewish Birth*(Philadelphia: The Jewish Publication Society, 1998, 2000), 211. 그리스와 로마 시대에 할례를 금지하기도 했는데, 그런 때에도 할례는 유대인들의 정체성을 확립해 주는 데 중요한 역할을 했다. ibid., 212. 유대인들이 할례를 중요하게 여기는 것은 그들이 엘리야를 계약의 천사(The Angel of the Covenant), 특히 할례예식의 수호천사로 여긴다는 사실에서도 입증된다. 할례할 때 사용하는 의자를 '엘리야의 의자'(Chair of Elijar)라고 한다. ibid., 222 - 223.

16) 이스라엘에서 할례가 이렇게 중요하게 여겨진 것은 주전 587년 이후이다. Walter Brueggemann, *Genesis - A Bible Commentary for Teaching and Preaching*(Atlanta: John Knox Press, 1982), 154.

17) David L. Gollaher, Circumcision - A History of the World's Most Controversial Surgery(New York: Basic Books, 2000), 1 - 6. Michele Klein, A Time to be Born, 211. Ronald Goldman, Questioning Circumcision - A Jewish Perspective(Boston: Vanguard Publications, 1998), 고대 이집트 사람들도 할례를 행했는데, 이스라엘처럼 수술이 아닌 제의로서 할례를 행했다. Ruth Schumann Antelme and Stéphane Rossini, Le Secrets d'Hathor, tr. Jon Graham, Sacred Sexuality in Ancient Egypt - The Erotic Secrets of the Forbidden Papyrus (Rochester, Vermont: Inner Traditions International, 2001), 137. 고대근

서양 사람들은 17, 18세기에 세계의 다양한 문화를 접하면서 세계 여러 나라에서 할례를 행하는 것을 알게 되었는데, 그로 인해 그들 은 상당한 충격을 받았다.[18]

　보통 성년식에 해당하는 통과의례로 치루는 할례 의식은 어떤 곳 에서는 남자뿐만 아니라 여자들에게도 행하기도 했는데,[19] 칼이나 그와 유사한 도구로 성기와 음부 표피를 도려내는 장면은 생각만 해도 섬뜩하다. 그래서 할례를 매우 야만적인 것으로 생각하는 사람 들도 있고, 특히 여성들이 겪는 고통 때문에 여성 할례를 중지하도

동에서 할례는 두 가지 형태로 행해졌는데, 이집트에서는 표피를 다 잘 라내지 않고, 약간 잘라서 늘어뜨리게 했고, 서부 셈족인들은 표피를 완 전히 제거했다. Robert G. Hall, "Circumcision", ABD. 1, 1025. '할례' 라고는 할 수 없겠지만, (특히 미국에서) 많은 사람들이 남자 성기 표피 를 제거하는 수술을 받는데, 거기에 대한 찬반논쟁이 뜨겁다. 여기에 대 해서는, Joseph Zoske, "Male circumcision: a gender perspective", in The Journal of Men's Studies. Volume: 6. Issue: 2(1998), 189ff.를 보라.

18) Howard Eilberg‐Schwartz, *The Savage in Judaism*, 141.
19) 여성 할례에 대해서는, Mary Nyangweso, "Christ's salvific message and the Nandi ritual of female circumcision", in Theological Studies. Volume: 63. Issue: 3.(2002), 579ff., Abed Asali, Naif Khamaysi, Yunis Aburabia, Simha Letzer, Buteina Halihal, Moshe Sadovsky, Benjamin Maoz, R. H. Belmaker, "Ritual female genital surgery among Bedouin in Israel", in Archives of Sexual Behavior. Volume: 24. Issue: 5.(1995), 571ff., Nimrod Grisaru, Simcha Lezer, R. H. Belmaker, "Ritual female genital surgery among Ethiopian Jews", in Archives of Sexual Behavior. Volume: 26. Issue: 2.(1997), 211ff.를 보라.

록 촉구하기도 했다.[20] 남자들도 할례로 인해서 고통을 받았는데, 구약성서는 할례로 인한 고통을 이렇게 전한다.

24 성문으로 출입하는 모든 자가 하몰과 그 아들 세겜의 말을 듣고 성문으로 출입하는 그 모든 남자가 할례를 받으니라 25 제 삼 일에 미쳐 그들이 고통할 때에 야곱의 두 아들 디나의 오라비 시므온과 레위가 각기 칼을 가지고 가서 부지중에 성을 엄습하여 그 모든 남자를 죽이고(창 34:24-25)

생살을 도려내는 고통을 감당해야 하는 할례 의식은 현대인들에게 섬뜩한 느낌을 주고,[21] 또 최근에는 의학적으로도 논란이 많지만, 할례를 다른 곳이 아닌 성기에 행한다는 점에서, 그리고 할례를 받은 사람이 이제 성교가 가능한 나이가 되었음을 공식적으로 인정한다[22]는 점에서 할례는 섬뜩한 느낌과는 전혀 다른 성적인 측면,

20) 현대적 상황에서의 할례에 대한 논란에 대해서는, Jon D. Levenson, "The New Enemies of Circumcision", in *Commentary*. Volume: 109. Issue: 3.(March 2000), 29ff.를 보라. 그리고 단순 포경수술에 대한 논란에 대해서는, Robert Darby, "The masturbation taboo and the rise of routine male circumcision: A review of the historiography", in *Journal of Social History*. Volume: 36. Issue: 3.(2003), 737ff.를 보라.
21) 할례가 주는 섬뜩함은 현대인들뿐만 아니라, 옛날 사람들도 동일했던 모양이다. 십보라가 모세를 피남편이라고 부르는 장면을 생각해 보라 (출 4:25).
22) 이스마엘도 13세에 할례를 받았고(창 17:25), 히브리어로 '장인'(חתן)은 문자적으로는 "할례하는 사람"(the circumciser)이다. J. P.Hyatt, "Circumcision", IDB. 1, 629.

즉 에로틱한 측면을 갖는다. 대체로 할례 이후에는 성행위를 허용하거나 주선하고, 성행위를 교육하기도 했다.[23] 그러니 표피를 자르고 성기 내부를 드러내는 할례가 에로틱한 성(性)과 관련을 갖는 것은 너무도 당연하다.

그런데 대체로 구약학자들은 다른 지역에서 행해지는 할례가 갖는 의미, 특히 성년식에 해당하는 통과의례로서의 할례가 갖는 성적인 의미와 그 사회적인 기능이 유대교의 할례에서는 배제된 것으로 생각했다. 물론 그들이 구약성서와 유대교가 성과 성적 행위를 금지하거나 부정적으로 규정하는 경우는 별로 없다는 점을 밝히긴 하지만, 고대 이스라엘 사람들이 할례에서 성적인 측면을 드러내기보다는 오히려 할례를 통해서 성적인 측면을 약화시키려고 했다고 주장하는데,[24] 그 까닭은 그 자신들이 할례를 신체적인 측면에서 생각하지 않고, 오히려 관념론적인 측면에서 생각하기 때문이다. 그래서 구약학자들은 할례에서 성적인 측면을 직접적으로 밝히려 하기보다는, 할례를 통해서 성을 성화(聖化)시키는 측면을 강조함으로써, 할례가 갖는 성적이고 신체적인 측면을 인정하기를 주저한다. 그들은 할례가 남성 성기에 행해지고 그것은 성교를 통한 생육과 번성을

---

23) Howard Eilberg - Schwartz, *The Savage in Judaism*, 145 - 146.
24) Immanuel Jakobovits, "Sex", *Encyclopedia of Judaica* CD Rom. 출산기관을 약화시키는 수술을 통해서 성적 행동을 신성화시키고, 그래서 사람으로 하여금 건전하게 하도록 하는 데 주안점을 둔 것으로 생각했다.

위한 것이기 때문에 결코 성적인 측면을 부인할 수 없음에도 불구하고, 애써 그것을 배제하려 한 것이다.[25]

유대교에서 그것은 하나님을 깨닫는 징표가 되었다. 그것은 인간의 몸을 성화시키고, 아스타르트와 디오니수스 제의에서 입증되듯 성적 탐닉에 대항해서 싸우는 데 도움을 주었다.[26]

물론 이런 점이 없지는 않았겠지만, 이러한 입장은 하나님이 다른 곳이 아니고 성기에 할례를 하게 하신 까닭을 제대로 이해하지 못하고, 다만 공개적으로 성기를 언급해야 한다는 점에서, 할례에 대해 이야기하는 것 자체를 매우 수치스러운 일로 생각한 데서 비롯하는 것으로 보인다. 그러나 하나님은 당연히 그릇된 성적 탐닉은 경계하시지만, 그렇다고 할례에서 드러나는 모든 성적인 측면, 에로틱한 측면을 약화시킬 것을 요구하시지는 않는다고 생각한다. 구약

---

25) Roland de Vaux, *Ancient Israel*: *Religions Institutions I*(New York: McGraw‑Hill, 1965), 47‑48, Th. C. Vriezen, *The Religion of Ancient Israel*(Philadelphia: Westminster Press, 1967), 151, Nahum Sarna, *Understanding Genesis*(New York: Schocken Books, 1970), 132.이러한 성향은 푸코에게서도 나타난다. 여기에 대해서는 Daniel Boyarin, "Are There Any Jews in "The History of Sexuality"?". in *Journal of the History of Sexuality.* Volume: 5. Issue: 3.(1995), 333‑355를 보라(이 논문은 구약성서와 유대교에서 나타나는 호모섹스에 관한 것을 추적한다.).

26) Leonard V. Snowman, "circumcision", *Encyclopedia of* Judaica CD‑ROM.

성서는 할례에 대해 자연스럽고도 당당하게 이야기하는데, 현대인들이 생각하기에 드러내 놓고 성기 이야기를 하는 것이 낯부끄럽다는 이유로 굳이 할례 의식에서 성적인 측면을 배제하거나 약화시키려고 할 필요는 없다. 오히려 고대 이스라엘 사람들처럼 그것을 자연스럽게 이야기하는 것이 더 구약성서적일 것이다.

2. 할례와 성

그러면 이제 할례가 갖는 성적인 측면을 살펴보기로 하자. 아프리카에서는 할례가 생식(fertility), 용맹(virility), 성숙(maturity), 계보(geneology)의 의미를 갖는데,[27] 이러한 특징은 고대 이스라엘의 할례에서도 거의 동일하게 나타난다.

제사문서[28]에서 할례는 생식과 직접적인 연관을 갖는다. 제사문서는 출산에 관심을 많이 갖는다. 그래서 "생육하고 번성하라"는 말을 반복한다.[29] 생육과 번성은 인간의 핵심적인 자질이고 책임이기도 하다. 하나님이 아브라함과 맺는 계약은 자녀들과 후손들을 많아지게 하시겠다는 것이다. 그렇기 때문에 계약의 상징을 남성 성기로 삼는 것은 당연한 일이다. 남성 성기가 없이 어떻게 자녀를 출산할

---

27) Howard Eilberg－Schwartz, *The Savage in Judaism*, 144.
28) 제사문서(P)는 할례를 강조하고, 할례를 핵심적인 개념으로 삼았다. Lawrence A. Hoffman, *Covenant of Blood,* 31.
29) 창 1:22, 9:1,7, 28:3, 35:11, 48:3.

수 있겠으며, 계보가 이어질 수 있겠는가? 그러니 계약은 신체적이고 무엇보다 성적이며, 남성적이다.

이러한 계약의 신체성과 성적인 성격은 아담 계약에서부터 나타난다.

> 27 하나님의 자기의 형상 곧 하나님의 형상대로 사람을 창조하시되 남자와 여자를 창조하시고 28 하나님이 그들에게 복을 주시며 그들에게 이르시되 생육하고 번성하여 땅에 충만하라(창 1장)

여기서 보는 것처럼, 하나님이 남자와 여자를 만드셨다. "하나님의 형상대로 사람을 창조하시되"와 연결시켜서 보면, 뒤에 나오는 '남자와 여자'는 그 앞에 나오는 '사람'을 설명하는 것이어서, 남자와 여자가 합해야 온전한 인간임을 알려준다.[30] 이 구절은 하나님은 남자와 여자를 만드셨는데, 이것은 인간을 어떤 존재로 만드셨는지를 보여준다. 남자와 여자의 차이점은 성적인 것이다. 그렇기 때문에 하나

---

30) 27절을 히브리어 본문을 보면, 창조하다라는 동사가 세 번 나온다. 그리고 첫 번째 '창조하다'의 목적어는 사람<하아담>이고, 두 번째의 목적어는 '그'<오토>이고, 세 번째의 목적어가 '남자와 여자', 그리고 '그들'<오탐>이다. 그러니까 27절은 동일한 내용을 세 번 반복하는데, 동일한 대상을 두 번은 단수로, 마지막은 복수로 표현한 것이다. 물론 본문비평작업을 통해 본문의 수를 일치시킬 수도 있겠지만, 현재 형태를 그대로 놓고 생각해 보면, 인간은 단수이면서 또 복수적인 존재임을 의미하는 것이라고 할 수 있겠다. 인간은 분명히 남자와 여자라는 복수로 창조되었지만, 남자와 여자가 합쳐서 온전한 인간을 이룬다는 의미로 받아들일 수 있다는 것이다.

님은 인간을 성적인 존재로 만드신 것이다.[31)]

그리고 둘을 부부가 되게 하셨는데, 이것은 "남자가 부모를 떠나 그 아내와 연합하여 둘이 한 몸을 이"루는 것이다(창 2:24). 여기서 말하는 '연합'(히브리어로 <다바크>)과 '한 몸을 이룸'(한 몸은 히브리어로 <바사르 에하드>)은 추상적이지 않고 매우 구체적이다. 아담과 하와가 남자와 여자로서, 즉 성적인 존재로서 성교하는 자들임을 말하는 것이다.[32)] 아담과 하와가 에덴동산에서 성적인 생활을 했는가에 대해서 예로부터 논란이 많았다.[33)](물론 정확한 사실은 알 수 없고, 아담과 하와의 에덴동산 생활을 역사로 수용할 것인지 상징으로 해석할 것인지도 논란거리이다.) 아담과 하와가 성생활을 에덴동산에서 추방당한 이후에 시작했다고 주장하는 사람들은 근본적으로 성에 대해서 부정적이기 때문에 그렇게 생각한다. 하지만 본문에 나타난 바를 논리적으로 따져 보면, 하나님이 아담과 하와를 만드시고 그들에게 생육하고 번성하라고 말씀하셨기 때문에, 성교 없이 생육

---

31) Walter Brueggemann, *Genesis – A Bible Commentary for Teaching and Preaching*(Atlanta: John Knox Press, 1982), 33.
32) <바사르>는 '몸'(body 또는 flesh)을 의미하지만, 성기를 뜻하기도 한다(겔 23:20). 이런 점에서 '한 몸이 된다'는 것은 구체적인 성행위를 지칭하는 것으로 볼 수 있겠다.
33) Gary Anderson, "The Garden of Eden and Sexuality in Early Judaism", ed. Howard Eilberg – Schwartz, *People of the Body – Jews and Judaism from and Embodied Perspective*(Albany: State University of New York Press, 1992), 47.

하고 번성할 수 있는 다른 방법이 있다면 몰라도, 결코 그렇지 않기 때문에 에덴동산에서 성생활을 한 것이 당연하다고 해야 할 것이다. 만약 그렇게 하지 않았다면, 그들은 선악을 알게 하는 나무의 열매를 먹음으로써 하나님과 맺은 계약을 깨뜨리기 전에 이미 하나님 명령을 거역한 것이다. 그러니, 그럴 까닭이 전혀 없지만, 아무리 싫다고 해도 하나님이 하신 준엄한 명령, 즉 "생육하고 번성하라"는 말씀을 준행하기 위해서는 당연히 성교를 해야 하는 것이다. 이렇듯 아담과 하와에게 생육과 번성을 명령하시는 하나님은 그들에게 '성교'를 명령하시는 것이다. 이렇게 보면, 놀랍게도 하나님이 인간 창조 이후에 하신 첫 번째 명령이 바로 성교 명령이다.

뿐만 아니라, 창세기 4장 역시 아담과 하와가 성교하는 인간들임을 보여준다. 아담과 하와는 자녀를 세 명 출산하는데, 이것은 그 두 사람이 그때까지 최소한 세 번의 성교를 했음을 전제한다. 그런데 여기서 본문기자는 <야다>라는 단어를 사용한다. 우리는 <야다>를 '알다'로 번역하는데, 이 문맥에서 <야다>는 우리가 생각하는 것처럼 관념적인 단어가 아니고, 매우 신체적인 어휘이다. 어떤 사람들은 구약성서에 '성'(sex)에 대한 어휘가 없다고 하는데,34) 그것은 <야다>를 '알다'로 해석하는 우리식의 생각이고, 본문에서 <야다>는 '성교'를 의미한다. 개역은 이것을 '동침'(同寢)으로 번역하는데, 아담이 아내와 동침했다고 표현하는 것도 간접적이고 솔직하지 못

---

34) Immanuel Jakobovits, "Sex", *Encyclopedia of Judaica* CD Rom.

한 표현이다. 동침은 말 그대로 같이 잤다는 것인데, 우리는 그들이 그냥 잠만 잤다고는 생각하지 않는다. 그들은 성교를 한 것이고, 그렇기에 자녀를 잉태하고 출산할 수 있었던 것이다. 그래서 우리는 성교가 하나님과 맺은 계약을 이루는 중요하고도 유일한 수단이라는 사실을 인정해야 한다.

그리고 창세기 5장은 아담부터 노아에 이르기까지 계보를 밝히면서, 사람들이 자녀를 출산하는 이야기를 한다. 본문은 한 사람의 삶을 세 절로 이야기하는데, 그중에 두 구절이 바로 자녀를 출산하는 이야기이다. 첫 번째 아이를 언제 낳고 그런 다음 그 이후로 몇 세를 더 살면서 자녀를 계속 낳았음을 알려준다. 셋을 예로 들어보자.

6 셋은 일백오 세에 에노스를 낳았고
7 에노스를 낳은 후 팔백칠 년을 지내며 자녀를 낳았으며
8 그가 구백십이 세를 향수하고 죽었더라(창 5장)

여기서 읽는 대로, 본문은 독자들에게 셋이 구백십이 세를 살면서, 그 긴 세월 동안 다른 일은 제쳐두고 오직 자녀를 낳는 일에 몰두한 것처럼 보이게 한다. 창세기 5장은 이런 형태를 10번이나 반복한다. 그렇기에 창세기 5장은 마태복음 1장처럼 계보이며, 임신과 출산의 역사이고, 생육과 번성의 역사, 다시 말하면 성교의 역사인 것이다. 우리는 제사문서가 족보기록에 깊은 관심을 갖고 있음을 아는데,[35] 족보는 출산을 통해서 이어지고, 출산은 성교를 통해서

이루어진다.

우리가 아는 대로, 믿음의 조상 아브라함에게 가장 큰 문제는 자식이 없다는 것이었다. 하나님은 아브람으로 하여금 하란을 떠나게 하시면서, 그로 큰 민족을 이루어주시겠다고 약속하셨다(창 12:1-3). 그런데 '큰 민족을 이룬다'는 것은 자손들을 많게 하신다는 것을 의미하는데, 하지만 아브람과 사래는 다른 형제들이 자식을 여럿 낳는 동안 한 명도 낳지 못했고, 그것이 그들에게 가장 큰 문제였다. 나이는 자꾸 들어가고 생식력은 약해지는데 자식이 하나도 없다는 것 때문에 아브람과 사래는 밤잠을 이루지 못했을 것이다. 이렇게 염려하는 아브람에게 하나님이 나타나셔서 자손과 땅을 주시겠다고 약속하신다(창 15장). 그러나 그럼에도 불구하고 그들의 깊은 염려와 조바심을 잠재울 수 없었다. 그래서 그들은 다른 방법을 찾는다.

> 사래가 아브람에게 이르되 여호와께서 나의 생산을 허락지 아니하셨으니 원컨대 나의 여종과 동침하라 내가 혹 그로 말미암아 자녀를 얻을까 하노라 하매 아브람이 사래의 말을 들으니라(창 16:2)

이렇게 해서 이스마엘이 태어난다. 이 구절들에서도 우리는 생산, 동침, 자녀라는 성적인 단어들을 발견한다.

---

35) 창 5:1-28, 30-32, 10:1-7, 11:10-26, 25:12-28, 36:1-14, 46:6-27.

그리고 17장[36]에서 하나님은 아브람과 계약을 맺으신다. 이때 아브람 나이 99세였다. 우리는 계약이라고 하는 신앙적인 사건에 관심을 집중하는 바람에, 그 계약이 어떻게 이루어지는지에 대해서는 깊이 생각하지 않는 경향이 있는데, 하나님과 아브람이 맺은 계약이 어떤 것인지, 무엇을 위한 것인지를 제대로 이해하기 위해서는 하나님이 아브람에게 나타나셔서 하시는 말씀을 자세히 읽어 보아야 한다.

> 내가 내 언약을 나와 너 사이에 세워 너로 심히 번성케 하리라 하시니(17:2)

우리는 이 구절에 '언약', 즉 계약과 '번성'이라는 단어가 함께 나오는 것을 주목해야 한다. 하나님이 계약을 맺는 이유는 아브람으로 하여금 번성케 하기 위해서다. 그것도 '심히 번성케' 하시겠다고 말씀하신다. 그렇기에 하나님이 아브람과 맺으신 계약은 번성케 하는 계약인 것이다. 그리고 하나님은 사래에게 미움을 사서 추방당한 하갈에게도 "내가 네 자손으로 크게 번성하여 그 수가 많아 셀 수 없게 하리라"고 말씀하신다. 우리 하나님이 하시는 말씀은 레파토리가 그리 다양하지 않다. '번성케 하리라'는 한 말씀으로 집중된다.[37] 하나님이 아브람에게 하시는 말씀을 계속 들어보자.

---

36) "육체의 계약"을 강조하는 창세기 17장은 1-8절과 15-22절이, 9-14절과 23-27절이 대칭관계를 갖는다. Nahum M. Sarna, *Genesis - The JPS Torah Commentary*(Philadelphia: The Jewish Publishing Society, 1989), 122.

37) Lawrence A. Hoffman, *Covenant of Blood*, 38.

4 내가 너와 내 계약을 세우니 너는 열국의 아비가 될지라 5 이제 후로는 네 이름을 아브람이라 하지 아니하고 아브라함이라 하리니 이는 내가 너로 열국의 아비가 되게 함이니라 6 내가 너로 심히 번성케 하리니 나라들이 네게로 좇아 일어나며 열왕이 네게로 좇아 나리라 7 내가 내 언약을 나와 너와 네 대대 후손의 사이에 세워서 영원한 언약을 삼고 너와 네 후손의 하나님이 되리라[38])(창 17:4 - 7)

자식이 한 명도 없어서 고민하는 아브람에게 하나님은 참으로 엄청난 이야기를 하신다. 하나님은 아브람과 계약을 맺으시고, 아브람을 열국의 아비로 삼겠다고 말씀하시는 것이다. 그것도 한번만 말씀하시지 않고, 거듭해서 말씀하신다. 하나님은 아브람이라는 이름을 아브라함으로 바꾸시면서, 또 그를 '열국의 아비'로 삼겠다고 반복해서 다짐하신다. 하나님이 이렇듯 아브람을 열국의 아비로 삼으시기 위해 애쓰시는 것은 결국 아브라함의 후손들을 많게 하시겠다는 것인데, 그러기 위해서는 아브라함으로 하여금 '심히 번성케' 해야 한다.[39]) 여기서도 계약과 번성은 짝 언어로 쓰인다.

하나님이 후손을 얼마나 중요하게 여기시는지는 하나님이 아브람과 계약을 맺으실 뿐 아니라, 아직 생존하지 않는 아브람의 후손들

---

38) 브루거만은 이것이 땅의 약속보다 더 근본적인 약속이라고 한다. 그리고 이 구절은 '너는 내 백성이 될 것이다'는 구절을 함축하며, 이런 양식이 주전 6세기경에 이스라엘 백성들에게 중요했다고 말한다. Walter Brueggemann, 154.
39) 후손증가에 대한 약속이 창세기 17장의 핵심임이 분명하다. Claus Westermann, *Genesis 12 - 36*, tr. John J. Scullion S.J., *Genesis 12 - 36 - A Commentary*(Minneapolis: Augsburg Publishing House, 1985), 261.

과도 영원한 계약을 맺으시겠다고 말씀하시는 것에서도 드러난다. 그리고 그것을 확증하기 위해서 아브람에게 할례를 거행하게 하는 것이다. 그러면서 영원한 규례로 앞으로 모든 사람들, 이스라엘 자손들이 반드시 할례를 거행하도록 지시하신다(창 17:9 - 14).

> 9 하나님이 또 아브라함에게 이르시되 그런즉 너는 내 언약을 지키고 네 후손도 대대로 지키라 10 너희 중 남자는 다 할례를 받으라 이것이 나와 너희와 너희 후손 사이에 지킬 내 언약이니라 11 너희는 양피를 베어라 이것이 나와 너희 사이의 언약의 표징이니라 12 대대로 남자는 집에서 난 자나 혹 너희 자손이 아니요 이방 사람에게서 돈으로 산 자를 무론하고 난 지 팔 일 만에 할례를 받을 것이라 13 너희 집에서 난 자든지 너희 돈으로 산 자든지 할례를 받아야 하리니 이에 내 언약이 너희 살에 있어 영원한 언약이 되려니와 14 할례를 받지 아니한 남자 곧 그 양피를 베지 아니한 자는 백성 중에서 끊어지리니 그가 내 언약을 배반하였음이니라(창 17장)

자손이 없는 문제 때문에 아브람과 대화를 나누시던 하나님은 드디어 아브라함과 그의 자손들과 계약을 맺으신다. 그런데 그 계약형태가 다름 아닌 할례이다.[40] 할례는 양피, 즉 성기 표피를 잘라내는 것이다. 그래서 하나님은 "내 언약이 너희 살<바사르>에 있다"고 말

---

[40] 본문에 언약과 할례라는 단어가 몇 번이나 반복되는지 살펴보면, 본문이 무엇을 말하려는지 알 수 있을 것이다. 언약이 6번, 할례도 6번(직접적으로 4번, 양피를 베다는 표현으로 2번) 나타난다. 본문은 언약, 즉 계약과 할례를 강조하고, 또 계약과 할례가 밀접한 관계가 있음을 보여준다.

씀하신다. 이것은 하나님이 아브라함과 맺으신 계약이 신체적임을 명확하게 보여준다. 여기서 '살'은 몸, 그 가운데서도 남성 성기를 가리킨다.[41] 그렇기 때문에 하나님이 아브라함과 맺은 계약은 신체적이며, 더 정확하게는 성적인 것이다.

하나님이 아브람과 계약을 맺으면서 하필이면 남성 성기에 그 징표를 남기실까 의아하게 생각할 수 있지만, 우리가 지금까지 살펴본 대로, 하나님이 아브라함과 그의 자손들과 더불어 계약을 맺으시는 이유가 바로 생육하고 번성하도록 하는 것이기 때문에, 성기에 할례를 하는 것이 지극히 당연해 보인다. 하나님이 말씀하신 대로, 하나님이 아브라함뿐만 아니라 아브라함의 자손 대대로 영원히 그들과 계약을 맺으시기 위해서는 자녀들이 끊임없이 태어나야만 한다. 즉 생육하고 번성하는 역사가 계속 이어져야 하는데, 그것은 부부들 사이의 성적인 관계를 통해서만 가능하다는 점에서도 성기 할례는 타당성을 갖는다.

그리고 하나님은 시대적으로 뿐만 아니라 공간적으로도 모두에게 할례에 명령하신다. 앞으로 태어날 모든 후손들뿐만 아니라 하나님은 이스라엘 땅에 거하는 사람은 누구든지 할례를 해야 한다고 말씀하신다. 그렇지 않으면 이스라엘 땅에 거할 수가 없으며, 백성 중

---

41) Nahum M. Sarna, *Genesis – The JPS Torah Commentary*(Philadelphia: The Jewish Publishing Society, 1989), 125. cf. 레 15:2ff., 겔 16:26, 23:20.

에서 끊어질 것이라고 말씀하신다. 즉 자손을 낳지 못해서 계보가 이어지지 못할 것임을 경고하시는 것이다.

에일버그-슈워츠는 할례를 행하지 않으면 백성들 가운데서 끊어지리라는 구절이 성적 무능력(impotence)과 불임성(infertility)을 의미하는 것으로 본다.[42] 즉 할례를 하지 않는 사람은 자식을 낳을 수 없다는 의미로 이 구절을 해석하는 것이다. 성기를 덮는 표피를 제거하는 할례를 통해서 성기 내부를 밖으로 드러내는 것은 그 사람이 앞으로 자녀를 출산할 생식 능력을 갖게 되었으며, 그것을 통해서 생육하고 번성하라는 명령을 수행할 수 있음을 상징하는데, 표피를 제거하지 않은 자는 생식능력을 갖추지 못할 뿐만 아니라 하나님 명령을 거역하는 것이기 때문이다.

그렇기에 하나님은 할례를 행하지 않는 것을 하나님과 맺은 계약, 즉 생육하고 번성하라는 말씀을 거역하는 것으로 규정하신다. 그래서 이스라엘 땅에 거하는 자들은 모두 하나님의 명령대로 할례를 받음으로써 하나님과 계약을 맺고 그 계약을 지켜야 했다. 이런 이유로 이스마엘도 할례를 받았고, 이스라엘에 거하는 사람들은 누구나 할례를 받아야 했다.

23 이에 아브라함이 하나님이 자기에 말씀하신 대로 이 날에[43] 그

---

42) Howard Eilberg-Schwartz, *The Savage in Judaism*, 148.
43) '이날에'는 아브라함은 하나님이 명령하신 것을 지체 없이 시행했음을

아들 이스마엘과 집에서 생장한 모든 자와 돈으로 산 모든 자 곧 아브라함의 집 사람 중 모든 남자를 데려다가 그 양피를 베었으니 24 아브라함이 그 양피를 벤 때는 구십구 세였고 25 그 아들 이스마엘이 그 양피를 벤 때는 십삼 세였더라 26 당일에 아브라함과 그 아들 이스마엘이 할례를 받았고 27 그 집의 모든 남자 곧 집에서 생장한 자와 돈으로 이방 사람에게서 사온 자가 다 그와 함께 할례를 받았더라(창 17:23 – 27)

이처럼 모든 사람들이 의무적으로 할례를 행하는 이유는 하나님과 맺은 계약, 즉 생육하고 번성하는 명령을 지키고 그 은혜를 누리기 위해서이다.

지금까지 살펴본 대로, 우리는 이스라엘 민족이 번성할 것이라는 약속을 매우 관념적인 측면에서만 생각하는데, 할례에서 알 수 있듯이 그 약속은 반드시 성교를 통해서, 즉 구체적인 몸을 통해서만 이루어진다는 사실을 알아야 한다. 그렇기 때문에 몸이 없으면, 특히 성기가 없으면 하나님과 맺은 계약을 지킬 수 없는 것이다. 그래서 하나님이 계약을 지킬 것을 강조하면 할수록, 즉 생육과 번성을 말씀하시면 할수록, 인간들은 성적인 의무, 즉 성교의 의무를 다하도록 촉구받는 것이다. 이렇듯 계약은 몸으로 맺고 몸으로 이루는 것이다. 그래서 이스라엘 사람들이 남성 성기를 중요하게 여길 수밖

보여준다. C. Westermann, 271. 23 – 25절에는 양피를 베었다는 말이 세 번이나 나온다. 그리고 본문은 사람들이 할례받은 사실을 두 번씩 언급함으로써 할례를 그만큼 강조한다.

에 없고, 중요한 서약을 할 때 남성 성기를 매개 삼는 것 역시 생식과 계보라는 성적인 측면과 관련을 갖는다.[44]

3. 할례의 은유

구약성서는 할례를 은유적으로 사용하는 경우들이 많다. 마음(렘 9:25, 신 10:16, 겔 44:7, 9, 레 26:41)과 귀(렘 6:10), 그리고 입술 (출 6:12, 30)이 할례를 받지 못했다고 표현한다. 이처럼 할례를 은유적으로 사용했다는 것은 그만큼 할례가 고대 이스라엘 사회에서 중요하고 보편적인 것이었으며, 할례 관습을 생활언어로 사용했음을 보여준다. 또 성기를 포함한 성적인 이야기를 나누는 것을 자연스럽게 여겼음을 알 수 있다.

그리고 나무에도 '할례받지 못했다'는 표현을 사용하는데, 여기서 도 할례와 생산이 연결된다.[45]

> 23 너희가 그 땅에 들어가 각종 과목을 심거든 그 열매는 아직 할례 받지 못한 것으로 여기되 곧 삼 년 동안 너희는 그것을 할례받지 못한 것으로 여겨 먹지 말 것이요 24 제 사 년에는 그 모든 과실이 거룩 하니 여호와께 드려 찬송할 것이며 25 제 오 년에는 그 열매를 먹을 지니 그리하면 너희에게 그 소산이 풍성하리라 나는 너희 하나님 여호와니라(레 19장)

---

44) Howard Eilberg – Schwartz, *The Savage in Judaism*, 170.
45) ibid., 150.

남성 성기의 표피를 뜻하는 단어를 나무에 사용한다는 점에서 이 본문은 매우 흥미롭다. 남성 성기 할례와 나무 가지치기를 동일시하는 것이다.46) 이렇게 할례라는 성적인 언어를 나무 가지치기를 표현하는 비유로 사용하고, 또 표피를 잘라내는 할례를 통해서 사람들이 생식력을 갖고 크게 번성하도록 하는 것처럼, 가지치기라는 일종의 할례를 통해서 나무의 생산성을 높이려는 것은 고대 이스라엘 사람들이 할례라는 용어를 일상생활에서 얼마나 적극적이고 자연스럽게 사용했는지를 보여준다. 그래서 가지치기라는 용어 대신 할례라는 용어를 굳이 사용하면서, 할례받지 못한 상태의 과일은 먹지 않게 하고, 나무가 할례를 받지 않으면, 생산력이 떨어져서 과일이 풍성하게 열리지 않는 것으로 이야기한다. 나무에 관한 이야기를 성적으로 하는 것이다.

그리고 이밖에도 구약성서에 나오는 성에 관한 여러 가지 규정들, 특히 호세아, 예레미야, 에스겔 등에게서도 나타나는 성적 비유들을 생각하면, 고대 이스라엘 사회는 성적 은유로 충만한 사회였던 것으로 보인다. 그만큼 성을 자연스럽게 여기고, 거리낌 없이 이야기할 수 있는 사회였던 것이다.

---

46) ibid., 152. 필로(Philo)도 할례와 가지치기 사이에 유사성이 있다는 사실을 지적했다(Philo, Questions and Answers on Genesis, tr. Ralph Marcus(Cambridge: Harvard University Press, 1971), 251). Howard Eilberg - Schwartz, The Savage in Judaism, 154에서 재인용.

물론 유대교 역사를 보면, 할례가 남성 중심적이고 남성 우월적인 모습을 보이는 것을 부인할 수 없다. 그래서 여자들이 할례의식에서 철저히 배제된다는 사실을 간과할 수는 없다. 13세기경부터는 산모까지도 할례예식에 참여할 수 없게 되었다.[47]

그리고 사내아이들이 태어난 지 8일 만에 할례를 하는 것은 산모가 출산과정에서 흘리는 피와 사내아이가 흘리는 피를 대비시키기 위한 것이라는 주장도 있는데, 산모가 출산과정에서 흘리는 피는 죽음을 의미하고, 사내아이가 할례받으면서 흘리는 피는 새로운 생명을 의미하며, 사내아이는 자신이 흘리는 피를 통해 죽음을 벗어나 새로운 생명을 얻는다는 것이다.[48] 고대 이스라엘과 유대교에서 할례가 이처럼 철저히 남성적인 성격을 갖는다는 점은 재고할 필요가 있다.[49]

---

[47] Ronald Goldman, *Questioning Circumcision*, 9. Harvey E. Goldberg, "Coming of Age in Jewish Studies, or Anthropology is Counted in the Minyan", in *Jewish Social* Studies. Volume: 4. Issue: 3.(1998), 33.

[48] Howard Eilberg – Schwartz, *The Savage in Judaism*, 174 – 175. 호프만(Lawrence A. Hoffman)도 비슷한 이야기를 한다. 호프만의 주장에 대해서는, Naomi Steinberg, "Covenant of Blood: Circumcision and Gender in Rabbinic Judaism", in *The Journal of the American Oriental Society*. Volume: 118. Issue: 4.(1998), 600ff.를 보라.

[49] 규약성서와 유대교의 남성위주적 성향을 극복하기 위해서는 여자가 되기를 원하는 사람에 대한 이야기가 도움이 될 텐데, 여기에 대해서는, Tova Rosen, "Circumcised Cinderella: The Fantasies of a Fourteenth – Century Jewish Author", Prooftexts. Volume: 20. Issue: 1, 2.(2000), 87 – 110을 보라.

Ⅲ. 다시 몸으로

할례를 하면서 잘라낸 표피는 태우기도 하고 묘지에 묻기도 했는데,[50] 중세시대에는 이것이 중요한 신학적 논쟁의 대상이 되었다.[51] 잘리거나 손상된 신체 부분들, 특히 성기의 표피가 부활할 때 어떻게 되는지를 두고 논쟁을 벌였는데, 신체에서 잘려나간 부분들, 심지어는 짐승이나 물고기에게 먹힌 부분까지도 다 되살아날 것이라고 주장하는 사람들이 있었다. 그들이 이런 논쟁을 벌인 것을 보면, 우리가 생각하는 것과는 달리, 중세시대가 얼마나 몸에 집착했는지 알 수 있다.[52]

---

50) Leonard V. Snowman, "circumcision", *Encyclopedia of Judaica* CD ROM.

51) 여기에 대해서는, Caroline W. Bynum, *Fragmentation and Redemption - Essays on Gender and the Human Body in Medieval Religion*(New York: Zone Books, 1991, 1996)을 보라. 그리고 Bynum이 쓴 다른 책들도 보라. *Jesus as Mother: Studies in the Spirituality of the High Middle Ages*(University of California Press, 1982). *Holy Feast and Holy Fast - The Religious Significance of Food to Medieval Women*(Berkeley: University of California Press, 1987). *Metamorphosis and Identity*(New York: Zone Books, 2001). *The Resurrection of the Body in Western Christianity, 200 - 1336*(New York: Columbia University Press, 1995).

52) 이런 점은 성인숭배에서도 나타난다. 여기에 대해서는, P.Brown, *The Cult of the Saints: Its Rise and Function in Latin Christianity*, 정기문 옮김, 「성인숭배」(서울: 새물결출판사, 2002)를 보라. 그리고 같은 저자가 쓴 *The Body and Society - Men, Women and Sexual Renunciation in Early Christianity*(New York: Columbia University Press, 1988)도

겉으로 표방하는 것이 무엇이든, 인간들은 몸으로 존재하기 때문
에 한 번도 몸을 벗어나서 살 수도 없고, 끊임없이 몸에 집착할 수
밖에 없음에도 불구하고, 우리는 이원론적인 성향을 강하게 갖는 서
구 기독교에 영향을 받아서 몸과 성을 부정적으로 생각하기 쉬운
데,[53] 구약성서는 인간이 몸으로 존재하며, 그렇기에 몸이 얼마나
중요한 것인지를 우리에게 명확하게 보여준다.[54] 이스라엘은 '몸의

보라.
53) 물론 주님의 성육신사건을 핵심으로 삼는 기독교는 육체와 성을 비하
   하지 않는다. 그래서 기독교는 초기부터 예수의 육신에 대한 논쟁을
   벌였는데, 떼르뚤리아누스(Tertullien)가 그리스도의 육신을 부인하는
   영지주의자들을 비판하는 「그리스도의 육신론」(De carne Christi, 이형
   우 역주, 분도출판사, 1994)이 대표적이다. 그는 "만일 그리스도께서
   실제로 계시지 않았다면, 또 그분이 못박히시고 죽으시고 묻히시고 부
   활하신 몸, 즉 피를 흘리시고 뼈들로 골격을 이루고 신경들로 엮어져
   있고 혈관들로 얽혀져 있는 육신을 자니고 계시지 않았다면, 어떻게
   이런 일들이 그분 안에서 실제로 일어났겠느냐? 탄생과 죽음을 맛본
   그분의 육신은 의심 없이 인간의 육신이며, 인간에게서 태어났기 때문
   에 죽을 육신이었다. 그리스도는 이 육신으로 말미암아 '사람'이 되시
   고 '사람의 아들'이 되시는 것이다."(111)고 말한다.
54) J. Moltmann, Gott in der Schöpfung - Ökologische Schöpfungslehren, 김
   균진 옮김, 「창조 안에 계신 하느님」(서울: 한국신학연구소, 1991), 288 -
   323(x. "신체성은 하느님의 모든 사역의 종점이다"). 레이코프(G. Lakoff)
   와 존슨(M. Johnson)은 「몸의 철학 - 신체화된 마음의 서구사상에 대한
   도전」(Philosophy in the Flesh - The Embodied Mind and Its Challange
   to Western Thoughts, 1999, 임지룡 외 옮김, 도서출판 박이정, 2002)이라
   는 방대하고 도전적인 책에서 "마음이 몸에 분리되고 독립된, 그리고 다
   른 모든 사람들과 정확하게 동일하며 탈신체적이고 초월적인 이성을 공
   유하며, 단순히 자기반성에 의해 자신의 마음에 관해 모든 것을 알 수 있
   는, 데카르트 철학의 이원론적 인간은 없다. 오히려 마음은 본유적으로

백성들'이고 '육체적 이스라엘'[55]이며, 유대교는 '몸의 종교'이다. 그러한 사실을 할례를 통해서 확인해 보았다. 할례는 인간 신체 가운데서도 남성 성기 표피를 잘라내는 것인데, 남성 성기가 하나님과 이스라엘 백성 사이에 맺은 계약의 상징이 되고, 그것을 통해서, 즉 성교를 통해서 이스라엘 백성들이 생육하고 번성하는 복과 의무를 동시에 갖게 되었다는 점에서, 할례는 섬뜩함과 에로틱함의 절묘한 조화를 이루는 것이라고 말할 수 있다. 그렇기에 할례는 우리로 하여금 구약성서를 몸의 신학적 차원에서 다시 읽을 것을 촉구한다.

신체화되어 있고, 이성은 몸에 의해 형성된다"(27)고 역설한다.

55) Daniel Boyarin, *Carnal Israel*. 'carnal Israel'이라는 말은 원래 어거스틴이 한 말인데, 그는 "육신을 따라 난 이스라엘을 보라"(고전 10:18)는 구절을 인용하면서, 이 용어를 사용한다. *ibid.*, 1.

참고문헌

Antelme, R. S. and Rossini, S., *Le Secrets d'Hathor*, tr. Jon Graham, *Sacred Sexuality in Ancient Egypt – The Erotic Secrets of the Forbidden Papyrus*. Rochester, Vermont: Inner Traditions International, 2001.

Asali, A., Khamaysi, N., Aburabia, Y., Letzer, S., Halihal, B., Sadovsky, M., Maoz, B., Belmaker, R. H., "Ritual female genital surgery among Bedouin in Israel", in *Archives of Sexual Behavior*. Volume: 24. Issue: 5.(1995), 571ff.

Boyarin, D., *Carnal Israel – Reading Sex in Talmudic Culture*. Berkeley: University of California Press, 1993, 1995.

Boyarin, D., "Are There Any Jews in"The History of Sexuality"?", in *Journal of the History of Sexuality*. Volume: 5. Issue: 3.(1995), 333 – 355.

Brown, P., *The Cult of the Saints*: *Its Rise and Function in Latin Christianity*, 정기문 옮김, 「성인숭배」(서울: 새물결출판사, 2002).

Brueggemann, W., Genesis – A Bible *Commentary for Teaching and Preaching*(Atlanta: John Knox Press, 1982).

Bynum, C. W., *Fragmentation and Redemption – Essays on Gender and the Human Body in Medieval Religion*(New York: Zone Books, 1991, 1996).

Bynum, C. W., *Jesus as Mother*: *Studies in the Spirituality of the High Middle Ages*(University of California Press, 1982).

Bynum, C. W., *Holy Feast and Holy Fast – The Religious Significance of Food to Medieval Women*(Berkeley: University of California

Press, 1987).

Bynum, C. W., *Metamorphosis and Identity*(New York: Zone Books, 2001).

Bynum, C. W., *The Resurrection of the Body in Western Christianity*, 200 – 1336(New York: Columbia University Press, 1995).

Darby, R., "The masturbation taboo and the rise of routine male circumcision: A review of the historiography", in *Journal of Social History*. Volume: 36. Issue: 3.(2003), 737ff.

de Vaux, R., *Ancient Israel: Religions Institutions I*. New York: McGraw – Hill, 1965.

Douglas, M., Purity and Danger. London: Routledge and Kegan Paul, 1966.

ed. Eilberg – Schwartz, H., *People of the Body – Jews and Judaism from and Embodied Perspective*. Albany: State University of New York Press, 1992.

Eilberg – Schwartz, H., *The Savage in Judaism – An Anthropology of Israelite Religion and Ancient Judaism*. Bloomington and Indianapolis: Indiana University Press, 1990.

Goldberg, H. E., "Coming of Age in Jewish Studies, or Anthropology is Counted in the Minyan", in *Jewish Social Studies*. Volume: 4. Issue: 3.(1998).

Gollaher, D. L., Circumcision – A *History of the World's Most Controversial Surgery*. New York: Basic Books, 2000.

Grisaru, N., Lezer, S., Belmaker, R. H., "Ritual female genital surgery among Ethiopian Jews", in *Archives of Sexual Behavior*.

Volume: 26. Issue: 2.(1997), 211ff.

Hall, R. G., "Circumcision", ABD. 1, 1025 – 1031.

Hoffman, L. A., *Covenant of Blood: Circumcision and Gender in Rabbinic Judaism*. Chicago: University of Chicago Press, 1996.

Hyatt, J. P., "Circumcision", IDB. 1, 629 – 631.

Jakobovits, I., "Sex", *Encyclopedia of Judaica* CD Rom.

Johnson, L. T., "A Disembodied 'Theology of the Body': John Paul II on love, sex and pleasure." in *Commonwealth*. Volume: 128. Issue: 2.(2001), 11ff.

Keenan, A. F., "Christian perspectives on the human body", in *Theological Studies*. Volume: 55. Issue: 2.(1994), 330ff.

Klein, M., A Time to be Born – *Customs and Folklore of Jewish Birth*. Philadelphia: The Jewish Publication Society, 1998, 2000.

Lakoff, G., Johnson, M., *Philosophy in the Flesh – The Embodied Mind and Its Challange to Western Thoughts*, 임지룡 외 옮김, 「몸의 철학 – 신체화된 마음의 서구사상에 대한 도전」. 서울: 도서출판 박이정, 2002.

Langer, R., "Jewish understandings of the religious other", in *Theological Studies*. Volume: 64. Issue: 2.(2003), 255ff.

Levenson, J. D., "The New Enemies of Circumcision", in *Commentary*. Volume: 109. Issue: 3.(March 2000), 29ff.

Miles, M. R., "The Burden of The Flesh: Fasting and Sexuality in Early Christianity" in *Theological Studies*. Volume: 60. Issue: 1.(1999), 154ff.

Moltmann, J., *Gott in der Schöpfung – Ökologische Schöpfungslehren*,

김균진 옮김, 「창조 안에 계신 하느님」. 서울: 한국신학연구소, 1991.

Pereira, N. C., "The body as hermeneutical category: guidelines for a feminist hermeneutics of liberation", in *The Ecumenical Review*. Volume: 54. Issue: 3.(2002), 235ff.

Nyangweso, M., "Christ's salvific message and the Nandi ritual of female circumcision", in *Theological Studies*. Volume: 63. Issue: 3.(2002), 579ff.

Philo, *Questions and Answers on Genesis*, tr. Ralph Marcus. Cambridge: Harvard University Press, 1971.

Rosen, T., "Circumcised Cinderella: The Fantasies of a Fourteenth – Century Jewish Author", *Prooftexts. Volume*: 20. Issue: 1, 2.(2000), 87 – 110.

Sarna, N., *Understanding Genesis*. New York: Schocken Books, 1970.

Sarna, N., *Genesis – The JPS Torah Commentary*(Philadelphia: The Jewish Publishing Society, 1989).

Shaw, T. M., *The Burden of the Flesh*: *Fasting and Sexuality in Early Christianity*. Minneapolis: Fortress Press, 1998.

Snowman, L. V., "circumcision", *Encyclopedia of Judaica* CD – ROM.

Steinberg, N., "Covenant of Blood: Circumcision and Gender in Rabbinic Judaism", *in The Journal of the American Oriental Society*. Volume: 118. Issue: 4.(1998), 600ff.

Tertulian, *De carne Christi*, 이형우 역주, 「그리스도의 육신론」, 왜관: 분도출판사, 1994.

Turner, B. S., *The Body and Society – Exploration in Social Theory*,

1996, 임인숙 옮김, 「몸과 사회」, 서울: 몸과마음, 2002.

Vriezen, T. C., *The Religion of Ancient Israel.* Philadelphia: Westminster Press, 1967,

Westermann, C., Genesis 12 – 36, tr. John J. Scullion S. J., Genesis 12 – 36 – A *Commentary.* Minneapolis: Augsburg Publishing House, 1985.

Zoske, J., "Male circumcision: a gender perspective", in *The Journal of Men's Studies.* Volume: 6. Issue: 2.(1998), 189ff.

제2부
성서로 이루는 삶

1. 회개는 아름답다

- 예언서에 나타나는 회개의 3가지 차원 -

여는 글

우리는 왜 "회개"를 말해야 하는가? 사람들이 사랑을 이야기할 때는 그만큼 사랑이 필요한 것이고, 용서를 말하는 것은 그만큼 용서가 절실하기 때문이다. 그렇다면 지금 우리가 회개를 말하는 것은 그만큼 회개할 게 많고, 회개하는 일이 절박하기 때문일 것이다. 아무리 과거의 회개 사건을 기념한다고 해도, "회개"는 현재의 삶과 무관할 리 없다. 회개는 100년 전이 아닌, 바로 오늘 이 시간 우리 자신이 하는 회개여야 할 것이다. 다시 말하면, 1907년이 아닌 2007년의 회개여야 한다는 것이다.

I. 회개란 무엇인가?

언터만(Unterman)이 말한 대로, "회개는 백성들이 하나님의 권위를 다시 인정하려는 의지를 보이는 영적 행동이며, 순종하는 행위에 의해서 **표명된다.**" 즉 회개는 하나님을 하나님으로 인정하고, 그것을 행동으로 보여주는 것이다.

'회개'에 직접적으로 상응하는 히브리어는 슈브이다. 슈브는 "돌아가(오)다"(to turn)의 의미를 갖고 있는데, 사람이 길을 걸어가는 심상(image)을 갖는다. 그래서 슈브에는 여행과 순례의 개념이 들어있는데, 이것은 근본적으로 여호와와 이스라엘 사이의 태도와 관계를 보여준다(신명기 26장 5 - 11절). 예언서에서 회개는 마음의 행위이다. 그것은 정의, 자비, 그리고 신뢰로 인도하는 명확한 행동들을 의미한다. 그래서 인간은 회개를 바라고 간구할 뿐만 아니라, 겸손한 자세로 자신의 잘못을 깨닫고 죄에서 돌아서야만 한다.

슈브를 '회개하다'는 의미로 사용하는 경우는 오경과 초기의 서사들(narratives), 특히 제사문서에서는 나타나지 않고, 제사문서는 아샴을 사용했는데, 이것은 슈브가 회개의 의미를 가진 주된 단어가 아닌 때에 제사문서를 만들었음을 의미한다. 그리고 주전 8세기 예언자인 아모스, 호세아, 이사야의 책에는 모두 23회, 예레미야서와 에스겔서에서는 50회, 그리고 포로기 이후의 9권의 책에서는 28회 나타난다. 여기서 보는 대로, 슈브를 예레미야서와 에스겔서가 가장 많이 사용했음을 알 수 있다.

슈브를 직접 사용하지 않고도 회개의 의미를 갖는 구절들이 있다. 이런 구절들에서는 슈브 대신 동의어인 니함<후회하다>과 자카르<기억하다>, 보쉬, 칼람, 쿠트(이 세 단어는 모두 부끄러워하다는 의미를 갖는다)를 사용한다. 슈브도 마찬가지지만, 이 어휘들도 인간의 범죄와 하나님의 심판을 가리키면서, 동시에 하나님의 용서나 인간의 회개, 또는 회개촉구를 뜻하는 다중적인 의미를 갖는다. 특히 에스겔서에서 자카르와 쿠트, 칼람, 보쉬, 그리고 야다는 서로 결합해서 다음과 같은 독특한 문학형태를 만든다.

	자카르	보쉬 · 쿠트 · 칼람		야다
6장 9,10절	자카르 +	쿠트	+	야다
16장 61절	자카르 +	칼람	+	야다
16장 63절	자카르 +	보쉬 + 칼람		
20장 43, 44절	자카르 +	쿠트	+	야다
36장 31절	자카르 +	쿠트	+	야다

그래서 회개는 기억하고 부끄럽게 여기고 아는 것이다. 이러한 문학형태는 에스겔서에만 나오고, 에스겔서 6장 8-10절을 제외하고는 모두 이스라엘 백성들이 이방에서 포로생활을 하면서 귀환을 기다리는 상황에서 발생했다.

에스겔서 6장 8-10절은 자카르와 쿠트, 그리고 야다의 3중적인 행위들을 언급한다. 본문의 내용을 살펴보자.

8a	살아남은 자가 여러 나라에 흩어지게 될 것이다
8b	여러 곳에 흩어지게 될 것이다
9aα	그곳에서 살아남은 자들이 기억할 것이다(자카르)
9aβ-γ	내가 그들을 깨뜨릴 것이다.

9b	그래서 그들이 진절머리를 내게 될 것이다(쿠트).
10a	내가 여호와인지 알게 될 것이다(인지양식소. 야다)
10b	심판에 목적이 있다.

이러한 3중적인 행위는 20장 43절 이하에도 나타나며, 36장 31절에는 앞의 두 가지가 나타나고, 16장 61절에는 자카르와 칼람이, 63절에는 자카르와 보쉬가 나타난다.

지금까지 우리가 살펴본 대로, '회개'는 범죄로 인해서 하나님과의 관계를 깨뜨린 인간이 하나님과의 관계를 회복하는 것이며, 그것을 표현하는 구체적인 행위이다. 다시 말하면, '회개'는 ①자신이 과거에 무슨 악행을 저질렀는지를 분명히 깨닫고, ②그것을 부끄럽고 수치스럽게 여기는 것이며, ③자신이 행했던 일이나 행하는 일을 끊어버리고, ④하나님을 인정하고, ⑤하나님께로 다시 돌아가는 행동이다.

특히 회개는 하나님의 용서 사역에 의해서 촉발되는 하나님에 의한 미래적이고 종말론적인 사건으로서, 하나님의 용서와 구원을 경험한 사람이 하나님이 주시는 내적인 변화에 의해서 자신의 죄를 기억하고(자카르) 뉘우치며(니함), 부끄럽고 수치스럽게 여기고(쿠트, 칼람, 보쉬), 그리고 그러한 마음을 구체적인 행동으로 표출함으로써, 그 결과 하나님이 어떤 분임을 알게 되고(야다), 이것들을 통해서 하나님과의 관계를 회복하는 구체적이고 공동체적인 행위이다.

Ⅱ. 회개의 3가지 차원

앞에서 살펴본 대로, 예언서에서 회개는 다양한 어휘들을 통해서 다층적인 양상을 보이는데, 여기서는 회개의 다중적인 모습들을 인식(認識)과 책임(責任), 그리고 소망(所望)이라는 3가지 차원으로 나누어서 살펴보려고 한다.

1. 회개와 인식

이미 아는 일이지만, 이번에 이 글을 쓰면서 예언서를 다시 살펴보면서 느끼는 것은 이스라엘이 하나님과 맺은 약속을 자주 깨뜨리고 범죄했다는 사실이다. 시시때때로 범죄하는 이스라엘 백성들 앞에는 언제나 용서할 준비를 갖추신 하나님이 계신다. 하나님은 언제나 용서할 준비를 다 끝내고 기다리시는 분이다. 사람들이 회개할 때를 기다리신다. 그러나 그냥 기다리지 않으신다. 하나님은 끊임없이 범죄하는 이스라엘 백성들에게 목이 터져라 회개를 촉구하신다. 그 외침은 너무도 애절하다.

> 30 주 여호와의 말씀이니라 이스라엘 족속아 내가 너희 각 사람이 행한 대로 심판할지라 너희는 돌이켜 회개하고 모든 죄에서 떠날지어다 그리한즉 그것이 너희에게 죄악의 걸림돌이 되지 아니하리라 31 너희는 너희가 범한 모든 죄악을 버리고 마음과 영을 새롭게 할지어다 이스라엘 족속아 너희가 어찌하여 죽고자 하느냐 32 주

여호와의 말씀이니라 죽을 자가 죽는 것도 내가 기뻐하지 아니하노
니 너희는 스스로 돌이키고 살지니라(에스겔서 18장)

그렇다. 때로 하나님이 매정하게 말씀하시고, 당장 요절을 낼 듯 분노하시고 이스라엘을 험악하게 대하기도 하시지만, 그러나 그것이 결코 하나님의 본심이 아님을 우리는 안다. 아무리 하나님이 예언자들을 통해서 심판을 선포한다고 해도, 이스라엘 백성 모두가 비참하게 죽을 것이라고 저주하듯이 말씀한다고 해도, 그게 아니다. 그것이 하나님의 본심이 아니다. 하나님은 우리가 죄 가운데서 죽기를 원치 않으신다. 하나님은 우리가 살기를 원하신다. 이것이 하나님의 진심이다. 그래서 하나님은 우리에게 간곡히 회개를 명령하신다. 범죄한 이스라엘이 살 수 있는 유일한 길은 회개하는 것이다. 하나님의 간절함만큼이나 이스라엘 백성들도 간절히 회개해야 한다.

12 여호와의 말씀에 너희는 이제라도 금식하고 울며 애통하고 마음을 다하여 내게로 돌아오라 하셨나니 13 너희는 옷을 찢지 말고 마음을 찢고 너희 하나님 여호와께로 돌아올지어다 그는 은혜로우시며 자비로우시며 노하기를 더디 하시며 인애가 크시사 뜻을 돌이켜 재앙을 내리지 아니하시나니 14 주께서 혹시 마음과 뜻을 돌이키시고 그 뒤에 복을 내리사 너희 하나님 여호와께 소제와 전제를 드리게 하지 아니하실는지 누가 알겠느냐 15 너희는 시온에서 나팔을 불어 거룩한 금식일을 정하고 성회를 소집하라 16 백성을 모아 그 모임을 거룩하게 하고 장로들을 모으며 어린이와 젖 먹는 자를 모으며 신랑을 그 방에서 나오게 하며 신부도 그 신방에서

나오게 하고 17 여호와를 섬기는 제사장들은 낭실과 제단 사이에
서 울며 이르기를 여호와여 주의 백성을 불쌍히 여기소서 주의 기
업을 욕되게 하여 나라들로 그들을 관할하지 못하게 하옵소서 어찌
하여 이방인으로 그들의 하나님이 어디 있느냐 말하게 하겠나이까
할지어다(요엘서 2장)

이스라엘 백성들은 이렇게 회개해야 했다. 그리고 살길을 찾는
것이 당연한 일이었다. 그러나 이스라엘 백성들을 살리기 위해 하나
님이 예언자들을 보내시고 그들로 하여금 이스라엘 백성들이 지은
죄를 지적하게 하시고 회개를 촉구하게 하시는데도 불구하고, 이스
라엘 백성들은 웬일인지 회개를 완강하게 거부했다. 다시 말하면,
하나님이 제시하시는 유일한 생명의 길을 뿌리쳤다는 것이다.

8 여호와의 말씀이 스가랴에게 임하여 이르시되 9 만군의 여호와가
이같이 말하여 이르시기를 너희는 진실한 재판을 행하며 서로 인애
와 긍휼을 베풀며 10 과부와 고아와 나그네와 궁핍한 자를 압제하
지 말며 서로 해하려고 마음에 도모하지 말라 하였으나 11 그들이
듣기를 등을 돌리며 향하며 듣지 아니하려고 귀를 막으며 12 그 마
음을 금강석 같게 하여 율법과 만군의 여호와가 그의 영으로 옛 선
지자들을 통하여 전한 말을 듣지 아니하므로 큰 노가 만군의 여호
와께로부터 나왔도다 13 내가 불러도 그들이 듣지 아니한 것처럼
그들이 불러도 내가 듣지 아니하리라 만군의 여호와가 말하였느니
라 14 내가 그들을 바람으로 불어 알지 못하던 여러 나라에 흩었느
니라 그 후에 이 땅이 황폐하여 오고 가는 사람이 없었나니 이는
그들이 아름다운 땅을 황폐하게 하였음이니라 하시니라(스가랴 7장)

그들은 하나님이 하시는 말씀을 들으려고 하지 않았다. 심지어 하나님이 간곡하게 말씀하시는데 아예 등을 돌리고 들으려고 하지 않았다. 비슷한 말씀이 예레미야서 7장 21-26절에도 나온다. 이게 도대체 무슨 방자한 행동이란 말인가? 다른 분도 아니고 하나님이 말씀하시는데, 그 말씀을 듣지 않겠다고 등을 돌려대다니. 하지만 이런 못된 인간들을 하나님은 끝까지 포기하지 않으신다. 말이 통하지 않자, 하나님은 여러 가지 징계를 통해서 그들에게 따끔한 맛을 보여주셨다. 그러면 그들이 회개하고 하나님께 돌아와야 할 것이다. 그게 마땅한 도리다. 그런데 그들은 얼마나 패역한 백성들이든지, 하나님이 그들을 회개케 하기 위해 징계하시는데도 불구하고 결코 하나님께 돌아오지 않았다. 이런 완악함이 아모스 4장에 명확하게 나타난다. 6-11절은 "……하였으나 너희가 내게로 돌아오지 아니하였느니라"를 다섯 번이나 반복하는 점층 효과를 통해, 이스라엘 백성들의 완악함이 날이 갈수록 점점 더 심해졌음을 보여준다. 그들은 마치 담금질하는 쇠처럼 갈수록 강퍅해졌다.

그런데 하나님 말씀을 이처럼 철저하게 거부하는 것은 그들이 하나님 뜻을 제대로 모르기 때문이다. 그리고 이것 자체가 바로 죄이다. 죄는 다른 게 아니다. 죄는 하나님 뜻을 모르는 것과 하나님 뜻을 거역하는 것이다. 그래서 이사야는 자신의 선포를 이런 안타까운 말씀으로 시작한다.

2 하늘이여 들으라 땅이여 귀를 기울이라 여호와께서 말씀하시기를 내가 자식을 양육하였거늘 그들이 나를 거역하였도다 3 소는

그 임자를 알고 나귀는 주인의 구유를 알건마는 이스라엘은 알지 못하고 나의 백성은 깨닫지 못하는도다 하셨도다 4 슬프다 범죄한 나라요 허물진 백성이요 행악의 종자요 행위가 부패한 자식이로다 그들이 여호와를 버리며 이스라엘의 거룩하신 이를 만홀히 여겨 멀리하고 물러갔도다(이사야서 1장)

이사야가 처음부터 줄기차게 말하는 것은 이스라엘 백성들이 무지몽매(無知蒙昧)하다는 것이다. 그리고 그 무지함이 짐승보다 더하다는 것이다. 그들은 하나님을 알지 못한다. 그들은 하나님의 역사를 듣고 보아도 알지 못한다. 하나님에 대한 인식 부재 상태에 빠져 있다는 것이다. 그런데 이것이 죄이다. 하나님 인식 부재가 죄로 나타난다. 그리고 하나님 뜻을 알면서도 그 뜻을 거역하는 반역 행위가 죄이다. 그렇기 때문에 그와 반대로 하나님 뜻을 명확하게 아는 것이 회개이며, 하나님 뜻을 거역하지 않는 것이 회개이다.

그런데 좀 더 살펴보면, 약간 복잡한 문제가 있다. 도대체 이스라엘 백성들이 하나님을 모른다고 하는데, 그들이 하나님을 모를 리가 없지 않은가? 어떻게 이스라엘 백성들이 하나님을 모를 수 있는가? 물론 이스라엘 백성들은 하나님을 안다. 그러나 그들은 하나님을 제대로 알지 못한다. 아니, 하나님을 제대로 알려고 하지 않는다. 그래서 하나님을 모른다고 하는 것이다. 이스라엘 백성들의 하나님 인식부재는 바로 하나님을 제대로 알지 못한다는 것, 즉 하나님 뜻을 제대로 알지 못하고 제 마음대로 한다는 것이다. 예언서는 이스라엘 백성들이 하나님께 제사드리지 않은 것을 죄라고 정의하지 않는다.

왜냐하면 우리가 짐작하는 것과 달리, 그들은 열심히 성전을 찾고 하나님께 제사드렸기 때문이다. 그러나 하나님 뜻을 찾고 그 뜻대로 살려고 하지 않았다.

1 여호와께서 이와 같이 말씀하시되 하늘은 나의 보좌요 땅은 나의 발판이니 너희가 나를 위하여 무슨 집을 지으랴 나가 안식할 처소가 어디랴 2 나 여호와가 말하노라 내 손이 이 모든 것을 지었으므로 그들이 생겼느니라 무릇 마음이 가난하고 심령에 통회하며 내 말을 듣고 떠는 자 그 사람은 내가 돌보려니와 3 소를 잡아 드리는 것은 살인함과 다름이 없이 하고 어린 양으로 제사드리는 것은 개의 목을 꺾음과 다름이 없이 하며 드리는 예물은 돼지의 피와 다름이 없이 하고 분향하는 것은 우상을 찬송함과 다름이 없이 행하는 그들의 마음은 가증한 것을 기뻐한즉 4 나 또한 유혹을 그들에게 택하여 주며 그들이 무서워하는 것을 그들에게 임하게 하리니 이는 내가 불러도 대답하는 자가 없으며 내가 말하여도 그들이 듣지 않고 오직 나의 목전에서 악을 행하며 내가 기뻐하지 아니하는 것을 택하였음이라 하시니라(이사야서 66장)

아무리 하나님께 있는 것 없는 것 다 차려서 상다리가 부러지게 제사를 드려도, 그들이 하나님 원하는 삶을 살지 않으면, 다 소용없다는 것이다. 하나님 원하시는 삶을 살려는 마음 없이 그냥 짐승을 잡아서 제사드리는 것은 살인이나 다를 바 없다는 극단적인 말씀도 하신다. 이스라엘 백성들이 소와 양과 염소를 잡아서 제사를 드리는 것은 그것들이 하찮기 때문이 아니다. 하나님은 그 짐승들 생명도 소중하게 여기신다. 인간들 목숨만큼이나 소중해서, 제물들에게서 생명을 의미하는 피를 모두 짜 내게 하신다. 그렇기 때문에 하나님께 제사를 드리면서도, 하는 짓이 가증스러우면, 그것은 오히려 제사를 드리지 않느니 못하다는 것이다. 이런 것을 "하나님 인식부재"라고 하는 것이다. 그래서 이스라엘 백성들이 하나님을 모른다는 것이다. 하나님을 제대로 알면, 도저히 그런 식으로 행동할 수 없다는 것이다. 그래서 여호와를 제대로 아는 것이 바로 회개하는 것이다.

> 1 오라 우리가 여호와께로 돌아가자 여호와께서 우리를 찢으셨으나 도로 낫게 하실 것이요 우리를 치셨으나 싸매어 주실 것임이라 2 여호와께서 이틀 후에 우리를 살리시며 셋째 날에 우리를 일으키시리니 우리가 그의 앞에서 살리라 3 그러므로 우리가 여호와를 알자 힘써 여호와를 알자 그의 나타나심은 새벽 빛 같이 어김없나니 비와 같이, 땅을 적시는 늦은 비와 같이 우리에게 임하시리라 하니라(호세아서 6장)

하나님을 알기 위해서 애쓰는 것, 하나님 뜻대로, 하나님 원하시는 대로 행하기 위해 정성을 다하는 것, 그것이 바로 회개이다. 그런데 이스라엘 백성들이 하나님이 진정으로 원하시는 것이 무엇인지 알지 못해서 죄를 범했다면, 하나님은 무엇을 원하셨을까? 여기에 대해서는 미가가 명확하게 정의해 놓았다.

> 6 내가 무엇을 가지고 여호와 앞에 나아가며 높으신 하나님께 경배할까 내가 번제물로 일 년 된 송아지를 가지고 그 앞에 나아갈

까 7 여호와께서 천천의 숫양이나 만만의 강물 같은 기름을 기뻐
하실까 내 허물을 위하여 내 맏아들을, 내 영혼의 죄로 말미암아
내 몸의 열매를 드릴까 8 <u>사람아 주께서 선한 것이 무엇임을 네게</u>
<u>보이셨나니 여호와께서 네게 구하시는 것은 오직 정의를 행하며 인</u>
<u>자를 사랑하며 겸손하게 네 하나님과 함께 행하는 것</u>이 아니냐(미
가서 6장)

예언서 전편에 걸쳐서 하나님이 말씀하시는 것은 바로 정의와 공
의를 이루는 것이다. 하나님이 이스라엘 백성들을 출애굽 시키면서
그들과 계약을 맺었는데, 그 계약은 바로 정의와 공의를 실현하겠다
는 약속이었다. 그러나 이스라엘 백성들은 하나님의 뜻, 즉 정의와
공의를 망각했고, 자기들이 원하는 대로 자기들 욕심대로 하나님을
예배했다. 그래서 그들은 하나님이 누구인지 잊어버렸다. 하나님이
그들에게 어떤 분인지 알지 못했다. 알려고도 하지 않았다. 하나님
과 맺은 계약을 깡그리 파기해버린 것이다. 그래서 하나님은 그들과
다시 계약을 맺으려 하신다.

60 그러나 내가 너의 어렸을 때에 너와 세운 언약을 기억하고 너
와 영원한 언약을 세우리라 61 네가 네 형과 아우를 접대할 때에
네 행위를 기억하고 부끄러워할 것이라 내가 그들을 네게 딸로 주
려니와 네 언약으로 말미암음이 아니라 62 <u>내가 네게 내 언약을</u>
<u>세워 내가 여호와인 줄 네가 알게 하리니</u> 63 이는 내가 네 모든
행한 일을 용서한 후에 네가 기억하고 놀라고 부끄러워서 다시는
입을 열지 못하게 하려 함이니라 주 여호와의 말씀이니라(에스겔서
16장)

하나님이 새 계약을 맺으면서 이스라엘 백성들에게 다시 요구하시는 것은 하나님을 바르게 아는 것이다. 그래서 새 언약은 하나님을 온전히 아는 것을 목표로 삼는다. "그들이 다시는 각기 이웃과 형제를 가리켜 이르기를 너는 여호와를 알라 하지 아니하리니 이는 작은 자로부터 큰 자까지 다 나를 알기 때문이라 내가 그들의 악행을 사하고 다시는 그 죄를 기억하지 아니하리라 여호와의 말씀이니라"(예레미야서 31장 34절). 이렇게 하나님을 온전히 아는 것이 바로 참된 예배이다.

그런데 여기서 우리가 분명하게 알아야 할 것은 죄가 개인적인 측면도 있지만, 그것을 넘어서서 언제나 사회적인 차원을 갖는다는 사실이다. 그렇기 때문에 회개 역시 개인적인 차원에만 국한하지 않는다. 그래서 아모스가 "오직 정의를 물같이, 공의를 마르지 않는 강같이 흐르게 할지어다"(5장 24절)라고 말할 때, 이것은 개인적인 차원이 아니라, 사회적이고 공동체적인 차원을 뜻한다.

2. 회개와 책임

회개는 하나님 인식부재 상황을 벗어나는 것이며, 이것은 발생한 재난에 대해 이스라엘이 책임지는 것을 의미한다. 책임진다고 하는 것은 이스라엘 백성이 어려움을 당하는 것은 하나님에게 문제가 있기 때문이 아니고, 그들이 하나님을 거역했기 때문이라고 생각하는 것이다. 즉 그들이 재난을 자초했다는 것이다. 이것이 구약성서를 관통하는 이스라엘의 신앙고백이며, 특히 북왕국과 남왕국이 앗수르와 바벨론에 의해 멸망당했을 때, 그들이 보여준 신앙적 자세이다. (이런 점에서 이스라엘은 훌륭한 신앙적 본보기이다. 그들은 국가 멸망으로 인해 모든 것이 파괴되는 절망적인 상황에서도 결코 하나님을 원망하거나 하나님께 책임을 돌리지 않았다. 하나님을 바르게 섬기지 않았기 때문에 그런 어려움을 당하는 것이며, 오히려 국가멸망을 하나님이 강대국을 비롯해서 전 세계를 주권적으로 다스리시고 역사하시는 증거라고 믿었다. 이 얼마나 놀라운 모습인가.) 그리고 예언자들도 한결같이 하는 말이 바로 이것이다. 그런데 속죄제에서 보듯, 죄는 개인적인 차원을 넘어서 사회적인 의미를 갖기 때문에, 어느 공동체에서 문제가 발생했을 때, 그 책임을 먼저 질 사람들은 바로 그 공동체의 지도자들이다.

> 20 예레미야가 남녀 모든 무리 곧 이 말로 대답하는 모든 백성에게 일러 이르되 21 너희가 너희 선조와 <u>너희 왕들과 고관들과</u> 유다 땅 백성이 유다 성읍들과 예루살렘 거리에서 분향한 일을 여호와께서 기억하셨고 그의 마음에 떠오른 것이 아닌가 22 여호와께서 너희 악행과 가증한 행위를 더 참을 수 없으셨으므로 너희 땅이 오늘과 같이 황폐하며 놀램과 저줏거리가 되어 주민이 없게 되었나니 23 <u>너희가 분향하여 여호와께 범죄하였으며 여호와의 목소리를 순종하지 아니하고 여호와의 율법과 법규와 여러 증거대로 행하지 아니하였으므로 이 재난이 오늘과 같이 너희에게 일어났느니라</u>(예레미야서 44장)

예레미야는 이스라엘이 지은 범죄로 인해 재난이 일어났음을 명확하게 지적한다. 에스겔서 22장은 당시 지도자들이 어떤 죄를 범했는지 상세하게 들려준다. 그렇기 때문에 어떤 문제가 발생하면, 지도자들이 먼저 책임지고 회개해야 한다. 요엘은 종교지도자들이 먼저 회개해야 한다고 말한다.

> 13 제사장들아 너희는 굵은 베로 동이고 슬피 울지어다 제단에 수종 드는 자들아 너희는 울지어다 내 하나님께 수종 드는 자들아 너희는 와서 굵은 베옷을 입고 밤이 새도록 누울지어다 이는 소제와 전제를 너희 하나님의 성전에 드리지 못함이로다 14 너희는 금식일을 정하고 성회를 소집하여 장로들과 이 땅의 모든 주민들을 너희 하나님 여호와의 성전으로 모으고 여호와께 부르짖을지어다 (요엘서 1장)

여기서 보는 대로, 제일 먼저 회개해야 할 사람은 제사장이다. 그다음 장로들과 백성들이 회개해야 한다. 왕을 비롯한 정치지도자들, 그리고 제사장을 비롯한 종교지도자들은 자신들이 먼저 책임지려는 모습을 보여야 한다. 그렇지 않고 책임을 회피하려고 한다면, 그것은 죄를 지은 것보다 더 문제이다. 그러나 일어난 일에 대해서 지도자들이 책임지려는 모습을 보는 게 그리 쉬운 일은 아니다.

가장 놀라운 회개 장면은 바로 요나서에서 찾을 수 있는데, 니느웨 백성들이 행한 감동적인 회개장면이다. 니느웨 사람들이 어떻게 회개하는지 세밀하게 살펴보라.

1 여호와의 말씀이 두 번째로 요나에게 임하니라 이르시되 2 일어나 저 큰 성읍 니느웨로 가서 내가 네게 명한 바를 그들에게 선포하라 하신지라 3 요나가 여호와의 말씀대로 일어나서 니느웨로 가니라 니느웨는 사흘 동안 걸을 만큼 하나님 앞에 큰 성읍이더라 4 요나가 그 성읍에 들어가서 하루 동안 다니며 외쳐 이르되 사십 일이 지나면 니느웨가 무너지리라 하였더니 5 니느웨 사람들이 하나님을 믿고 금식을 선포하고 높고 낮은 자를 막론하고 굵은 베옷을 입은지라 6 그 일이 니느웨 왕에게 들리매 왕이 보좌에서 일어나 왕복을 벗고 굵은 베옷을 입고 재 위에 앉으니라 7 왕과 그의 대신들이 조서를 내려 니느웨에 선포하여 이르되 사람이나 짐승이나 소 떼나 양 떼나 아무것도 입에 대니 말지니 곧 먹지도 말 것이요 물도 마시지 말 것이며 8 사람이든지 짐승이든지 다 굵은 베옷을 입을 것이요 힘써 하나님께 부르짖을 것이며 각기 악한 길과 손으로 행한 강포에서 떠날 것이라 9 하나님이 뜻을 돌이키시고 그 진노를 그치사 우리가 멸망하지 않게 하시리라 그렇지 않을 줄을 누가 알겠느냐 한지라 10 하나님이 그들이 행한 것 곧 그 악한 길에서 돌이켜 떠난 것을 보시고 하나님이 뜻을 돌이키사 그들에게 내리리라고 말씀하신 재앙을 내리지 아니하시니라(요나서 3장)

이스라엘 백성이 아닌 이방인들이 전형적인 회개가 무엇인지를 보여준다는 것이 아이러니하다. 소식을 들은 백성들이 먼저 회개하고, 그 소식을 들은 왕과 대신들이 회개한다. 그래서 전 니느웨가 회개에 동참한다. 가장 바람직한 회개 장면이다. 그들은 누구를 비난하는 대신, 누구든 먼저 회개하려 한다. 그리고 사람은 말한 것도 없고 심지어 짐승들까지 회개에 동참하는 장면은 한편 코믹하기도

하지만, 그만큼 그들 마음이 절실했음을 보여준다. 사람들과 짐승들이 아무것도 먹거나 마시지도 않고, 또 사람들과 짐승들이 모두 굵은 베옷을 입었다는 것은 그들이 얼마나 철저하게 회개하고자 했는지 짐작케 한다. 그들은 죄의 문제를 사람들에게만 국한하지 않고, 짐승들까지 회개에 참여시켰다. 이런 회개는 그 어디서도 찾아보기 어려울 것이다. 이렇게 회개했으니, 하나님이 어찌 용서하지 않을 수 있겠는가.

3. 회개와 소망

회개는 하나님 인식 부재에서 벗어나 하나님을 바르게 아는 것이고, 일어난 일에 대해서 먼저 책임지는 것이다. 그리고 회개는 무엇보다 미래를 향한 소망이다. 회개는 죄를 뉘우치는 것으로 그치지 않는다. 죄를 뉘우치는 까닭은 다시 앞으로 나아가기 위해서다. 하나님 뜻을 알았으면, 이제 하나님이 원하시는 대로 온 맘을 다하는 것이 진정한 회개이다. 회개는 하나님이 원하시는 세상, 하나님과 함께하는 "임마누엘"의 세상, 하나님과 더불어 사는 "여호와삼마"의 세상을 염원하고 그런 세상을 이루기 위해 노력하는 것으로 이어져야 한다.

이스라엘 백성들이 회개를 통해서 진정으로 원하는 것은 그들뿐만 아니라 온 세상이 회개하고 하나님께 돌아오는 것이다. 이스라엘 같은 약소국가들, 그리고 자신들의 야욕을 채우기 위해 군대를 동원해서 주변 국가들을 침략하고 세상을 피로 물들이던 제국주의 국가들이 회개함으로써 온 세상이 하나님께 나아오고 평화로워지는 것을 소망하는 것이다.

20 만군의 여호와가 이와 같이 말하노라 다시 여러 백성과 많은 성읍의 주민이 올 것이라 21 이 성읍 주민이 저 성읍에 가서 이르기를 우리가 속히 가서 만군의 여호와를 찾고 여호와께 은혜를 구하자 하면 나도 가겠노라 하겠으며 22 많은 백성과 강대한 나라들이 예루살렘으로 와서 만군의 여호와를 찾고 여호와께 은혜를 구하리라 23 만군의 여호와가 이와 같이 말하노라 그날에는 말이 다른 이방 백성 열 명이 유다 사람 하나의 옷자락을 잡을 것이라 곧 잡고 말하기를 하나님이 너희와 함께하심을 들었나니 우리가 너희와 함께 가려 하노라 하리라 하시니라(스가랴서 8장)

이런 모습을 이사야와 미가도 감동적으로 그려낸다. 이사야와 미가를 따라 우리도 꿈꾼다. 이방인들, 특히 강대하고 폭력적인 제국주의자들을 비롯해서 온 세상 사람들이 하나님 말씀을 듣고 그 말씀을 배우고 그 말씀대로 살고자 예루살렘으로 물밀 듯 모여드는 그 감동적인 장면을. 그리고 이스라엘과 적대적이던 애굽, 앗수르가 하나님을 섬기는 그날을.

18 그날에 애굽 땅에 가나안 방언을 말하며 만군의 여호와를 가리켜 맹세하는 다섯 성읍이 있을 것이며 그중 하나를 멸망의 성읍이라 칭하리라 19 그날에 애굽 땅 중앙에는 여호와를 위하여 제단이

있겠고 그 변경에는 여호와를 위하여 기둥이 있을 것이요 20 이것
이 애굽 땅에서 만군의 여호와를 위하여 징조와 증거가 되리니 이
는 그들이 그 압박하는 자들로 말미암아 여호와께 부르짖겠고 여호
와께서는 그들에게 한 구원자이자 보호자를 보내사 그들을 건지실
것임이라 21 여호와께서 자기를 애굽에 알게 하시리니 그날에 애굽
이 여호와를 알고 제물과 예물을 그에게 드리고 경배할 것이요 여
호와께 서원하고 그대로 행하리라 22 여호와께서 애굽을 치실지라
도 치시고는 고치실 것이므로 그들이 여호와께로 돌아올 것이라 여
호와께서 그들의 간구함을 들으시고 그들을 고쳐 주시리라 23 그날
에 애굽에서 앗수르로 통하는 대로가 있어 앗수르 사람은 애굽으로
가겠고 애굽 사람은 앗수르로 갈 것이며 애굽 사람이 앗수르 사람
과 함께 경배하리라 24 그날에 이스라엘이 애굽및 앗수르와 더불어
셋이 세계 중에 복이 되리니 25 이는 만군의 여호와께서 복 주시며
이르시되 내 백성 애굽이여, 내 손으로 지은 앗수르여, 나의 기업
이스라엘이여, 복이 있을지어다 하실 것임이라(이아사야서 19장)

이것이 바로 회개를 통해서 이루어질 평화로운 세상이다. 얼마나
아름다운 꿈인가. 재난(을 예견하는) 상황에서 행하는 회개는 처연
하고 애절하지만, 그러나 그런 처연함과 애절함을 넘어서 평화로운
세상을 소망하는 아름다움으로 이어진다는 사실을 우리는 기억해야
한다.

닫는 글

우리가 회개를 말할 수 있는 것은 하나님이 회개를 명령하시기

때문이다. 회개를 명령하시는 하나님은 우리를 용서하시는 분이다. 하나님은 죄인인 우리를 사랑하신다. 하나님은 우리를 지극히 사랑하셔서 우리가 죄 가운데서 죽는 것을 결코 원치 않으신다.

> 18 주와 같은 신이 어디 있으리이까 주께서는 죄악과 그 기업에 남은 자의 허물을 사유하시며 인애를 기뻐하시므로 진노를 오래 품지 아니하시나이다 19 다시 우리를 불쌍히 여기셔서 우리의 죄악을 발로 밟으시고 우리의 모든 죄를 깊은 바다에 던지시리이다 20 주께서 옛적에 우리 조상들에게 맹세하신 대로 야곱에게 성실을 베푸시며 아브라함에게 인애를 더하시리이다(미가서 7장)

정말 주님과 같은 분이 누구인가?("미가야") 우리를 그렇게 사랑하시고 우리 죄악을 사해주심으로 우리를 살려주시는 그런 분은 주님밖에 없다. 우리로 회개케 하시는 주님은 또 우리를 용서해주시는 분이다. 그분은 원수를 멸하듯 우리 죄악을 온전히 멸하시는 분이다. 그것이 바로 십자가 사건이다. 더욱 놀라운 것은 십자가 사건이 우리의 회개를 앞서서 우리 죄를 용서하시고, 그렇게 함으로써 궁극적으로 우리 회개를 이끌어내시는 하나님의 전적인 은혜라는 사실이다. 사도 바울은 이렇게 말한다. "우리가 아직 죄인되었을 때에 그리스도께서 우리를 위하여 죽으심으로 하나님께서 우리에 대한 자기의 사랑을 확증하셨느니라"(로마서 5장 8절). 그래서 우리는 이렇게 찬송한다. "주 예수 내가 알기 전 날 먼저 사랑했네."

2. 제의와 쉼 그리고 삶

- 온전한 사회적 쉼을 실현하기 위하여 -

절 기

우리는 달력 없는 세상을 상상할 수 없는데,[1] 특히 종교에서 달력 체계는 중요한 의미를 갖는다. 종교적 절기, 즉 성스러운 날 개념이 거의 모든 종교에서 나타나고 각 종교마다 절기 제정과 시행을 당연시한다.[2] 이것은 "신을 어떻게 섬기느냐?"는 것과 아울러 "신을 언제 섬기느냐?"[3]가 종교에서 근본적인 일이었음을 알려준다. 야훼를 신으로 섬긴 고대 이스라엘 백성들 역시 종교 절기를

---

1) 이정모, 달력과 권력 - 달력을 둘러싼 과학과 권력의 이중주(서울: 도서출판 부키, 2000, 2001), 17.
2) Lester L. Grabbe, Leviticus(Sheffield: Sheffield Academic Press, 1993, 1997), 85.
3) 고대 이스라엘에서 절기는 하나님을 시간 속에서 만날 수 있음을 보여준다. 안식일은 바벨론 포로기에 중요한 의미를 갖는데, 이것은 바벨론에 끌려간 사람들은 예루살렘 성전이라는 특정한 장소에서 하나님을 만나는 것이 불가능하기 때문에, 안식일 같은 날을 정해서 그날에는 어디에서나 장소에 구애받지 않고 하나님을 만날 수 있도록 했기 때문이다. David W. Cotter, Genesis, Berit Olam - Studies in Hebrew Narrative & Poetry(Collegeville, Minnesota: The Liturgical Press, 2003), 19.

정하고 지켰다. 고대 이스라엘에서 절기를 지키는 일은 하나님과 이스라엘 백성들 사이를 맺어주는 필수적 표징이었기 때문에, 그들은 여러 절기들을 언제 어떻게 지켜야 할 것인지에 관심을 기울일 수밖에 없었다.

그리고 다른 고대 종교들에서도 마찬가지겠지만, 고대 이스라엘에서 절기는 무엇보다 제의(祭儀)⁴⁾를 행하는 중요한 장이었다. 제의는 이스라엘의 신앙을 형성하고 전승하는 중요한 기능을 했다. 절기에 행하는 제의는 기본적으로 일주일을 단위로 "일→쉼"이라는 틀을 갖는다.⁵⁾ 하나님은 이스라엘 백성들이 이 제의적 틀을 통해 "쉼"을 누릴 것을 말씀하신다. 특히 레위기 23장을 보면, 하나님은 이스라엘 백성들이 각 절기마다 성회일에 반드시 쉴 것을 명령하신다. 그리고 하나님은 이스라엘 백성들에게 모든 절기들을 영원한 규례로

---

4) 최근 제의에 대한 연구가 활발하다. 여기에 대해서는 '한일종교연구포럼'에서 2005년 8월 22–23일 한신대학교에서 주최한 제3회 국제학술대회의 자료집 "종교와 의례"를 참고하라. 제의에 대한 공식적인 연구는 비교적 최근에 지역적으로 이루어지고 있다. 제의연구는 종교와 문화, 그리고 인간성의 역동성에 새로운 통찰을 준다. Catherine Bell, Ritual – Perspectives and Dimensions(Oxford: Oxford University Press, 1997), ix.

5) "일주 간격의 휴일을 중심으로 하는 이 달력의 형성이 신학사와 종교사에서 중요한 사건이라는 것은 분명하다." Frank Cruesemann, Die Torah; Theologie und Sozialgeschichte des alttestamentlichen Gezetzes, 김상기 옮김, 토라: 구약성서 법전의 신학과 사회사(서울: 한국신학연구소, 1995), 262.

삼아서 대대로 전하고 지키도록 신신당부하신다. 다른 말로 하면, 쉼을 영원한 규례로 정하셨다는 것이다. 그런데 고대 이스라엘에서 제의는 공동체적이기 때문에,6) 쉼 역시 개인적이지 않고 공동체적이며 사회적이다. 그래서 제의는 "온전한 사회적 쉼"을 지향한다.

그런데 어떻게 해야 온전한 사회적 쉼을 실현할 수 있을 것인가? 고대 이스라엘은 온전한 사회적 쉼을 어떻게 실현하려고 했는가? 그것은 과연 가능한 일이었는가?

여기서는 레위기 23장을 중심으로 고대 이스라엘이 지켰던 여러 가지 절기들을 쉼의 제의에 초점을 맞춰 살피면서, 온전한 쉼을 이루기 위해 그들이 구체적으로 어떤 조치를 취했는지를 주로 율법서를 통해 알아보려 한다.

제 의

먼저 레위기 23장 본문 구성을 살펴보자. 웬함은 "나는 너희 하나님 여호와니라"(22, 43절)는 구절을 기준으로 레위기 23장을 크게 두 부분으로 나눈다. 그리고 이 두 부분을 "이는 너희가 그 거하는 각처에서 대대로 지킬 영원한 규례니라"(14, 21, 31, 41절)는 구절에 따라 다시 각각 두 부분으로 나누어, 본문을 전체적으로 크게

---

6) Lloyd R. Bailey, Leviticus, Knox Preaching Guides(Atlanta: John Knox Press, 1987), 86.

네 부분으로 나눈다.[7]

이러한 간명한 구분이 다른 구분에 비해 본문을 명확하게 파악하게 해준다. 그리고 각 절기에 대해 언급하는 구절들은 읽어 보면, 거의 정형적인 모습을 보인다.

1. 도입: "여호와께서 모세에게 일러 가라사대 이스라엘 자손에게 고하여 이르라"[8] 절기제정: "너희가 공포하여 성회를 삼을 여호와의 절기는 이러하니라"

---

7) Gordon J. Wenham, The Book of Leviticus, The New International Commentary on the Old Testament(Grand Rapids, Michigan: William B. Eerdmans Publishing Company, 1979), 300.
8) 이스라엘 백성들은 공적인 제의를 유지할 책임이 있다. Jacob Milgrom, Leviticus 23 – 27, The Anchor Bible(New York: Doubleday, 2001), 1951. 모든 제사는 제사장들이 담당하지만, 공적 제의의 유지에 대한 책임은 일반 백성들이 져야 했다.

2. 날짜: "정월 십사 일 저녁은 여호와의 유월절이요"

3. 제의: "그 첫날에는 너희가 성회로 모이고 …… 너희는 칠 일
   동안 여호와께 화제를 드릴 것이요"

4. 노동: "아무 노동도 하지 말라"

5. 규정: "이는 너희가 그 거하는 각처에서 대대로 지킬 영원한
   규례니라"

각 절기에 대한 구절들은 약간씩 변형되지만 대체로 이러한 형태
를 보인다. 본문은 절기들을 "여호와의 절기"(모아데 아도나이)라고
칭한다(2, 4, 37, 44절). 그리고 안식일은 여호와의 안식일(샵바트
히 라도나이)이고, 유월절도 여호와의 유월절(페사흐 라도나이)이다.
이것은 그 절기들이 하나님에 의해서 제정되었고, 모든 절기들은 인
간들이 여호와를 섬기는 때임을 강조하는 것이다.

그런데 구약의 절기는 야훼의 쉼에서 비롯한다. 구약성서는 창조
사역9) 과정에서 하나님이 안식하셨다고 함으로써, 안식의 기원을
신에게 둔다. 구약성서는 신의 안식에 대해 이렇게 말한다.

하나님이 지으시던 일(멜락토)10)이 일곱째 날11)이 이를 때에 마치

---

9) 제사문서는 역사와 제의의 모든 측면을 창조와 연결한다. Robert B.
   Coote & David Robert Ord, In the Beginning – Creation and the
   Priestly History(Minneapolis: Fortress, 1991), 85.

10) '일'에 해당하는 히브리어 멜라카는 사람들이 하는 일상적인 업무를

니 그 지으시던 일(멜락토)이 다하므로 일곱째 날에 안식하시니라
(와이이쉬보트)[12] 하나님이 일곱째 날을 복주사 거룩하게 하셨으니

가리킨다. 그래서 이 단어를 하나님이 하신 특별한 일, 즉 창조사역을
가리키는 데 사용했다는 것이 어울리지 않는 것처럼 보인다. 그럼에도
불구하고 일부러 이 용어를 사용한 까닭은 안식일을 제정하면서, 사람
들로 하여금 평일에 하는 일상적인 업무를 안식일에는 그치게 하도록
하기 위한 것으로 보인다. Gordon J. Wenham, Genesis 1 - 15, Word
Biblical Commentary(Waco, Texas: Word Books, Publisher, 1987),
35. 이렇게 보면, 창세기 2장 2 - 3절은 이미 안식일 제도 제정을 염
두에 두었음을 알 수 있다.

11) 여러 학자들이 일곱째 날을 여섯째 날로 수정할 것을 제안한다. 그 이유
는 하나님이 엿새 동안 일하셨기 때문이다. 스파이저는 하나님이 엿새
동안 일하시고, 일곱째 날에는 그것들을 점검하신 다음, 만족하셔서 모든
창조사역이 끝났음을 선언한 것으로 이해한다. E. A. Speiser, Genesis,
The Anchor Bible(Garden City, New York: Doubleday & Company,
Inc., 1982), 7 - 8. 그러나 안식일은 '쉼의 창조'의 날로 이해할 필요가
있다. 우리는 '육일 창조'를 이야기하고, 그렇게 함으로써 안식일을 창조
기간에서 제외하는데, '일곱째 날'이라는 표현은 창조기간이 총 7일임을
의미하는 것이기 때문에, '칠일 창조'가 적합하다. 이것을 몰트만은 '안
식일의 창조론'(Sabbatiliche Schöpfungslehre)라고 한다. 몰트만은 이렇
게 말한다. "그러나 안식일은 창조의 완성이요 왕관이다. 안식일의 쉼을
통하여 창조적인 하느님은 비로소 그의 목적에 도달한다. 다시 말하여
자기 자신에게, 그의 영광에 도달한다. 안식일을 축하하는 인간은 세계를
하느님의 창조로 생각한다. 왜냐하면 '안식일의 고요함' 속에서 그는 세
계를 하느님의 창조로 되게 하기 때문이다." Jürgen Moltmann, Gott in
der Schöpfung - Ökologische Schöpfungslehre, 김균진 옮김, 창조 안에
계신 하느님(서울: 한국신학연구소, 1987), 19. "인간은 창조의 마지막
업적으로서 창조 과정의 정점을 차지하고 있지만 창조의 최종 목적은 아
니다." 성서와 함께 편집부, 보시니 참 좋았다 - 성서가족을 위한 창세기
해설서(서울: 성서와 함께, 1988), 63.

12) 스키너는 샤바트가 본질적으로 휴식보다는 일을 그만두다는 의미를 갖는

이는 하나님이 그 창조하시며 만드시던 모든 일(멜락토)을 마치시
고 이날에 안식하셨음이더라(샤바트)(창 2:2 - 3)

　이 구절은 안식일 제정이 아닌 '신의 안식'에 대해서만 말한다.13)
그런데 일곱째 날은 일회적인 "신의 안식"으로 그치지 않는다. 하나
님은 십계명 안식일 규정에서 "안식일을 기억하여 거룩히 지키라"
(자코르 에트 - 욤 핫샵바트 레캇데쇼)고 말씀하신다.14) 그래서 신의

　다고 말한다. John Skinner, A Critical and Exegetical Commentary on
Genesis(Edinburgh: T & T Clark Ltd., 1910, 1980), 37. 사르나도 샤바
트의 원래 의미가 '그치다'이고, '쉬다'는 부차적 의미라고 본다. Nahum
M. Sarna, Genesis. The JPS Torah Commentary(Philadelphia: The
Jewish Publication Society, 1989), 15. 베스터만은 동사 샤바트와 명사
샵바트는 그 의미가 정확히 일치하지는 않는다고 말한다. 동사 샤바트는
그치다는 의미를 갖고, 명사 샵바트는 쉼의 의미를 갖기 때문이다. Claus
Westermann, Genesis 1 - 11, tr. John J. Scullion, Genesis 1 - 11: A
Commentary(Minneapolis: Augsburg Publishing House, 1974, 1984),
173. 그러나 쿠트와 오드는 그치다와 쉬다를 동일한 의미로 본다. Robert
B. Coote & David Robert Ord, In the Beginning - Creation and the
Priestly History(Minneapolis: Fortress, 1991), 78. 바트를 다르게 해석하
는 사람들도 있다. "이 세계의 완성은 하느님의 쉼 속에서 이루어졌다.
여기서 쉼은 어떤 일을 그친다는 의미가 아니라 오히려 완성하는 것을
뜻한다." 성서와 함께 편집부, 보시니 참 좋았다, 63.
13) 창세기 2장 2 - 3절은 '신의 안식'에 대해서만 말할 뿐, 제의적이고 제
　　도적인 '안식일'에 대해서는 전혀 언급하지 않는다. 안식일을 창조사
　　역과 연결시키면서 절기로 지키게 하는 것은 출애굽기 20장 11절에
　　나온다. Nahum M. Sarna, Understanding Genesis - The Heritage of
　　Biblical Israel(New York: Schocken Books, 1966, 1970), 19; Robert
　　B. Coote & David Robert Ord, In the Beginning, 78.
14) 그래서 안식일을 성회(미크라 - 코데쉬)라 부른다.

안식은 새로운 의미를 가지면서,[15] 인간들의 안식을 위한 본(本)과 근거가 된다. 엿새 동안 일하고 일곱째 날에 안식하고 다시 엿새 동안 일하고 일곱째 날에 안식하는[16] 삶의 방식은 바로 이 구절에서 비롯한다. 그렇기 때문에 안식일[17]에 대한 규정은 하나님이 행하신 창조사역을 기념하고 재현하는 것이 바로 우리 삶이어야 한다는 사실을 역설한다. 그래서 안식일을 준수하는 것, 즉 하나님의 쉼을 본받는 것은 하나님이 하신 창조사역 과정에 동참하는 일이다.[18] 그렇기에 "안식일을 준수하는 것은 창조의 운율을 위한 하나님의 의도에 참여하는 것이다."[19] 창조주 하나님은 인간들이 '여호와의 안식일' 또는 여호와의 절기에 '신의 안식'을 본 삼아 인간의 안식을 누릴 것을 강력하게 명령한다.[20] 이것을 확인하기 위해 십

---

15) Claus Westermann, Genesis 1 – 11, tr. John J. Scullion, Genesis 1 – 11: A Commentary(Minneapolis: Augsburg Publishing House, 1974, 1984), 168.

16) 쉼은 일을 끊고 다시 일을 이어준다. 원래 이스라엘에서 안식일은 예배하는 날이 아니고 쉬는 날이었다. Walter Brueggemann, Genesis, Interpretation – A Bible Commentary for Teaching and Preaching(Atlanta: John Knox Press, 1982), 35.

17) 안식일에 대한 최근 연구는, 박경철, "안식일의 제의적 의미와 사회정의", 한국구약학회, 구약논단 제17집(2005), 56 – 77을 보라.

18) Nahum M. Sarna, Genesis, 15.

19) T. Fretheim, Exodus, Interpretation – A Bible Commentary for Teaching and Preaching(Louisville: John Knox Press, 1991), 230.

20) 창세기 2:1 – 4a의 안식은 하나님의 쉼에 대한 것이다. 그러나 인간이 하나님의 형상이기 때문에, 하나님의 쉼은 인간을 위한 약속된 쉼이다. Walter Brueggemann, Genesis, 36.

계명에서 안식일 규정을 읽어 보자.

안식일(샵바트)21)을 기억하여22) 거룩히 지키라 엿새 동안은 힘써
네 모든 일을 행할 것이나 제 칠 일은 너의 하나님 여호와의 안식
일인즉 너나 네 아들이나 네 딸이나 네 남종이나 네 여종이나 네
육축이나 네 문안에 유하는 객이라도 <u>아무 일도 하지 말라</u>(로-
타아세 콜-멜라카) 이는 엿새 동안에 나 여호와가 하늘과 땅과 바
다와 그 가운데 모든 것을 만들고 제 칠 일에 쉬었음이라 그러므
로 나 여호와가 안식일을 복되게 하여 그날을 거룩하게 하였느니
라23)(출 20:8-11)24)

---

21) 사르나는 샵바트를 아카드어 샤바툼(shabattum, 또는 shapattum))에서 비롯
    한 것으로 보는 사람들도 있지만, 안식일 제도는 메소포타미아의 안식일 준
    수와는 아무런 관계가 없다고 말한다. Nahum M Sarna, Exodus, The JPS
    Torah commentary(Philadelphia: The Jewish Publication Society,1991),
    112.
22) '자코르'인데, 이것은 계약적 의무 준수를 강조하는 문맥에서 언제나 나타난
    다. John I. Durham, Exodus. Word Biblical Commentary(Waco, Texas:
    Word Books, Publisher, 1987), 289.
23) 뒷부분은 안식일 제도 설립 이유를 밝히는데, 안식일이 오래전부터 지
    켜오던 고대 관습이라고 해도, 안식일이 포로기 이후에야 중요한 의미
    를 갖기 때문에, 이러한 설명은 후대에 붙여진 것으로 보인다. Martin
    Noth, Das zweite Buch Mose: Exodus, 한국신학연구소 번역실 옮김,
    출애굽기.국제성서주석(서울: 한국신학연구소, 1981), 197.
24) 십계명에서 안식일 규정이 가장 길다. 그 까닭은 구절을 가장 많이 확장
    했기 때문인데, 이스라엘 백성들이 안식일 규정을 지키기가 쉽지 않았기
    때문이다. John I Durham, Exodus. 288. 지난 수백 년 동안 십계명 연구
    에서 안식일 규정이 가장 주목을 받았는데, 그 이유는 이 규정이 가장 길
    기 때문이다. Brevard S. Childs, The Book of Exodus-A Critical,
    Theological Commentary, Old Testament Library(Philadelphia: The

쉼의 명령에서 제외되는 사람은 아무도 없다.[25] 그런데 여기서 보듯 비록 하나님이 인간에게 안식을 명령하지만, 그날은 '인간의 안식일'이 아니고 분명히 '여호와의 안식일'이며, 그렇기에 그날은 여호와의 안식을 기념하는 날이어야 한다. 인간들은 여호와의 안식을 기념함으로써 안식을 누린다. 그럼으로써 여호와께서 안식하신 그 특정한 일곱째 날이 안식일로 이어지는 것이다. 그런데 구약성서가 언급하는 모든 절기들은 안식일을 그 모델로 삼는 듯하다. 안식일 이외의 다른 절기들 역시 제의적인 면에서는 안식일 패턴을 약간 변형시켜 따르기 때문이다.

하나님은 안식일을 비롯한 쉼의 날, 즉 성회일에는 절대로 일하지 말라고 명령하신다. 그 이유는 하나님이 창조하실 때 그렇게 하셨기 때문이다. 그래서 안식일을 비롯한 절기들에 행하는 쉼의 제의는 하나님이 하신 일들을 그대로 따라 하는 것이다. 처음부터 하나님은 인간이 어떻게 살아야 할 것인지를 몸소 행동으로 보여주셨다. 하나님이 창조하실 때, 엿새 동안 일하시고 일곱째 날에는 쉬셨기 때문에, 인간들도 그렇게 해야 한다는 것이다. 그런 쉼의 삶을 본받게 하기 위해 하나님은 절기를 제정하시고 제의를 통해 쉼을 재현하게 하신 것이다.

Westminster Press, 1974), 413.

25) 쉼의 명령에서 제외되는 사람은 아무도 없지만, 이것을 현실화하기는 쉽지 않다. 즉 모든 사람이 동등하게 쉼을 누리게 할 수는 없기 때문이다.

우리는 하나님이 쉼을 얼마나 강조하는지 알 수 있다. "너희가 공포하여 성회(미크라 - 코데쉬)를 삼을 여호와의 절기는 이러하니라"라는 말이 2절과 4절, 그리고 변형된 형태가 37절에 나온다. 이런 점에서 본문은 여러 시기를 거쳐 엮어진 것으로 보인다.26) 편집구가 여럿 나온다는 사실도 그렇고, 동일한 절기에 대해 반복한다는 점에서도 그렇다.27)

그리고 레위기 23장은 절기들을 반드시 지킬 것을 강력하게 요구하는데, 그 법규를 대대로 지킬 영원한 규례로 정의한다. "그 거하는 처소에서 대대로 지킬 영원한 규례"(훅카트 올람 레도로테켐 베콜 모쉐보테켐)라는 구절은 14절(첫 곡식 바치는 절기), 21절(칠칠절), 31절(속죄일)은 전체 구절이 나타나고, 41절(초막절)에는 "너희 대대로의 영원한 규례"(훅카트 올람 레도로테켐), 3절(안식일)에는 "너희 거하는 각처"(베콜 모쉐보테켐)가 나타난다.

지금까지 살펴본 것처럼, 하나님은 모든 것들에게 쉼을 명령하시는데, 신의 안식은 제의를 통해서 인간의 안식으로 이어진다. 하나님은 절기들을 통해 신의 안식을 기념함으로써 인간의 안식으로 나아가도록 하면서, 이것을 제의를 통해 영원히 이어갈 것을 강력하게 명령하셨다. 그래서 이스라엘의 제의는 궁극적으로 "쉼의 제의"이다.

---

26) Samuel E. Balentine, Leviticus, Interpretation - A Bible Commentary for Teaching and Preaching(Louisville: John Knox Press, 2002), 173.
27) 본문은 초막절을 33 - 36절과 39 - 43절에서 두 번 언급한다.

쉼

절기 목록은 레위기 23장과 민수기 28-29장, 그리고 신명기 16장에 나오는데, 레위기 23장은 절기를 대대로 지킬 것과 노동금지에 대해 비교적 간략하게 언급한다. 민수기 28-29장은 절기에 제사를 어떻게 드려야 할 것인지에 대해 보다 상세하게 다루고, 노동금지에 대해 언급한다. 속죄일에 대해서는 특별히 많은 부분을 할애한다. 그리고 신명기 16장은 절기에 객과 고아와 과부와 함께 즐거워할 것을 강조한다.

절기를 지키는 방식은 크게 두 가지이다. 하나는 제사를 드리는 것이고, 다른 하나는 쉬는 것이다. 절기에서 제사를 더 중요하게 생각할 것 같지만, 오히려 쉼을 더 중시한다. 쉼을 창조하신 하나님이 무엇보다 쉼을 강조하는 것이다.

너는 엿새 동안 일하고 제 칠 일에는 쉴지니[28](쉐쉐트 야밈 타아

---

28) "이스라엘에서 안식일 계명이 중요했던 만큼, 이 계명은 세 가지 표현 양식으로 여러 번 소개되었다. 가장 초기 양식으로 많이 소개된 표현은 '엿새 동안은 일하고 이렛날은 쉬어라'는 단순한 형태이다(출 16:26, 20:9-10, 23:12, 31:15, 34:21, 35:2, 레위 23:3, 신명 5:13-14). 다음에는 '내 안식일을 지켜라'는 투의 말이다(출 16:26, 20:8, 31:13, 14, 16, 신명 5:12, 15). 셋째는 안식일을 지키지 않는 것이 큰 죄임을 밝히는 양식이다. '이날을 범하는 자는 사형에 처해야 한다'(출 31:14, 15, 35:2). 셋째 계명은 이 중 오래된 첫째, 둘째 양식이 합쳐

보드 우바이욤 핫쉐비이 티쉬보트) 밭 갈 때에나 거둘 때에도 쉴찌며(티쉬보트)[29](출 34:21)

여기서 말하는 대로, 고대 이스라엘은 일곱째 날을 거룩한 안식일로 정하고 그날에는 사람뿐만 아니라 짐승과 땅도 반드시 쉬게 했다. 그리고 만약 그것을 어기는 자는 죽이도록 명령했다. 안식일은 하나님과 이스라엘 백성 사이에 맺은 영원한 계약의 외적 표징이기 때문에,[30] 만약 안식일을 지키지 않으면, 즉 안식일이 없다면, 하나님과 이스라엘은 관계가 끊긴 것이다. 이것을 대대의 표징, 또는 대대로 영원한 언약이라고 함으로써 끊이지 않고 영원히 이어져야 할 것임을 강조한다.

그러면 레위기 23장이 쉼에 대해 무엇을 말하는지 살펴보기로 하자.

져 엮어졌다." 성서와 함께 편집부, 어서 가거라: 성서가족을 위한 출애굽기 해설서(서울: 성서와함께, 1992, 1995), 283.

29) "밭갈이하는 시절과 거둠질하는 시절, 즉 농경 지역에 있어서 가장 중요한 농사철에도 안식일을 지켜야 한다는 21b의 상세한 규정은 독특하다." Martin Noth, Exodus, 315. 사르나는 안식일 규정이 유월절 다음에 온다는 것에 주목하고, 신명기 5장 15절에서처럼, 안식일 제도가 창조사건이 아닌 출애굽 사건에 근거하고 있다고 주장한다. Nahum M Sarna, Exodus, 219.

30) Nahum M. Sarna, Understanding Genesis, 19.

1. 안식일

"엿새 동안은 일할 것이요 일곱째 날은 쉴 안식일(샤바트 샤바톤)이니 성회(미크라-코데쉬)라 너희는 무슨 일이든지 하지 말라(콜-멜라카 로 타아수) 이는 너희 거하는 각처에서 지킬 여호와의 안식일(샤바트 히 라도나이)이니라(3절)"

2. 무교절

"그 첫날에는 너희가 성회(미크라-코데쉬)로 모이고 아무 노동도 하지 말찌며(콜-멜레케트 아보다 로 타아수) 너희는 칠 일 동안 여호와께 화제를 드릴 것이요 제 칠 일에도 성회(미크라-코데쉬)로 모이고 아무 노동도 하지 말지니라(콜-멜레케트 아보다 로 타아수)(7-8절)"

3. 칠칠절

"이날에 너희는 너희 중에 성회(미크라-코데쉬)를 공포하고 아무 노동도 하지 말지니(콜-멜레케트 아보다 로 타아수)(21절)

4. 나팔절

아무 노동도 하지 말고(콜-멜라카 로 타아수)(25절)

5. 속죄일

이날에는 아무 일도 하지 말 것(콜-멜라카 로 타아수)은 너희를 위하여 너희 하나님 여호와 앞에 속죄할 속죄일이 됨이니라 …… 이날에 누구든지 아무 일이든지 하지 말라(콜-멜라카 로 타아수)…… 이는 너희의 쉴 안식일(샵바트 샵바톤)이라…… 이 달 구 일 저녁 곧 그 저녁부터 이튿날 저녁까지 안식을 지킬지니라(티쉬베투 샵바테켐)(28-32절)

6. 초막절

첫날에는 성회(미크라-코데쉬)가 있을지니 너희는 아무 노동도 하지 말찌며(콜-멜레케트 아보다 로 타아수)…… 제 팔 일에도 너희에게 성회(미크라-코데쉬)가 될 것이며 …… 너희는 아무 노동도 하지 말지니라(콜-멜레케트 아보다 로 타아수)(35-36절), 첫날에도 안식하고(샵바톤) 제 팔 일에도 안식할 것이요(샵바톤)(39절)

이처럼 레위기 23장은 쉼을 여러 번 언급하는데, 성회일(聖會日)에 일을 금지하는 규정에서 사용하는 어휘가 절기마다 약간 다르다. 샵바트 샵바톤이 안식일과 속죄일에서 나타나는데, 이때는 콜-멜라카 로 타아수(무슨(또는 "아무") 일도 하지 말라)를 사용한다. 그런데 다른 절기들은 콜-멜레케트 아보다 로 타아수(아무 노동[멜레케트 아보다]도 하지 말라)라고 해서 모든 일을 금하는 것이 아니고 수고로운 일(멜레케트 아보다)만을 금지하는 것으로 보인다. 그렇기 때문에 안식일과 속죄일에서 나타나는 샵바트 샵바톤은 극히 필수적인 일들 외에는 다른 일을 금하는 절대 휴식을 의미하고, 나머지 절기들에서는 일상생활에 필요한 가벼운 일들은 허용한 듯하다. 그래서 이스라엘 백성들은 절기 동안에도 정상적인 삶을 살 수 있었다.[31] 그리고 무엇보다 쉼은 다시 시작하는 날을 준비하는 쉼이다. 그렇기에 "일에서 쉼"은 "일로의 쉼"이다.[32]

삶

고대 이스라엘 사람들은 안식일을 온전히 지키기 위해 여러 가지를 금지했다.

 · 농사금지 출 34:21, 민 15:32 – 36
 · 포도틀, 짐승 들어올리기 금지 느헤미야 13:15 – 18
 · 상거래 금지 사 58:13, 렘 17:22, 암 8:5
 · 여행 금지 16:29 – 30
 · 불피우는 일 금지 출 35:2 – 3

이러한 금지규정을 보면서, 우리는 안식일에 어떠한 일도 하지

---

31) Samuel E. Balentine, Leviticus, 176.
32) 발렌타인도 이러한 점을 강조한다. Samuel E. Balentine, Leviticus, 175.

말아야 하는 것으로 생각하기 쉬운데, 이 금지규정이 안식일과 절기에 아무 일도 못하게 한 것은 아니다. 열왕기하 4장 23절에 의하면, 고대 이스라엘 사람들은 초하루와 안식일에는 선지자를 찾아갔던 것으로 보인다. 그리고 성전도 방문했다(사 1:13). 안식일에 성전에서 부가적인 제물을 바치기도 했고(겔 45:17), 진설병을 바꿔놓기도 했다(대상 9:32).

그렇기 때문에 안식일을 비롯한 여러 절기들의 쉼의 날에 아무 일도 하지 말아야 한다는 생각은 잘못이다. 탈무드는 안식일을 하나님이 이스라엘에 주신 귀중한 선물로 여겼다(Shab. 10b). 그렇기 때문에 안식일에 온전히 쉬라는 것은 모든 일을 하지 말라는 것이 아니고, 어떤 특정한 일들을 하지 말라는 것인데, 그것이 원래 의도와는 달리, 하고 싶지 않은 일을 하게 하거나 해야 할 일을 하지 못하게 함으로써 인간을 얽어매는 것이어서는 안 된다. 유대교에서도 안식일 규정들은 생명을 위협하는 상황에서는 적용하지 않았다. 생명을 보존하는 것이 중요하기 때문이다. 심각한 질병이 생겼을 때나 환자에게 보양식을 제공해야 할 경우, 허용했다. 의사가 환자에게 필요하다고 허용하면 금지된 음식도 제공할 수 있었다. 산모가 출산한 지 3일 동안 건강상태가 좋지 않기 때문에, 안식일이라고 해도, 산모 건강을 위해서 할 수 있는 일들을 하도록 했다. 산모를 따뜻하게 하기 위해서 불을 피울 수 있었다. 그리고 국가방위군과 국경순찰대, 방위대들은 생명을 보호하기 위한 안보목적으로 필요할 경

우 안식일에 이동하거나 무기를 옮길 수 있었다.[33] 결국 안식일은
인간의 삶을 위한 것이지, 인간을 괴롭히려는 것이 아니었다.[34]

죽 음

앞에서 살펴본 것처럼, 레위기 23장은 특정한 날에는 결코 일(또
는 노동)하지 말라고 했는데, 만약 사람들이 이 명령을 어기면 어떻
게 했을까? 다른 절기들에서는 성회로 모이는 날 노동을 하지 말도
록 권고할 뿐인데, 속죄일에서는 속죄하는 모습을 보이지 않으면 심
각한 조치를 취하겠다고 경고한다.

이날에 스스로를 괴롭게 하지 아니하는 자는 <u>그 백성 중에서 끊쳐</u>
<u>질 것이라</u>(니크레타 메암메하) 이날에 누구든지 아무 일이나 하는

---

33) Ronald L. Eisenberg, The JPS Guide to Jewish Traditions(Philadelphia:
The Jewish Publication Society, 2004), 135-6. Lester L. Grabbe,
Leviticus, 87.
34) "바벨론 유배 이후 안식일은 이스라엘의 고유성을 지키는 제도로서 한층
중요시되었다. 그러면서 안식일을 거룩히 지키기 위한 각종 규정들이 계
속 생겨나, 해방과 자유를 주신 하느님의 은혜를 맛보고 감사드리는 날이
오히려 인간의 삶을 옭죄기 시작했다." 성서와 함께 편집부, 어서 가거라,
284. "안식일에 있어서 문제되는 것은 인간의 노동의 휴식이 아니라 인간
의 환경을 침해하지 않는 것, 창조의 완전성에로의 회복이다. 원칙적으로
최소한 일곱째 날에 상징적으로 인간에 의하여 보존되어야 할 창조의 비
침해성이 중요한 문제이다." H. Gese, Zur biblischen Theologie, München
1977, 79.(Jürgen Moltmann, Gott in der Schöpfung-Ökologische
Schöpfungslehre, 19-20. 각주 5에서 재인용.)

(타아세 콜-멜라카) 자는 <u>내가 백성 중에서 멸절시키리니</u>(레 23:29-30)

백성 중에서 끊쳐진다는 것이 무엇을 의미하며, 하나님이 그 사람을 백성 중에서 멸절시킨다는 것이 무엇을 의미하는지는 구체적으로 알 수 없지만,35) 이 구절은 레위기 23장에서 볼 수 있는 가장 강력한 조치를 담고 있다. 이것은 그만큼 절기준수를 강조하는 기능을 한다.

출애굽기 31:12-1736)은 안식일을 제대로 지키도록 하기 위해 더욱 강력하게 명령한다. 안식일에 대한 규정을 레위기 23:3과 비교해 보겠다.

---

35) "백성 중에서 끊쳐질 것이라"는 말이 의미하는 것은 무엇인가? 누구로 하여금 어떤 처벌을 하도록 하라는 것이 아니고, 그에게 어떤 일이 일어날 것이라는 매우 불분명한 표현이다. "내가 내 백성 중에서 멸절시키겠다"는 말과 평행관계인데, 그렇다면 이것 역시 어떤 즉각적인 처벌을 받는 것은 아닌 것으로 보인다. 그렇다면 이것은 어떤 측면에서는 심리적인 위협에 그칠 가능성도 크다. 이런 심리적인 위협이 효력을 발휘할 수도 있지만, 이스라엘 역사를 보면, 그렇게 큰 영향을 미치지 못했다는 사실을 알 수 있다.

36) 성막제작지침은 안식일 규정으로 끝나고, 35장부터 시작하는 성막제작 작업은 안식일 규정으로 시작한다. 성막은 성스러운 장소를 대표하고 안식일은 성스러운 시간을 대표한다. 그런데 안식일 규정이 성막규정보다 상위이다. 그리고 바벨론 우주론은 마르둑 성전건축(성스러운 장소)으로 끝나는데, 창세기 창조기사는 일곱째 날 안식(성스러운 시간)에 대한 이야기로 끝난다. Nahum M. Sarna, Exodus, 201.

레위기 23:3	출애굽기 31:12 – 17
이스라엘 자손에게 고하여 이르라 엿새 동안은 일할 것이요 일곱째 날은 쉴 안식일이니 성회라 너희는 무슨 일이든지 하지 말라 이는 너희 거하는 각처에서 지킬 여호와의 안식일이니라	너는 이스라엘 자손에게 고하여 이르기를너희는 나의 안식일을 지키라 이는 나와 너희 사이에 너희 대대의 표징이니 나는 너희를 거룩하게 하는 여호와인 줄 너희로 알게 함이라 너희는 안식일을 지킬지니 이는 너희에게 성일이 됨이라 무릇 그날을 더럽히는 자는 <u>죽일지며</u> 무릇 그날에 일하는 자는 그 백성 중에서 <u>그 생명이 끊쳐지리라</u> 엿새 동안은 일할 것이나 제 칠 일은 큰 안식일이니 여호와께 거룩한 것이라 무릇 안식일에 일하는 자를 <u>반드시 죽일지니라</u> 이같이 이스라엘 자손이 안식일을 지켜서 그것으로 대대로 영원한 언약을 삼을 것이니 이는 나와 이스라엘 자손 사이에 영원한 표징이며 나 여호와가 엿새 동안에 천지를 창조하고 제 칠 일에 쉬어 평안하였음이니라[37] 하라

여기서 보는 대로, 레위기와 출애굽기는 차이를 보인다. 레위기는
쉼 규정준수에 관한 이야기만 하는데, 출애굽기는 온전한 사회적 쉼
을 어기는 자를 사형에 처하도록 규정한다.[38] 안식일에 쉬지 않음
으로써 사회적 쉼을 깨뜨리는 자는 죽어 마땅하다는 것이다. 출애굽
기 35장 역시 매우 강경한 어조로 안식일 준수를 명령한다. 안식일
을 지키지 않으면 누구든 죽이라는 것이다.

모세가 이스라엘의 온 회중을 모으고 그들에게 이르되 여호와께서
너희에게 명하사 행하게 하신 말씀이 이러하니라 엿새 동안은 일하

---

37) "평안하였다"로 번역하는 단어는 "와이인나파쉬인데, 이것은 원래"숨
    을 돌렸다'는 의미를 갖는다. Martin Noth, Exodus, 288.
38) 안식일을 어기는 자에게 사형을 선고하는 것은 안식일이 하나님과 이
    스라엘 백성 사이의 특별한 관계를 나타내는 표식이기 때문이다.
    Martin Noth, Exodus, 287.

고 제 칠 일은 너희에게 성일이니 여호와께 특별한 안식일이라 무
룻 이날에 일하는 자를 죽일지니 안식일에는 너희의 모든 처소에서
불도 피우지 말지니라[39](출 35:1 – 3)[40]

모세는 이스라엘 온 회중들에게 말한다. 이것은 레위기 23장처럼,
이 규정을 제4장뿐만 아니라 이스라엘에 속한 모든 사람들이 알아
야 할 것임을 보여준다. 안식일에 쉬는 것은 개인적인 차원이 아니
라 온 이스라엘에게 해당하는 사회적 차원의 쉼이었다. 안식일에는
온 이스라엘이 온전한 휴식을 해야 하기 때문에, 누구든지 안식일에
일하는 것은 사회적 쉼을 깨뜨리는 지극히 불순한 행동이며, 하나님
께 대해 큰 죄를 범하는 것이다. 그럴 경우 그 사람을 반드시 죽이
게 했다. 이것은 하나님이 안식일을 지키는 것, 안식일에 온전한 사
회적 쉼을 누리는 것을 얼마나 중요하게 생각했는지를 보여준다. 심
지어는 안식일에 불도 피우지 못하게 하신다. 안식일에는 음식도 만
들어 먹지 말라는 것이다. 그러니 음식을 전날 미리 준비해서 안식

---

39) 이스라엘 거주 지역 안에서 안식일에 불을 피우지 못하게 하는 것은
매우 특별한 규정이다. Martin Noth, Exodus, 320 – 321. 이 규정을
여러 가지로 해석하는데, 어떤 사람들은 전날 저녁부터 아예 불을 피
우지 말고 어둠 속에서 지내야 한다고 주장하고, 어떤 사람들은 전날
불을 피울 수 있지만, 안식일에 연료를 보충하지 말아야 한다고 주장
한다. Nahum M Sarna, Exodus, 222.
40) "야훼께서 모세를 통해 이스라엘 백성에게 내리시는 마지막 지침은
또다시 안식일 준수에 관한 말씀이다. 이 말씀이 성막 건설을 앞둔
이스라엘 백성에게 주어진 까닭은 분명하다. 그들이 성막을 건설하는
일정 중에서도 안식일을 지켜야 한다는 것이다." 성서와 함께 편집부,
어서 가거라, 425.

일에 먹어야 한다. 만약 안식일에 음식을 만들어 먹는다면, 안식할 겨를이 없을 것이다.41) 이처럼 안식이 모든 것에 우선한다. 고대 이스라엘 사람들이 안식한 날에 안식하지 않는 것은 사형에 해당하는 중죄로 규정했음에 주목해야 한다.

실 행

레위기 23장은 하나님이 모세를 통해서 이스라엘 백성들에게 알리게 하신 절기에 대한 규정들이다. 21장과 22장이 아론과 그의 자손들인 제사장들을 대상으로 한다면, 23장은 일반 백성들을 대상으로 한다. 이것은 백성들이 절기들을 보전하는 일에 최선을 다해야 하며, 그들이 예배를 신실한 삶으로 변환시켜야 하는 자들임을 의미한다.42)

그런데 백성들에게 강경하게 안식일 준수를 명령하는 것은 안식일을 준수해야 함을 그만큼 강조하는 것이지만, 또 그만큼 안식일 준수가 쉽지 않았음을 보여준다. 다른 절기들도 마찬가지 형편이었을 것이다. 고대 이스라엘 백성들은 예언자들이 여러 가지로 경고하

---

41) "이와 같이 완전히 쉬는 것은 사람이 일의 노예가 되지 않도록 보호해 준다. 쉼은 사람이 자기 노력에 의해 모든 것을 이룰 수 없는 피조물임을 겸허하게 받아들이고 온전히 하느님께 의지하는 자세이자, 삶을 하느님의 선물로 기쁘게 받아들이는 자세이다." 성서와 함께 편집부, 어서 가거라, 425.

42) Samuel E. Balentine, Leviticus, Interpretation – A Bible Commentary for Teaching and Preaching(Louisville: John Knox Press, 2002), 173.

고 심판을 선언해도 거기에 꿈쩍하지 않았다.

이런 상황에서, "안식일을 비롯한 절기들은 하나님이 거룩하게 하신 날인데, 그날들이 거룩하다는 것은 무엇을 의미하는가? 거룩함은 그 자체로 힘을 갖고 있는가? 그 힘은 스스로를 지킬 만큼 막강한가? 그것이 아니라면, 거룩함을 지키기 위해서 무엇이 필요한가?" 하는 의문이 든다.

거룩함은 우리가 생각하는 것보다 훨씬 취약하다. 거룩함을 지키기 위해서는 몇 가지 조건이 필요한데, 우선 공동체에 속한 사람들이 거룩함을 인정해야 하고, 그것을 어길 경우 거룩함을 지키기 위한 조치를 취할 수 있어야 한다. 그렇지 않으면 거룩함을 지킬 방법이 없다. 예를 들면, 안식일을 범했다고 해서 그 사람을 하나님이 언제나 직접 처벌하지는 않기 때문에, 거룩함을 확실하게 유지하기 위해서는 사람들이 일정한 과정을 거쳐서 위반자를 처벌해야 한다.

그러나 내부 세력이나 외부 세력이 그러한 기구나 조직을 무시하거나 그들 힘이 오히려 능가하는 경우에도 거룩함을 유지하기는 어렵다. 이스라엘 사람들이 예루살렘 성전을 거룩한 곳으로 규정하고 그곳을 거룩하게 유지하기 위해 아무리 애쓴다고 해도, 앗수르나 바벨론 같은 강대국들이 무력으로 그곳을 파괴하고 짓밟을 때 그곳을 이스라엘 자체적으로 거룩하게 유지한다는 것은 불가능하다.[43] 그

---

43) 정복군에 의해서 성전은 무참하게 파괴당한다. "하나님이여 주께서 어

들에게 성전을 짓밟으면, 즉 거룩함을 훼손하거나 파괴하면, 하나님이 진멸하실 것이라고 아무리 강력하게 말해도, 그곳을 거룩한 곳으로 여기지 않는 이방인들에게 그 말이 영향을 미치기는 어려울 것이다. 그렇다고 하나님이 직접 그들을 처벌하는 것도 아니기 때문에, 거룩함을 유지한다는 것은 인간적인 힘의 차원을 고려해야 한다. 힘이 있으면 침입자들을 물리치고 거룩을 유지할 수 있을 것이고, 그렇지 않다면, 즉 힘이 없다면, 침입자들에 의해서 그곳은 파괴당하고, 결국 거룩함도 파괴될 것이기 때문이다.

그렇다면 고대 이스라엘은 법규로 제정한 안식을 누리기 위해, 즉 성회의 거룩함을 유지하기 위해 어떻게 했는가? 만나에 관한 이야기를 읽어 보자.

모세가 그들에게 이르되 여호와께서 이같이 말씀하셨느니라 내일은 휴식이니 여호와께 거룩한 안식일이라 너희가 구울 것은 굽고 삶을

찌하여 우리를 영원히 버리시나이까 어찌하여 주의 치시는 양을 향하여 진노의 연기를 발하시나이까 옛적부터 얻으시고 구속하사 주의 기업의 지파로 삼으신 주의 회중을 기억하시며 주의 거하신 시온산도 생각하소서 영구히 파멸된 곳으로 주의 발을 드십소서 원수가 성소에서 모든 악을 행하였나이다 주의 대적이 주의 회중에서 훤화하며 자기 기를 세워 표적을 삼았으니 저희는 마치 도끼를 들어 삼림을 베는 사람 같으니이다 이제 저희가 도끼와 철퇴로 성소의 모든 조각품을 쳐서 부수고 주의 성소를 불사르며 주의 이름이 계신 곳을 더럽혀 땅에 엎었나이다 저희의 마음에 이르기를 우리가 그것을 진멸하자 하고 이 땅에 있는 하나님의 모든 회당을 불살랐나이다"(시편 74편 1-8절).

것은 삶고 그 나머지는 다 너희를 위하여 아침까지 간수하라[44] 그 들이 모세의 명대로 아침까지 간수하였으나 냄새도 나지 아니하고 벌레도 생기지 아니한지라 모세가 가로되 오늘은 그것을 먹으라 오 늘은 여호와께 안식일인즉 오늘은 너희가 그것을 들에서 얻지 못하 리라 육 일 동안은 너희가 그것을 거두되 제 칠 일은 안식일인 즉[45] 그날에는 없으리라 하였으나 제 칠 일에 백성 중 더러가 거 두러 나갔다가 얻지 못하니라 여호와께서 모세에게 이르시되 어느 때까지 너희가 내 계명과 내 율법을 지키지 아니하려느냐 볼지어다 여호와가 너희에게 안식일을 줌으로 제 육 일에는 이틀 양식을 너 희에게 주는 것이니 너희는 각기 처소에 있고 제 칠 일에는 아무 도 그 처소에서 나오지 말지니라 그러므로 백성이 제 칠 일에 안 식하니라[46](출애굽기 16:23 - 30)

우리가 읽은 대로, 하나님이 만나와 관련된 안식일 규정을 알려 주었는데도 불구하고 그것을 어긴 사람들이 있었다. 이것은 안식일

---

44) 이 구절은 안식일에 모든 취사행위를 금지하는 근거가 되었다. Nahum M Sarna, Exodus, 90.

45) "육일 동안은 너희가 그것을 거두되 제 칠일은 안식일인즉"은 전형적 인 안식일 규정 양식이다. Nahum M Sarna, Exodus, 90. 이 규정은 하나님이 이스라엘 백성으로 하여금 편히 쉬도록 배려하는 것이다. 성 서와 함께 편집부, 어서 가거라, 233.

46) 안식일은 특별한 쉼의 날이어서, 이스라엘 사람들은 이날을 기다리며 준비했을 것이다. 안식일은 금식하거나 슬퍼하는 날이 아니다. 오히려 이스라엘 백성들은 안식일에 먹고 마셔야 한다. 안식일이 하나님의 특 별한 날이기 때문이다. 하나님이 여섯째 날에 두 날 몫을 주는 것은 안식일을 다른 날과 구별되는 삶을 살기를 원하시기 때문이다. 하나님 은 이스라엘 백성들이 안식일에 진정한 휴식을 누리기를 원하신다. Brevard S. Childs, The Book of Exodus, 290 - 291.

의 거룩함을 훼손하는 행동이다. 그들에 대해 하나님은 어떻게 행하시는가? 하나님이 모세를 불러다 책망하신 것이 전부이다. 그들을 즉각적으로 멸하시거나 어떤 형벌을 주시는 게 아니다. 이렇게 말로 경고하고 책망하는 것도 거룩함을 지키는 한 방법일 것이다. 하지만 이스라엘 역사를 보면, 그렇게 해서 거룩함을 유지할 수 있을 것인지 의심하지 않을 수 없다.

그런데 성스러움을 어겼을 경우, 하나님이 즉각적으로 응징하는 경우도 있다. 그 대표적인 게 바로 나답과 아비후 사건, 그리고 베레스 웃사 사건이다.

> 아론의 아들 나답과 아비후가 각기 향로를 가져다가 여호와의 명하시지 않은 다른 불을 담아 여호와 앞에 분향하였더니 불이 여호와 앞에서 나와 그들을 삼키매 그들이 여호와 앞에서 죽은지라(레 10:1-2)

> 저희가 나곤의 타작마당에 이르러서는 소들이 뛰므로 웃사가 손을 들어 하나님의 궤를 붙들었더니 <u>여호와 하나님이 웃사의 잘못함을 인하여 진노하사 저를 그곳에서 치시니</u> 저가 거기 하나님의 궤 곁에서 죽으니라(삼하 6:6-7)

나답과 아비후 경우 구체적으로 어떤 일이 일어난 것인지 알 수 없지만,47) 베레스 웃사 사건도 오늘 우리 생각으로는 도무지 이해

---

47) Samuel E. Balentine, Leviticus, 84. 그들은 잘못된 시간에 잘못된 장소에서 분향했을 수도 있고, 복장을 제대로 갖추지 못했을 수도 있다.

하기 어렵다.[48] 웃사가 법궤를 붙든 까닭은 법궤가 떨어질 것을 염려했기 때문이다.[49] 그런데도 불구하고 하나님이 그를 쳐서 죽였다는 것을 납득하기 쉽지 않다. 만약 웃사가 붙들지 않았다면 법궤가 땅에 떨어져서 온전치 못할 텐데, 그것을 그냥 두고 보라는 말인가?[50] 의문이 풀리는 것은 아니지만, 이 사건은 법궤가 파손되는 것보다 거룩함을 파기하는 것이 더 큰 문제임을 보여준다.[51] 어쨌든 이 두 가지 사건은 하나님이 성스러움을 지키기 위해서 하신 직접적인 행동이었다.

---

48) 웃사 사건은 그가 무슨 잘못을 범했는가 하는 질문을 하게 한다. A. A. Anderson, 2 Samuel, Word Biblical Commentary(Dallas, Texas: Word Books, Publisher, 1986), 103. 법궤가 떨어지는 것은 그곳에서 진행을 멈추려는 하나님의 뜻을 드러내는 표징으로 보기도 한다. 그래서 떨어지는 법궤를 붙드는 것은 법궤의 거룩함을 파기하는 것일 뿐 아니라, 하나님의 뜻을 가로막는 불손한 행동이었기 때문에, 참혹한 결과가 일어났다는 것이다. ibid., 104.

49) Hans W. Hertzberg, Ⅰ & Ⅱ Samuel, OTL(Philadelphia: The Westminster Press, 1964), 279.

50) 옛 주석가들은 웃사가 왜 죽어야 하는지, 모든 사람이 웃사같이 행동을 해도 왜 그들이 웃사처럼 죽지는 않는지에 대해서 별 관심이 없었다. Henry Preserved Smith, A Critical and Exegetical Commentary on the Books of Samuel(Edinburgh: T&T Clark, 1977), 292.

51) 베레스 웃사 사건은 법궤가 매우 성스러운 물건이기 때문에 또한 매우 위험한 것임을 보여준다. 옛 이스라엘 사람들은 모든 성스러운 물건들을 대할 때에 최대한 조심해서 다루었다. 그렇기 때문에 법궤를 이동하는 것은 가볍게 할 일이 아니었다. 준비가 소홀하거나 실수를 하면, 오히려 해로운 결과를 가져온다. P.Kyle McCarter, Jr., Ⅱ Samuel, The Anchor Bible(Garden City, New York: Doubleday & Company, Inc., 1984), 170.

이 외에, 고대 이스라엘 사람들은 안식일과 절기 규정을 어긴 자를 체포하고 판결을 내려 사형에 처하기도 했다.

이스라엘 자손이 광야에 거할 때에 안식일에 어떤 사람이 나무하는 것을 발견한지라 그 나무하는 자를 발견한 자들이 그를 모세와 아론과 온 회중의 앞으로 끌어왔으나 어떻게 처치할는지 지시하심을 받지 못한 고로 가두었더니[52] 여호와께서 모세에게 이르시되 <u>그 사람을 반드시 죽일지니(모트 유마트) 온 회중이 진 밖에서[53] 돌로 그를 칠지니라 온 회중[54]이 곧 그를 진 밖으로 끌어내고 돌로 그를 쳐 죽여서 여호와께서 모세에게 명하신대로 하니라</u>(민 15:32 – 36)

그 사람이 한 일은 얼핏 보기에 그리 대단한 범죄가 아니다. 그냥 안식일에 나무를 한 것인데[55] 그는 안식일에 쉬지 않았다는 이유로

---

52) 이것은 그 사람을 처벌할 만한 명확한 법규가 없었기 때문일 것이다. 그런데 이 사람을 처형함으로써, 안식일에 나무하는 사람을 사형에 처할 수 있게 되었다. Martin Noth, Das vierte Buch Mose, Numeri, tr. James D. Martin, Numbers, OTL(London: SCM Press, 1968), 117.

53) 처형은 진 밖에서 했는데, 그 첫째 이유는 시체로 인한 제의적 오염을 피하기 위해서이다. Jacob Milgrom, Numbers, The JPS Torah Commentary (Philadelphia: The Jewish Publication Society, 1990), 126.

54) 온 회중이 처형에 참여했는데, 이것은 책임을 함께 지기 위해서이다. George Buchanan Gray, Numbers, ICC(Edinburgh: T&T Clark Ltd., 1903, 1976), 183.

55) 그를 체포하긴 했는데, 과연 안식일에 나무를 한 것이 죄인지 아닌지, 즉 땔나무를 모으는 행위가 안식일 규정을 어기는 것인지를 명확하게 알 수 없었기 때문에 하나님께 물었다. Dennis T. Olson, Numbers, Interpretation – A Bible Commentary for Teaching and Preaching, 차종순 옮김(서울: 한국장로교출판사, 2000), 154.

죽임을 당한다. "이스라엘 자손이 광야에 거할 때"라는 구절은 이 사건이 기록하기 오래 전에 일어난 일임을 보여준다.[56] 성서기자는 이 구절을 나무하는 사람을 잡아다 죽일 정도로 안식일을 거룩하게 지켜야 한다는 예[57]로 제시한 것으로 보인다. 나무를 한 것은 불을 피우고 음식을 만들려는 의도로 보이는데, 출애굽기 35장 3절은 안식일에 불 피우는 것을 엄격하게 금한다.[58] 그렇기 때문에 그 사람이 안식일에 금지한 행동을 하려는 의도를 가진 것만으로도 당시 사람들은 그것을 사회적 쉼을 깨뜨림으로써 공동체를 위험에 처하게 하는 행동으로 여겼을 것이다. 그래서 그 사람을 체포해서 고발하고 죽이기까지 했다. 그리고 오래전 이야기를 굳이 하는 까닭은 이 구절을 기록할 당시에 그러한 유형의 일이 있었기 때문일 것이다.[59]

---

56) George Buchanan Gray, Numbers, ICC(Edinburgh: T&T Clark Ltd., 1903, 1976), 182.

57) Martin Noth, Numbers, 117.

58) "무릇 이날에 일하는 자를 죽일지니 안식일에는 너희의 모든 처소에서 불도 피우지 말지니라." 이 구절은 어떤 사람이 처소에서 불을 피우기만 해도 안식일을 범하는 것이기 때문에 그 사람을 죽여야 한다는 의미로 읽을 수 있다.

59) Philip J. Budd, Numbers, Word Biblical Commentary(Waco, Texas: Word Books, Publisher, 1984), 175. 고대 이스라엘에서 이스라엘을 위험에 처하게 하는 사람들은 어느 시대에나 있었다. 예언자들은 안식일과 절기에 금지한 행동을 함으로써 이스라엘을 위험에 빠뜨리는 사람들을 신랄하게 비판한다. "너희가 나를 청종치 아니하고 안식일을 거룩케 아니하여 안식일에 짐을 지고 예루살렘 문으로 들어오면 내가 성문에 불을 놓아 예루살렘 궁전을 삼키게 하리니 그 불이 꺼지지 아니하리라 하셨다 할지니라"(렘 17:27). 고대 이스라엘 사람들은 "계율을 지키면 번영을 가져오고 이를 거역하면 재앙을 초래한다"고 믿었

이와 비슷한 일이 레위기 24장 10-16, 22, 23절에도 나오는데, 두 본문을 비교해 보면 동일한 유형의 사건임을 알 수 있다.

레위기 24장	민수기 15장
이스라엘 여인의 아들이요 그 아비는 애굽 사람된 자가 이스라엘 자손 중에 나가서 한 이스라엘과 사람과 진중에서 싸우다가 그 이스라엘 여인의 아들이 여호와의 이름을 훼방하며 저주하므로[60] 무리가 끌고 모세에게로 가니라 그 어미의 이름은 슬로밋이요 단 지파 디브리의 딸이었더라 그들이 그를 가두고 여호와의 명령을 기다리더니 여호와께서 모세에게 일러 가라사대 저주한 사람을 진 밖에 끌어내어 그 말을 들은 모든 자로 그 머리에 안수하게 하고 온 회중이 돌로 그를 칠지니라 너는 이스라엘 자손에게 고하여 이르라 누구든지 자기 하나님을 저주하면 죄를 당할 것이요 여호와의 이름을 훼방하면 그를 반드시 죽일지니 온 회중이 돌로 그를 칠 것이라 외국인이든지 본토인이든지 여호와의 이름을 훼방하면 그를 죽일지니라[61] 모세가 이스라엘 자손에게 고하니 그들이 저주한 자를 진 밖에 끌어내어 돌로 쳤더라 이스라엘 자손이 여호와께서 모세에게 명하신대로 행하였더라	이스라엘 자손이 광야에 거할 때에 안식일에 어떤 사람이 나무하는 것을 발견한지라 그 나무하는 자를 발견한 자들이 그를 모세와 아론과 온 회중의 앞으로 끌어왔으나 어떻게 처치할지 지시하심을 받지 못한 고로 가두었더니 여호와께서 모세에게 이르시되 그 사람을 반드시 죽일지니 온 회중이 진 밖에서 돌로 그를 칠지니라 외국인에게든지 본토인에게든지 그 법을 동일히 할 것은 나는 너희 하나님 여호와임이니라 온 회중이 곧 그를 진 밖으로 끌어내고 돌로 그를 쳐 죽여서 여호와께서 모세에게 명하신대로 하니라

고, 그들이 사는 세계는 "성스러움에 일치하는 인간은 번영하고 그 것에서 일탈하면 멸망하는 우주이다."(Mary Douglas, Purity and Danger: An Analysis of the Concepts of Pollution and Taboo, 유제분·이훈상 옮김, 순수와 위험 - 오염과 금기 개념의 분석(서울: 현대미학사, 1997), 90. 그렇기 때문에 예언자들은 안식일과 기타 절기들을 제대로 지키지 않는 자들이 바로 이스라엘을 멸망케 하는 자들이라고 선포했다. 예언자들이 보기에, 그들의 행위는 국가를 멸망으로 이끄는 가장 위험한 행동이었다.

60) 하나님 이름을 저주하는 불경스러운 행동은 제3계명에 의해서 중죄로

민수기 15장 사건처럼 레위기 24장 사건도 거룩함을 유지하기 위해서 현실적으로 어떻게 해야 하는지를 명확하게 보여주는 예로 제시한 듯하다.

쉼에 관한 것은 아니지만, 이러한 일은 금송아지 사건에서도 나타난다. 모세가 산에 올라가 한참 동안 소식이 없자 불안해진 이스라엘 백성들은 아론을 들볶아서 송아지 신상을 만들었는데, 진노하신 하나님은 그들을 진멸하게 하신다.

모세가 본즉 백성이 방자하니 이는 아론이 그들로 방자하게 하여 원수에게 조롱거리가 되게 하였음이라 이에 모세가 진문에 서서 가로되 누구든지 여호와의 편에 있는 자는 내게로 나아오라 하매 레위 자손62)이 다 모여 그에게로 오는지라 모세가 그들에게 이르되

규정된다. 나봇 사건을 보면, 왕정시대에도 불경죄는 중죄였으며, 예수님과 스데반도 불경죄로 고발당한 것을 보면, 불경죄는 이스라엘 사회에서 상당히 큰 범죄였음을 알 수 있다. G. J. Wenham, The Book of Leviticus, 311.

61) 이런 규정을 만든 이유는 그 사람이 온전한 이스라엘 사람이 아니었기 때문일 것이다. 그래서 이스라엘 사람들에게 적용하는 법을 그 사람에게도 적용할 수 있는지가 문제였을 것이다. Samuel E. Balentine, Leviticus, 188. 정중호, 레위기 – 만남과 나눔의 장(서울: 한들출판사, 1999), 384. 결국 외국인과 본토인을 구별하지 말고, 동일하게 법을 적용하게 했다.

62) 모세가 레위지파 출신이기 때문에 레위인들이 모세를 지원하는 것은 당연한 일이었을 것이다. 그런데 그보다 더 중요한 사실은 그들이 계약에 신실하고 이스라엘 예배를 순수하게 유지하는 일에 충실했다는

이스라엘의 하나님 여호와께서 이같이 말씀하시기를63) 너희는 각
각 허리에 칼을 차고 진 이 문에서 저 문까지 왕래하며 각 사람이
그 형제를, 각 사람이 그 친구를, 각 사람이 그 이웃을 도륙하라
하셨느니라 <u>레위 자손이 모세의 말대로 행하매 이날에 백성 중에
삼천 명가량이 죽인 바 된지라</u> 모세가 이르되 각 사람이 그 아들
과 그 형제를 쳤으니 오늘날 여호와께 헌신하게 되었으니라 그가
오늘날 너희에게 복을 내리시리라(출 32:25 - 29)

이스라엘 백성들이 금송아지를 만들고 그것을 출애굽의 하나님으
로 예배한 일은 이스라엘을 위태롭게 하는 행동이었다. 그렇기 때문
에 그들을 처벌함으로써 거룩함과 사회적 질서를 빠른 시간 안에
회복해야 했다. 그런데 모세는 이 일을 레위인들을 동원해서 처리했
다. 모세는 파괴된 거룩함과 질서를 회복하기 위해서 그 일을 담당
할 사람들을 불러 모았다. 일종의 조직을 갖춘 것이다. 그리고 그들
로 하여금 이스라엘 사회를 위태롭게 한 사람들을 처벌하게 하고,
거룩함을 회복했다.64)

것이다. 그래서 레위지파는 성막을 담당하는 지파로 뽑혔을 것이다.
Nahum M. Sarna, Exodus, 208.

63) "이스라엘의 하나님 여호와께서 이같이 말씀하시기를." 이것은 오경에
서는 찾아보기 어려운 예언적 문체이다. 모세는 여기서 예언자적 역할
을 한다. Brevard S. Childs, The Book of Exodus, 571.

64) 느헤미야도 안식일을 거룩하게 지키기 위해서 강력한 조치를 취한다.
안식일 준수가 이스라엘 운명과 직결된다고 생각했기 때문이다. 그는
사람들이 안식일에 짐을 지고 예루살렘으로 들어오지 못하게 했으며,
물건 사고파는 것을 철저히 금했다. 그리고 레위인들을 세워서 그들로
하여금 성문을 지키고 안식일을 거룩하게 유지하게 했다(느 13:15 - 22).

이처럼 고대 이스라엘은 거룩함을 유지하기 위해서 여러 가지 방법을 사용했다. 특히 성회일에 온전한 사회적 쉼을 누리기 위해 애를 썼는데, 아무리 안식준수를 강력하게 명령한다고 해도, 거룩함 자체가 인간들에 의해서 쉽게 깨뜨려질 수 있는 연약한 것이고, 거룩함을 파기하는 자들을 하나님이 직접 처벌하는 것을 기대하기 어려운 상황이라면, 결국 인간들이 거룩함을 지키기 위해 최선을 다할 수밖에 없다는 게 엄연한 현실이었을 것이다.

맺 음

지금까지 우리는 "제의와 쉼, 그리고 삶"이라는 주제로 이야기를 했다.

신의 안식이 인간의 안식을 촉발시킨다. 인간들은 신의 안식을 기념함으로써 인간의 안식을 누린다. 하나님은 인간들이 안식일을 비롯해서 여러 절기들을 지킬 것을 명령하셨다. 쉼을 창조하신 하나님이 쉼을 명령하시는 것이다. 하나님은 안식일이 어떤 날이며, 그 날에 무엇을 해야 할 것인지를 직접 실천하심으로써 본을 보이시고, 이스라엘 백성들에게 그것을 그대로 따르도록 요구하신다. 하나님은

이러한 조치를 취하는 것은 안식일이나 기타 절기들에 짐을 가지고 예루살렘에 들어와서 장사를 하는 사람들이 있었기 때문인데, 그런 사람들은 전부터 있었다(암 8:5, 렘 17:19-27).

이스라엘 백성들이 안식일 이외의 다른 절기들 역시 안식일을 기본 틀로 삼아, 온전한 쉼을 누리기를 원하신다.

하나님을 따라 사는 것, 즉 온전한 사회적 쉼을 현실적으로 이루는 것, 그것이 바로 절기 제정을 통해서 하나님이 이스라엘 백성들에게 요구하시는 것이다. 그 명령에 따라, 고대 이스라엘 사람들은 모든 절기들을 제대로 지키기 위해 노력했다. 하지만 그것은 결코 쉬운 일이 아니었다. 끊임없이 쉼을 방해하는 자들이 있었기 때문이다. 그래서 안식 규정을 어김으로써 사회를 전체적으로 위험에 처하게 하는 것을 막기 위해, 그런 자들을 사형에 처하도록 하는 강경책을 쓰기도 했다. 물론 실효를 거뒀는지는 모를 일이지만 말이다. 이렇듯 그들은 절기에 행하는 제의를 통해 "온전한 사회적 쉼"을 실현하려고 애썼다.

앞으로 더 깊은 연구를 통해, 구약성서 전체에서 제의와 쉼, 그리고 삶이 어떤 양상으로 나타나는지, 그리고 이스라엘 사회를 위험에 빠뜨리는 자들이 누구이며 그들은 어떠한 행동을 하는지를 살펴보려고 한다.

3. 넘어진 자들을 다시 일으켜 세우라

- 레위기 25장 25-55절을 중심으로 살펴보는 고대
이스라엘의 파산과 회생제도 -

들어가는 글

우리 사회도 그렇지만, 고대 이스라엘에도 경제적으로 어려움을 겪는 사람들이 있었다. 그들이 경제적인 어려움을 겪는 이유는 여러 가지인데, 가장 흔한 이유는 빚이었다.

환난 당한 모든 자[65]와 빚진 모든 자[66]와 마음이 원통한 자[67]가

---

65) 스미스는 이들을 억압받은 자들, 즉 주인들의 무리한 요구에 시달릴 대로 시달린 사람들로 본다. Henry Preserved Smith, A Critical and Exegetical Commentary on the Books of Samuel. ICC.(Edinburgh: T&T Clark, 1977), 203. 이들은 주인의 학대를 견디다 못해 도망쳤을 것이다. 신명기 23장 15-16절은 도망친 종들을 어떻게 처우해야 하는지 언급하는데, 이것은 당시에 도망친 종들이 많았기 때문일 것이다.

66) 이들은 빚을 갚지 못해서 채권자에게 종으로 팔릴 수밖에 없는 사람들이다. Smith, op. cit.

67) 헤르츠베르그는 이들을 "(현재 상황에 대해서) 불평(불만)하는 자"로 보고, 이들을 위험한 무법자 집단으로 본다. Hans W. Hertzberg, Die

다 그에게로 모였고 그는 그들의 우두머리가 되었는데 그와 함께
한 자가 사백 명가량이었더라(사무엘상 22장 2절)

사백 명은 대단히 많은 수인데,[68] 다윗에게 모여든 사람들은 여
러 가지 사정으로 인해 사회생활을 정상적으로 할 수 없는 사람들
이었을 것이고,[69] "빚진 모든 자"라는 구절에서 알 수 있듯이, 대다
수가 경제적으로 파산상태였을 것이다. 이스라엘 건국초기라고 할
수 있는 다윗시대에도 빚 문제는 상당히 심각한 사회적 문제였던
것으로 보인다. 그리고 그 후로 500여 년이 흐르고 느헤미야가 예
루살렘에 총독으로 부임했을 때에도 경제사정이 어려워져서 빚을
지고,[70] 그 빚을 갚지 못해서 결국 종이 된 사람들이 많았다.[71]

Samuelbücher, tr. J. S. Bowden, Ⅰ & Ⅱ Samuel. OTL(Philadelphia:
The Westminster Press, 1964), 182.

68) 이들은 나중에 600명으로 늘어나는데, 다윗은 마치 입다(삿 11:3)와
같다. Ralph W. Klein, 1 Samuel. WBC(Waco, Texas: Word Books,
Publisher, 1983), 223.

69) 그들은 도망자들이었다. P.Kyle McCarther, Jr., 1 Samuel. AB(Garden
City, New York: Doubleday & Company, Inc., 1980), 359. 클라인은
사울이 왕정을 시작할 때, 여기에 반대하는 자들이 생기는 것은 당연
한 결과로 본다. Klein, op. cit., 222. "브루거만은 사울과 다윗과의
갈등은 사회경제적인 측면에서, 다윗 쪽에 가담한 경제적인 소외계층
이 사울을 중심한 지주계급에 대항한 것이라 볼 수 있다고 말한다."
장일선, 다윗왕가의 역사 이야기 - 신명기 역사서 연구(서울: 대한기독
교서회, 1997), 465.

70) 펜샵은 느헤미야 당시에 유다 지역이 가난해진 까닭을 두 가지로 보
는데, 첫째는 주변 민족들과 적대적이어서 그들과 무역을 하지 못했
고, 둘째는 느헤미야가 농부들을 성벽 쌓은 일에 동원함으로써 농사를

그때에 백성들이 그들의 아내와 함께 크게 부르짖어 그들의 형제인 유다 사람들을 원망하는데 어떤 사람은 말하기를 우리와 우리 자녀가 많으니 양식을 얻어먹고 살아야 하겠다 하고 어떤 사람은 말하기를 우리가 밭과 포도원과 집이라도 저당 잡히고 이 흉년에 곡식을 얻자 하고 어떤 사람은 말하기를 우리는 밭과 포도원으로 돈을 빚내서 왕에게 세금을 바쳤도다 우리 육체도 우리 형제의 육체와 같고 우리 자녀도 그들의 자녀와 같거늘 이제 우리 자녀를 종으로 파는도다 우리 딸 중에 벌써 종된 자가 있고 우리의 밭과 포도원이 이미 남의 것이 되었으나 우리에게는 아무런 힘이 없도다 하더라(느헤미야서 5장 1 – 5절)

열심히 농사를 짓고 일해도 먹고 살기가 어려워서, 즉 경제적으로 가난해져서[72] 양식을 구하기, 세금을 내기 위해 땅을 저당 잡히

제대로 짓지 못했다는 것이다. F. Charles Fensham, The Books of Ezra and Nehemiah. NICOT(Grand Rapids, Michigan: William B. Eerdmans Publishing Company, 1982), 190f. 그러나 이것들도 원인일 수 있지만, 흉년도 들고, 6 – 13절에서 볼 수 있는 것처럼, 고리대금이 큰 문제였던 것으로 보인다.

71) 이스라엘 초기에는 상대적으로 평등했는데, 왕정 후기로 갈수록 빈부격차가 심해졌다. G. J. Wenham, The Book of Leviticus. NICOT(Grand Rapids, Michigan: William B. Eerdmans Publishing Company, 1979), 317.

72) 어떤 학자들은 성벽건축을 위한 강제노역에 사람들이 동원되어서 임금도 받지 못하고 농사도 짓지 못해서 경제적인 어려움이 발생했다고 생각한다. 그럴 가능성도 있겠지만, 본문에는 성벽건축과 경제적 어려움이 상관관계를 갖는다는 증거는 없다. Loring W. Batten, A Critical and Exegetical Commentary on the Books of Ezra and Nehemiah. ICC(Edinburgh: T&T Clark, 1913, 1972), 237.

고 빚을 질 수밖에 없는 상황이었다.73) 그리고 그 빚을 갚지 못해 자식들을 종으로 팔아야 하고, 그래서 가족이 흩어질 수밖에 없는 상황이다.74) "어떤 사람은 말하기를 '이 3번 나오는 것으로 보아, 세 부류의 사람들이 각각 자신들이 처한 상황을 말한 것으로 보인다.'75) 첫째 부류는 땅이 없어서 품삯으로 사는 사람들이고, 둘째 부류는 땅은 갖고 있지만, 흉년으로 인해 농사를 망쳐서 부채를 갚지 못한 경우이고, 셋째 부류도 땅은 갖고 있지만, 세금을 내기 위해서 빚을 지는 경우이다."76) 느헤미야는 당시 개혁을 추진하면서, 이러한 경제적인 불평등 문제에 대해서는 관심을 갖지 않은 것으로 보인다.77) 우리는 여기서 "가난"이 악순환을 되풀이하면서 결국 사람들을 파산케 한다는 것을 알 수 있다. 이렇듯 이스라엘에는 건국 초기부터 후대 유대교 시절에 이르기까지 끊임없이 빚진 자들, 경제적으로 파산상태에 처한 사람들이 있었다.

---

73) 이들에게 돈을 빌려 주는 사람들은 누구인가? 마이어즈는 그들이 기회가 닿는 대로 동료 유대인들을 등쳐서 제 재산을 늘려가는 이기적인 사람들로 규정한다. Jacob M. Myers, Ezra Nehemiah. AB(Garden City, New York: Doubleday & Company, Inc., 1965, 1981), 130.

74) 이것은 바벨론에 포로로 끌려갔을 때보다 더 상황이 나쁘다. 바벨론에서는 그나마 한 가족이 모여 살았는데, 귀환한 이후에는 경제적인 어려움으로 인해 가족이 흩어져야 하기 때문이다. Batten, op. cit., 239.

75) H. G. M. Williamson, Ezra, Nehemiah. WBC(Nashville: Thomas Nelson Publishers, 1985), 237.

76) Williamson, 237f.

77) Gordon F. Davies, Ezra and Nehemiah, Berit Olam—Studies in Hebrew Narrative & Poetry(Collegeville, Minnesota: The Liturgical Press, 1999), 101.

레위기 25장을 보면, "가난해지다"(무크)라는 동사가 25, 35, 39, 47절에 나온다.

25 만일 네 형제가 가난하여 그의 기업 중에서 얼마를 팔았으면
35 네 형제가 가난하게 되어 빈손으로 네 곁에 있거든
39 너와 함께 있는 네 형제가 가난하게 되어 네게 몸이 팔리거든
47 네 형제는 가난하게 되므로 그가 너와 함께 있는 거류민이나
   동거인 또는 거류민의 가족의 후손에게 팔리면

'무크'는 낮아지고 내려가는 것을 의미한다.[78] 경제사정이 아주 어려워진 것을 의미한다. 이 단어는 레위기에만 나타나는데, 25장에 4회, 27장에 1회 쓰였다. 그리고 무크는 '판다'는 의미를 가진 마카르와 함께 쓰인다. 경제사정이 나빠져서 무엇인가를 판다는 것이다. 동일한 형태를 네 번 반복하는 것은 앞으로 다룰 네 가지 경제적 상황, 즉 파산에 이르는 네 단계를 설명하는 것이지만, 일종의 점층적 효과를 갖는다. 경제사정이 갈수록 악화되는 것이다. 생활이 어려워지자 빚을 지고, 그 빚을 갚기 위해 처음에는 땅 일부를 팔고, 그다음에는 땅 전체를 팔고, 그다음에는 자신을 팔고, 그리고 나중에는 외국인에게 팔리는 경우이다. 이렇게 하면서 그 사람들은 스스

---

78) 레빈은 무크가 마카크(망하다, 붕괴하다)와 관련이 있다고 생각한다. Baruch A. Levine, Leviticus. The JPS Torah Commentary(Philadelphia: The Jewish Publication Society, 1989), 175. 그러나 밀그롬은 무크를 원형으로 본다. Jacob Milgrom, Leviticus 23－27. AB(New York: Doubleday, 2001), 2193. 둘 다 의미에서는 큰 차이가 없다.

로는 회복이 불가능한 파산상태에 빠진다.

그런데 왜 이런 일이 발생하는가? 그 책임을 누가 져야 하는가? 경제적인 이유로 인해서 정상적인 삶을 누리지 못하고 파산하는 것은 개인적인 책임도 있지만, 사회적인 이유도 있고, 또 사회적인 문제를 야기하기 때문에, 공동체가 그 문제를 함께 책임져야 한다.[79]

구약성서도 개인회생에 대해 공동책임을 강조한다. 하나님은 그들이 빚을 지고 파산하는 것을 원치 않았다. 그래서 그들이 회생할 수 있도록 다양한 방법을 제도적으로 마련했다. 앞으로 살펴보겠지만, 느헤미야도 경제문제를 개인적인 차원에 국한하지 않고, 사회적인 문제로 규정하고, 사회적인 차원에서 대책을 강구하고 시행한다.

---

[79] "그러나 IMF 이후 소비금융시장이 확대되면서 상황은 달라졌다. 늘어나는 채무자 문제는 이제 더 이상 개인의 책임으로만 돌릴 수 없고 개인도 기업처럼 법적으로 도산상태에 빠진 것에 대해 보호를 받아야 한다는 인식이 생겨난 것이다. 이른바 개인파산시대가 도래한 것이다. …… 즉 개인파산제도는 개인채무에 대한 공적 책임의 문제와 함께 대두된 것이다." 박준오, 도덕적이진 않지만 합법적인 개인파산신청법 - 은행과 카드사의 돈을 합법적으로 떼먹을 수 있는 26가지 방법(서울: 이지북, 2005), 30f. "즉 채무자 문제는 단순히 사적인 문제로만 도외시할 수 없는, 사회적 책임영역의 하나로 보아야 할 필요성도 분명히 존재한다고 할 수 있다." ibid., 143. "파산과 면책이 아니고서는 도저히 경제적 사회적 재기가 불가능한 사람에게서 인간적 삶을 보장 받기 위한 마지막 수단마저 박탈할 수는 없는 것이다." ibid., 144.

이 논문에서는 고대 이스라엘 사람들이 어떤 과정을 거쳐 파산
(破産)[80])에 이르는지를 단계별로 살피고,[81]) 고대 이스라엘 사회가
그들을 회생시키기 위해 어떤 조치를 취하려 했는지를 레위기 25
장[82])을 중심으로 살펴보려고 한다.

Ⅰ. 첫 번째 상황(25 – 28절)

상황 : 만일 네 형제[83])가 가난하여 그의 기업 중에서 얼마를 팔았
    으면

대책1 : 그에게 가까운[84]) 기업 무를 자가 와서 그의 형제가 판

---

80) 개인파산제도는 "채무자가 모든 수단과 방법을 동원하더라도 현재의
    채무를 변제할 만한 능력이 없다고 판단될 때 법원에 파산신청을 하
    여 파산자임을 선고받고, 파산절차의 종료와 함께 면책결정을 받아 채
    무를 완전히 면제받는 것이다." 박준오, 52.

81) 밀그롬은 가난을 1단계(25 – 28절), 2단계(35 – 38절), 3단계(39 – 43절)
    로 나눈다. Jacob Milgrom, Leviticus – A Book of Ritual and Ethics.
    A Continental Commentary(Minneapolis: Fortress Press, 2004), 299.
    그러나 이스라엘 백성이 이방인에게 팔리는 것은 동족에게 팔리는 것
    보다 더 수치스러운 일이었을 것이기 때문에, 경제상황이 더 좋지 않
    은 것으로 보아서, 그것을 가난의 넷째 단계로 보는 것이 좋겠다.

82) 레위기 25장의 법규제정 목적은 채무자들이 완전히 몰락하는 것을 막
    기 위해서이다. G. J. Wenham, The Book of Leviticus, 317.
    Milgrom. Leviticus, 302.

83) 이것은 혈연관계, 즉 친척 범위를 넘어서서 온 이스라엘 백성을 지칭
    한다.

것을 무를 것이요

대책2 : 만일 그것을 무를 사람이 없고 자기가 부유하게 되어 무를 힘이 있으면 그 판 해를 계수하여 그 남은 값을 산 자에게 주고 자기의 소유지로 돌릴 것이니라

대책3 : 그러나 자기가 무를 힘이 없으면 그 판 것이 희년에 이르기까지 산 자의 손에 있다가 희년에 이르러 돌아올지니 그것이 곧 그의 기업으로 돌아갈 것이니라

이것은 어떤 사람이 경제상황이 나빠져서 빚을 졌는데, 그것을 갚을 수 없을 때, 자신이 소유한 땅을 일부 팔아서 그것으로 빚을 갚는 경우이다.[85] 그 땅은 그들에게 영구히 주어진 것이기 때문에, 경제적인 이유로 다른 사람에게 팔았다고 해도 어떤 방법으로든 원 주인에게 되돌려주어야 했는데,[86] 제일 좋은 방법은 고엘이 땅을 다시 사주는 것이다. 그러나 그런 경우가 많지 않았을 것이다. 고엘 제도에 관한 구체적인 언급은 룻기와 예레미야서에서 찾아볼 수 있

---

84) "가까운 친척"을 의미하는 것으로 보인다. Levine, op. cit. 가까운 친척일수록 책임이 더 크다. Wenham, op. cit., 320.

85) 밀그롬은 가난한 농부가 씨앗을 사기 위해 결국 빚을 냈는데, 농사를 제대로 짓지 못해서 빚졌을 때, 진 빚을 갚고 새 씨앗을 사기 위해 소유한 땅을 일부 파는 것으로 생각한다. Milgrom, Leviticus, 299. Milgrom, Leviticus 23 – 27, 2193.

86) Lester L. Grabbe, Leviticus. Old Testament Guides(Sheffield: Sheffield Academic Press, 1993, 1997), 95. 그래서 땅을 파는 것은 "장기간 임대"(long – term lease)로 여겼다. Lloyd R. Bailey, Leviticus. Knox Preaching Guides(Atlanta: John Knox Press, 1987), 93.

는데, 여기서는 예레미야서 본문을 읽어 보자.

6 예레미야가 이르되 여호와의 말씀이 내게 임하였느니라 이르시
기를 7 보라 네 숙부 살룸의 아들 하나멜이 네게 와서 말하기를
너는 아나돗에 있는 내 밭을 사라 이 기업을 무를 권리가 네게 있
느니라 하리라 하시더니 8 여호와의 말씀과 같이 나의 숙부의 아
들 하나멜이 시위대 뜰 안 나에게 와서 이르되 청하노니 너는 베
냐민 땅 아나돗에 있는 나의 밭을 사라 기업의 상속권이 네게 있
고 무를 권리가 네게 있으니 너를 위하여 사라 하는지라[87] 내가

---

87) 할러데이는 당시 하나멜이 어떤 상황이었는지 알기 어렵다고 말한다.
William L. Holladay, Jeremiah 2. Hermeneia - A Critical and Historical
Commentary on the Bible(Minneapolis: Fortress Press, 1989), 213. 그러
나 니콜슨은 하나멜이 빚 때문에 경제적으로 어려움을 겪고 있었을 것
으로 생각한다. E. W. Nicholson, Jeremiah 26 - 52. The Cambridge
Bible Commentary(London: Cambridge University Press, 1975), 76. 에
레미야가 하나멜에게 가장 가까운 친척이었기 때문에 하나멜이 찾아온
것인지, 아니면 더 가까운 친척이 고엘역할을 거부했기 때문에 그다음
순서인 에레미야에게 온 것인지는 알 수 없다. 어쨌든 예레미야가 하나
멜의 채무를 감당하고, 하나멜을 빚에서 벗어나게 했다는 것이 중요하
다. John Bright, Jeremiah. AB(Garden City, New York: Doubleday &
Company, Inc., 1965), 239. 앞날을 알지 못하는 혼란스러운 상황에서
고엘역할을 감당한다는 것은 쉬운 일이 아니다. J. A. Thompson, The
Book of Jeremiah. NICOT(Grand Rapids, Michigan: William B.
Eerdmans Publishig Company, 1980, 1985), 588. 예레미야는 이 일을
확대해서 하나님이 유다를 구원하고 회복시키는 징표로 제시한다. R. E.
Clements, Jeremiah. Interpretation - A Bible Commentary for Teaching and
Preaching(Atlanta: John Knox Press, 1988), 194. 바벨론 군대가 마지막 공
격을 하는 상황에서 이것은 미래에 대한 강력한 희망의 선포였다. Thompson,
589. Robert P.Carroll, Jeremiah - A Commentary. OTL(Philadelphia: The

이것이 여호와의 말씀인 줄 알았으므로 9 내 숙부의 아들 하나멜의 아나돗에 있는 밭을 사는데 은 십칠 세겔을 달아 주되 10 증서를 써서 봉인하고 증인을 세우고 은을 저울에 달아 주고 11 법과 규례대로 봉인하고 봉인하지 아니한 매매 증서를 내가 가지고 12 나의 숙부의 아들 하나멜과 매매 증서에 인 친 증인 앞과 시위대 뜰에 앉아 있는 유다 모든 사람 앞에서 그 매매 증서를 마세야의 손자 네리야의 아들 바룩에게 부치며 13 그들의 앞에서 바룩에게 명령하여 이르되 14 만군의 여호와 이스라엘의 하나님께서 이와 같이 말씀하시기를 너는 이 증서 곧 봉인하고 봉인하지 않은 매매 증서를 가지고 토기에 담아 오랫동안 보존하게 하라 15 만군의 여호와 이스라엘의 하나님께서 이와 같이 말씀하시니라 사람이 이 땅에서 집과 밭과 포도원을 다시 사게 되리라 하셨다 하니라(예레미야서 32장 6-15절)

우리는 이 본문을 읽으면서, 고엘제도가 어떻게 시행되었는지를 확인할 수 있었다. 하지만 룻기에서 보듯, 고엘제도가 자동적으로 시행되지는 않았다. 고엘이 경제적 손해를 감수하면서까지[88] 고엘 의무를 자발적으로 수행하려고 하지 않았을 것이기 때문이다. 경제적으로 어려움에 처한 사람이 고엘제도를 통해서 회생할 수 있기 위해서는, 나오미가 적극적으로 나서서 보아스로 하여금 고엘제도를

Westminster Press, 1986), 623.

88) 고엘이 가까운 친척의 땅을 대신 살 경우, 그는 그 땅을 소유할 수 없다. 그는 자신의 돈으로 그 땅을 사서 그것을 원주인에게 돌려주어야 한다. Levine, op. cit. Gerhard von Rad, Das dritte Buch Mose, Leviticus, tr. J. E. Anderson, Leviticus-A Commentary(London: SCM Press, 1965, 1977), 189.

작동케 했듯이, 먼저 본인들이 강한 의지를 갖고 그 제도가 실행되게 해야 했다. 게다가 고엘제도가 실제로 효력이 있었는지는 단언하기 어렵다. 고엘이 도와주지 않는다면, 그다음 방법은 자기 스스로 돈을 모아서 땅을 되사는 방법이다. 쉬운 일은 아니었겠지만, 그래도 아직 남은 땅이 있기 때문에 열심히 노력하면 불가능한 일만은 아니었을 것이다. 그러나 그리 쉽지는 않은 일이었을 것이다. 이것도 불가능하다면, 희년까지 기다리는 수밖에 없다. 이렇게 보면, 희년은 고엘도 없고, 스스로 땅을 되살 수도 없는 사람들을 위한 회생방법이었다.

그런데 25-28절이 언급하는 상황은 아직 어떤 가능성이 있는 경우이다. 남은 땅을 경작해서 수입을 낼 수 있기 때문이다. 하지만 그렇다고 해도 땅을 온전히 소유할 때에도 빚을 졌는데, 땅을 일부 팔아서 부채를 상환한 상황, 즉 다른 요인이 아니더라도 소출이 줄어들 수밖에 없는 상황에서, 빚을 갚기 위해 남에게 판 땅을 되살 만한 돈을 마련한다는 것은 여간 어려운 일이 아니었을 것이다. 그렇기 때문에 오히려 땅의 일부를 판 이후에 경제상황이 더 악화될 것은 명약관화한 일이다.

Ⅱ. 두 번째 상황(35 – 38절)

우리가 예상한 대로, 땅을 일부 판 이후 경제사정이 더 어려워져서[89] 빚을 더 질 수밖에 없는 상황이 되었다.[90] 그래서 땅을 모두 팔고, 소작농으로 그 땅을 경작해야 한다.[91] 이런 경우를 언급하면서 거기에 어떻게 대처해야 하는지를 일러주는 35 – 38절을 읽어 보자.

상황 : 네 형제가 가난하게 되어 빈손으로[92] 네 곁에 있거든[93]

대책 : 너는 그를 도와 거류민이나 동거인[94]처럼 너와 함께 생활하게 하되

대책 : 너는 그에게 이자를 받지 말고 네 하나님을 경외하여 네 형제로 너와 함께 생활하게 할 것인즉 너는 그에게 이자를 위하여 돈을 꾸어 주지 말고 이익을 위하여 네 양식을 꾸

---

89) Levine, op. cit., 178.
90) 빚을 내는 때는 씨앗 뿌리는 때일 텐데, 나중에 곡식을 거둬서 빚을 갚으려고 하기 때문이다. Levine, op. cit., 178. Milgrom, Leviticus, 300.
91) Samuel E. Balentine, Leviticus. Interpretation – A Bible Commentary for Teaching and Preaching(Louisvilee: John Knox Press, 2002), 196. Milgrom, Leviticus, 300. Milgrom, Leviticus 23 – 27, 2204f.
92) 이것은 재정적인 능력을 상실한 상태, 즉 파산(bankruptcy)을 의미한다. Milgrom, Leviticus 23 – 27, 2205.
93) 이것은 남의 수하에 들어가는 것을 의미한다. Milgrom, Leviticus 23 – 27, 2205.
94) 밀그롬은 이 구절을 "거류 외국인"(a resident alien)으로 번역한다. Milgrom, Leviticus 23 – 27, 2206f.

어 주지 말라

근거 : 나는 너희의 하나님이 되며 또 가나안 땅을 너희에게 주려
　　　고 애굽 땅에서 너희를 인도하여 낸 너희의 하나님 여호와
　　　이니라

여기서 보는 대로, 채권자나 땅을 구매한 사람은 땅을 판 사람을
소작농으로 받아들인다. 땅 소유권은 다른 사람에게 넘어갔지만, 그
는 그 땅을 경작하면서, 새 땅주인에게 세경을 바친다. 그러면 생계
는 유지할 수 있었을 것이다. 이렇게 해서 일단 문제가 해결된 듯
하다.

그런데 문제는 거기서 끝나지 않는다. 그 사람은 농사를 망쳐서
세경을 내기는커녕 먹고 살기도 힘들어서 다시 돈이나 양식을 빌려
야 하는 상황에 처한다. 이럴 경우, 즉 소작인이 생계를 위해서 돈
이나 양식을 빌려야 하는 경우, 돈이나 양식을 빌려준 사람은 소작
인에게서 이자를 받지 말라고 한다. 그렇게 함으로써 소작인들의 경
제적 부담을 덜어주게 한다.

이 경우를 좀 더 자세하게 살펴보면, 그 사람이 빚을 갚기 위해
땅을 다 팔았는데, 그 이후로 생계를 유지하기 위해 다시 빚을 져
야 하는 상황이 발생한 것으로 보인다. 이제는 정말 대책이 없는
상황이다. 그 빚을 갚기 위해 팔아야 할 땅도 없고, 먹고 살기도 막

막하기 때문이다.[95] 이럴 때에는 돈과 양식을 빌려 주기가 쉬운 일이 아닌데, 그래도 그 사람이 살 수 있도록 돈과 양식을 빌려 주어야 한다는 것이다.[96] 그리고 이자를 철저히 금함으로써, 그 사람이 경제적인 회생 가능성을 조금이라도 갖게 했다.[97] 이것은 매우 중요한 의미를 갖는다. 물론 이자금지규정이 비교적 경제구조가 단순한 고대 이스라엘의 농경사회를 배경으로 하지만,[98] 그것이 지향하

---

95) 여기에는 고엘에 관한 언급이 없는데, 이것은 소유한 땅을 모두 팔아야 할 정도로 경제상황이 악화되어서 고엘이 감당할 수 있는 범위를 넘어서기 때문일 것으로 보인다. 이것은 세 번째 경우에도 마찬가지이다. 네 번째 경우, 즉 이방인에게 팔리는 경우에는 고엘이 등장하는데, 이것은 동족이 이방인에게 팔린 것을 방치하는 것이 수치이기 때문에, 어렵더라도 반드시 속량해야 한다고 생각했기 때문일 것이다. 밀그롬은 이방인에게 팔리는 것은 포로로 붙잡힌 것으로 여겨졌다고 말한다. Milgrom, Leviticus 23–27, 2235.

96) 그래야 생계문제도 해결하고, 다음 농사를 위해서 씨앗을 구입할 수도 있기 때문이다. Wenham. op. cit., 322.

97) "이스라엘 백성은 모두 한 형제요 한 가족이기에 생존을 위해 돈을 빌리는 경우, 그것을 기회로 자신의 재산을 축적하지 말라는 것이다. 가족의 아픔을 함께 나누는 가족의 정을 표시하기를 원하는 규정이다." 정중호, 레위기–만남과 나눔의 장(서울: 한들출판사, 1999), 402. 그리고 이자금지를 특별히 강조하는 것은 당시 고대근동에서 이자가 엄청나게 고율(20–50퍼센트)이었기 때문이기도 하다. Gerhard von Rad, Das fünfte Buch Mose: Deuteronomium, tr. Dorothea Barton, Deuteronomy–A Commentary(London: SCM Press Ltd., 1966, 1979), 148. 더 자세하게 말하면, 돈을 빌렸을 경우 이자율은 20–25%였고, 곡식일 경우 33⅓–50%에 달했다. Jeffrey H. Tigay, Deuteronomy. The JPS Torah Commentary(Philadelphia: The Jewish Publication Society, 1996), 217.

98) Tigay, Deuteronomy, 217.

는 바는 우리가 사는 자본주의사회에서 충분히 고려해 보아야 할 방법이다.

36절은 이자금지와 하나님경외를 병치한다. 그만큼 이자금지를 중요하게 여긴 것이다. 그리고 37절 역시 이자를 금지하는데, 문장 구조적으로도 이자금지를 강조한다.

<u>에트-카스페카 로-팃텐</u> 로 베네쉐크 우베마르비트 <u>로-팃텐 오클레카</u>
　　a　　　　b　　　　c　　　　c'　　　　b'　　　　a'

여기서 보는 대로, 이자에 관한 단어들(네쉐크, 마르비트)을 문장 중간에 배치한다. 이것은 그것을 그만큼 강조하는 것이다. 돈이나 양식을 빌려 주어도 이자를 받지 말고, 이득을 얻기 위해서 돈이나 양식을 빌려 주지 말라는 것이다. 그러니까 돈이나 먹을 것을 빌려 주고 그것으로 이득을 얻을 생각을 하지 말라는 것이다. 이자를 금지하는 조항은 신명기에도 나타난다.

<u>네가 형제에게 꾸어주거든 이자를 받지 말지니 곧 돈의 이자, 식물의 이자, 이자를 낼 만한 모든 것의 이자를 받지 말 것이니라 타국인[99]에게 네가 꾸어주면 이자를 받아도 되거니와 네 형제에게 꾸</u>

---

99) 당시 이스라엘 사람들은 거의 농부들이었고, 이스라엘에 들어온 타국인들은 대체로 가나안 사람들로서 상인들이었기 때문에, 금전거래 역시 상업적으로 이루어졌을 것이다. 그래서 그들에게서 이자를 받는 것은 당연한 일로 여겼다. von Rad, Deuteronomium, 148. 고대 이스라

어주거든 이자를 받지 말라 그리하면 네 하나님 여호와께서 네가
들어가서 차지할 땅에서 네 손으로 하는 범사에 복을 내리시리라
(신명기 23장 19-20절)

하나님은 이스라엘 백성들이 동족들에게 어떤 종류의 이자도 받
지 말라고 말씀하신다. 그리고 신명기는 어떤 사람이 돈을 빌려달라
고 할 때, 즉 물건을 담보하고 돈을 빌려줄 때에 어떻게 해야 할
것인지도 규정한다.

네 이웃에게 무엇을 꾸어줄 때에 너는 그의 집에 들어가서 전당물
을 취하지 말고 너는 밖에 서 있고 네게 꾸는 자가 전당물을 밖으
로 가지고 나와서 네게 줄 것이며[100] 그가 가난한 자이면 너는 그
의 전당물을 가지고 자지 말고 해 질 때에 그 전당물을 반드시 그
에게 돌려줄 것이라 그리하면 그가 그 옷을 입고 자며 너를 위하
여 축복하리니 그 일이 네 하나님 여호와 앞에서 네 공의로움이
되리라(신명기 24장 10-13절)

엘 사회에서 이자금지는 생계차원에서 이루어졌다. 즉 생계를 유지하
지 못하고 몸을 팔 수밖에 없는 상황에 처한 사람을 도우려는 것이기
때문에 이자를 받아서는 안 된다. 그러나 상업적인 금융거래에서는 이
자 받는 것을 금하지 않는다. S. R. Driver, A Critical and Exegetical
Commentary on Deuteronomy(Edinburgh: T&T Clark, 1978), 267. 외
국인들, 즉 상인들이 돈을 빌리는 까닭은 사업에 돈을 더 많이 투자해
서 이윤을 더 많이 내려고 하기 때문이다. 이런 경우에는 경제적 이윤
을 얻기 위한 투자이기 때문에 이자를 당연히 받아야 한다. Tigay,
Deuteronomy, 217.
100) 채권자가 전당물을 선택하는 것이 아니고, 채무자가 선택한다. Driver,
    Deuteronomy, 175.

하나님은 경제적으로 어려워서 할 수 없이 빚을 지는 사람에게 돈이나 양식을 빌려줄 때, 그를 인격적으로 대하고 모욕감을 느끼지 않도록 배려할 것을 명령한다.[101] 그리고 전당물을 취할 경우, 저녁에 반드시 돌려주라고 함으로써, 전당잡는 행위를 형식적인 통과절차로 그치게 한다. 그러니까 돈이나 양식을 빌려 주는 사람은 전당잡을 수 없고 이자도 받지 못하기 때문에, 여러 가지로 손해를 본다. 그렇게 하면서까지 돈이나 양식을 빌려 주라는 것은 이때 돈이나 양식을 빌려 주는 것이 경제적인 이득을 얻기 위함이 아니고, 어려움에 처한 동족을 회생시키기 위한 방편이었기 때문이다. 이런 목적으로 돈을 빌려 주기 때문에, 이자를 받는 것은 매우 파렴치한 행동이었다.

느헤미야는 앞에서 살펴본 5장 1-5절 상황에 직면해서 즉각 사람들을 불러 모으고 대책을 강구하는데,[102] 이 고리대금이 심각한

---

101) Tigay, Deuteronomy, 225. 이것은 채권자가 채무자의 동의 없이 강제적으로 전당물을 가져갈 수 없음을 의미한다.

102) 여기에 대해서 민경진은 이렇게 말한다. "자, 느헤미야에게 복병이 나타났다. 할 일은 많은데, 조금만 있으면 완성되는데, 백성들 중 일부가 못살겠다고 아우성이다. 어떻게 할 것인가? …… 느헤미야는 어떻게 했는가? 이 부르짖음을 그대로 전폭적으로 수용한다. 그리고 성벽 짓던 일을 모두 중단시키고 백성들을 한자리로 모은다. 백성들이 모이자 작심하고 가진 자들을 꾸짖는다 …… 느헤미야는 백성들의 부르짖음을 '가볍게' 생각하지 않았다." 민경진, 선구자들의 하나님 - 설교자를 위한 에스라 - 느헤미야 연구(서울: 한국성서학연구소, 2005), 138f.

사회문제임을 인식하고, 동족들에게 고리로 돈을 빌려 주는 것을 반민족적이며 반신앙적인 행위로 규정한다. 그래서 이자를 전혀 받지 않겠다는 서약을 공식적으로 하고, 그 서약을 어길 경우 저주를 받을 것이라고 경고한다.

내가 백성의 부르짖음과 이런 말을 듣고 크게 노하였으나 깊이 생각하고 귀족들과 민장들을 꾸짖어 그들에게 이르기를 <u>너희가 각기 형제에게 높은 이자를 취하는도다</u> 하고 대회를 열고 그들을 쳐서 그들에게 이르기를 우리는 이방인의 손에 팔린 우리 형제 유다 사람들을 우리의 힘을 다하여 도로 찾았거늘 너희는 너희 형제를 팔고자 하느냐 더구나 우리의 손에 팔리게 하겠느냐 하매 그들이 잠잠하여 말이 없기로 내가 또 이르기를 너희의 소행이 좋지 못하도다 우리의 대적 이방 사람의 비방을 생각하고 우리 하나님을 경외하는 가운데 행할 것이 아니냐 나와 내 형제와 종자들도 역시 돈과 양식을 백성에게 꾸어 주었거니와[103] <u>우리가 그 이자 받기를 그치자</u> 그런즉 너희는 그들에게 오늘이라도 그들의 밭과 포도원과 감람원과 집이며 너희가 꾸어 준 돈이나 양식이나 새 포도주나 기름의 백 분의 일[104]을 돌려보내라 하였더니 그들이 말하기를 우리

---

103) 느헤미야를 비롯해서 그 신복들도 백성들에게 돈과 양식을 꾸어주었다는 것은 당시 경제사정이 얼마나 어려웠는지를 알 수 있고, 유다 사회가 돈과 양식을 꿀 수밖에 없는 사람들과 꾸어줄 만큼 부유한 사람들로 양분되어 있었음을 짐작할 수 있다. 느헤미야와 그의 신복들은 돈과 양식을 꾸어주고 이자를 받지 않았으며, 그들이 빚을 갚지 못해도 종으로 삼지 않았다. Fensham, 194f.

104) 이것을 한 달 이자로 생각하면, 연 이자가 12%인데, 이것은 당시 이율에 비해 매우 낮다. 페르시아시대 최저 이율이 20%였다. Williamson,

가 당신의 말씀대로 행하여 돌려보내고 그들에게서 아무것도 요구하지 아니하리이다 하기로 내가 제사장들을 불러 그들에게 그 말대로 행하겠다고 맹세하게 하고 내가 옷자락을 털며 이르기를 이 말대로 행하지 아니하는 자는 모두 하나님이 또한 이와 같이 그 집과 산업에서 털어 버리실지니 그는 곧 이렇게 털려서 빈손이 될지로다 하매 회중이 다 아멘 하고 여호와를 찬송하고 백성들이 그 말한 대로 행하였느니라(느헤미야서 5장 6－13절)

여기서 보는 대로, 느헤미야 당시에 개혁추진을 위태롭게 할 만큼 백성들이 경제적으로 매우 어려운 상황에 처했는데, 느헤미야는 그 원인을 고리대금(高利貸金)으로 보았다. 고리대금은 형제계약을 파기하는 범죄일 뿐만 아니라,[105] 채무자를 다시는 일어설 수 없게 만드는 가혹한 행위이다. 이와 반대로, 이자를 받지 않는 것은 자신이 손해를 입더라도 형편이 어려운 사람을 도와서 회생하게 하려는 한 방편이다.

이자를 받으려고 돈을 꾸어주지 아니하며 뇌물을 받고 무죄한 자를 해하지 아니하는 자이니 이런 일을 행하는 자는 영원히 흔들리지 아니하리이다(시편 15편 5절)

이처럼 고대 이스라엘은 이자를 받지 않고 그 사람으로 하여금 회생할 가능성을 갖게 해주는 사람을 칭송했다. 에스겔도 이자 받는

---

op. cit., 240.
105) Myers, op. cit., 130.

것을 중한 죄로 규정했다.

> 네 가운데에 피를 흘리려고 뇌물을 받는 자도 있었으며 <u>네가 변돈과 이자를 받았으며</u> 이익을 탐하여 이웃을 속여 빼앗았으며 나를 잊어버렸도다 주 여호와의 말이니라(에스겔서 22장 12절)

이처럼 이스라엘이 전적으로 이자를 금하고 이자를 받는 것을 죄악시하는 것은 다른 나라들과 비교할 때 매우 독특한 규정이다.106)

Ⅲ. 세 번째 상황(39 – 46절)

그런데 이런 상황, 즉 돈이나 식량을 빌려서 생계를 유지할 상황에 이르면, 그 사람이 자력으로 회생할 가능성은 거의 없다고 해야 할 것이다. 생계유지를 위해 빚을 내는 판에, 그것을 투자해서 돈을 모을 수 없기 때문이다. 그래서 그다음 단계는 완전히 파산하는 경우인데, 땅을 다 팔고, 그리고 빚을 냈는데도 회생하지 못함으로써, 결국 채권자의 종으로 들어갈 수밖에 없는 상황이다.107) 앞에서 살펴보았지만, 고대 이스라엘에 사람들이 파산해서 남에게 종으로 팔

---

106) Wenham, op. cit., 322. 메소포타미아에서 이자를 받지 않고 돈을 빌려 주는 경우는 있었지만, 이자를 금지하는 경우는 없었다. Tigay, Deuteronomy, 217.
107) Milgrom, Levitcus, 301.

리는 경우들이 많았던 것으로 보인다.

풍족하던 자들은 양식을 위하여 품을 팔고(사무엘상 2장 5절)

이런 경우에는 스스로 회생할 수 있는 가능성이 전혀 없기 때문에 회생하기 위해서는 희년까지 기다리는 수밖에 없다.

상황 : 너와 함께 있는 네 형제가 가난하게 되어 네게 몸이 팔리거든
대책 : 너는 그를 종(에베드)으로 부리지 말고 품꾼(사키르)[108]이나 동거인과 같이 함께 있게 하여 희년까지 너를 섬기게 하라[109]
대책 : 그때에는 그와 그의 자녀가 함께 네게서 떠나 그의 가족과

---

108) 이 구절은 이스라엘 백성을 종으로 여기지 말고 고용한 일꾼으로 대우하라는 것인데, 이것을 명문화하는 것은 실상은 그렇지 않았기 때문일 것이다. 실상 그들의 신분은 품꾼이 아니고 종이었을 것이다.

109) 출애굽기 21장 1-6절과 신명기 15장 12-18절은 일하는 기간을 6년으로 정하고 7년째에 자유를 누리게 하는데, 이 구절은 희년까지 일하게 함으로써, 더욱 가혹하고, 자칫 평생을 종으로 일해야 할지도 모른다. Levine, op. cit., 179. 이 규정은 종들에게 오히려 불리하고, 문맥상 적합하지 않은 것으로 보인다. 폰라트는 이 규정이 원래는 종들을 학대하지 말라는 것이었는데, 희년을 언급하는 레위기 25장에 들어오면서 이 규정이 첨부된 것으로 본다. von Rad, op. cit., 192. 그러나 이와 반대로, 히브리인이 경제적인 이유로 다른 사람에게 몸을 팔았을 경우, 도중에 기회가 없어서 자유를 얻지 못했다고 해도, 최대한 희년까지만 종으로 일하라는 의미로 받아들일 수 있다.

그의 조상의 기업으로 돌아가게 하라

대책: 그들은 내가 애굽 땅에서 인도하여 낸 내 종들(아바다이)
이니 종(에베드)으로 팔지 말 것이라 너는 그를 엄하게 부
리지 말고[110] 네 하나님을 경외하라 네 종(아브데카)은 남
녀를 막론하고 네 사방 이방인 중에서 취할지니 남녀 종
(에베드)은 이런 자 중에서 사올 것이며 또 너희 중에 거
류하는 동거인들의 자녀 중에서도 너희가 사올 수 있고 또
그들이 너희와 함께 있어서 너희 땅에서 가정을 이룬 자들
중에서도 그리 할 수 있은즉 그들이 너희의 소유가 될지니
라 너희는 그들을 너희 후손에게 기업으로 주어 소유가 되
게 할 것이라 이방인 중에서는 너희가 영원한 종을 삼으려
니와 너희 동족 이스라엘 자손은 너희가 피차 엄하게 부리
지 말지니라

빚을 갚지 못하면, 채권자에게 종이 될 수밖에 없다는 것을 다음
구절에서 확인할 수 있다.

선지자의 제자들의 아내 중의 한 여인이 엘리사에게 부르짖어 이르
되 당신의 종 나의 남편이 이미 죽었는데 당신의 종이 여호와를 경
외한 줄은 당신이 아시는 바니이다 <u>이제 빚 준 사람이 와서 나의</u>

---

110) 이것은 강제노역을 시키지 말라는 것인데, 이스라엘 백성들이 애굽에
서 일하던 것(출 1:13f.)으로, 거의 고문(torture)에 해당하는 중노동이
다. von Rad, op. cit., 192.

두 아이를 데려가 그의 종을 삼고자 하나이다(열왕기하 4장 1절)

이렇게 경제적인 어려움으로 인해 채권자의 종이 되었을 때, 본
문은 그들을 혹독하게 다루지 말 것을 강조한다. 이것은 그럴 가능
성이 많기 때문일 것이다. 종들이 가혹하게 다루어졌을 것이라는 추
측은 출애굽기 21장에서도 나타난다.

사람이 매로 그 남종이나 여종을 쳐서 당장에 죽으면 반드시 형벌
을 받으려니와 그가 하루나 이틀을 연명하면 형벌을 면하리니 그는
상전의 재산임이라(21절)

이 구절은 당시 주인들이 종을 죽을 정도로 심하게 매질했음을
암시한다. 종들이 주인의 학대를 견디다 못해 도망치는 경우들도 있
었고, 제때에 품삯을 받지 못하는 경우들도 있었다.

종이 그의 주인을 피하여 내게로 도망하거든 너는 그의 주인에게
돌려주지 말고 그가 네 성읍 중에서 원하는 곳을 택하는 대로 너
와 함께 네 가운데에 거주하게 하고 그를 압제하지 말지니라(신명
기 23장 15 - 16절)[111]

---

111) 종을 주인의 재산으로 간주하던 때에 도망친 종 문제는 국가적인 골
칫거리였다(삼상 22:2). 이런 문제가 있음에도 불구하고 종을 주인에
게서 지키고 보호해서, 다시 종이 되지 않도록 하는 것은 매우 인도
적인 접근이다. von Rad, Deuteronomium, 147.

곤궁하고 빈한한 품꾼은 너희 형제든지 네 땅 성문 안에 우거하는 객이든지 그를 학대하지 말며[112] 그 품삯을 당일에 해 진 후까지 미루지 말라 이는 그가 가난하므로 그 품삯을 간절히 바람이라 그가 너를 여호와께 호소하지 않게 하라 그렇지 않으면 그것이 네게 죄가 될 것임이라(신명기 24장 14 – 15절)

내가 심판하러 너희에게 임할 것이라 점치는 자에게와 간음하는 자에게와 거짓 맹세하는 자에게와 품꾼의 삯에 대하여 억울하게 하며 과부와 고아를 압제하며 나그네를 억울하게 하며 나를 경외하지 아니하는 자들에게 속히 증언하리라 만군의 여호와가 말하였느니라 (말라기서 3장 5절)

고대 이스라엘에서 고용주나 주인이 품꾼이나 종을 학대하고 품삯을 제때에 제대로 주지 않을 경우, 품꾼들과 종들은 그것을 어디에 호소할 수 있었을까? 구체적인 방법이 없었던 것으로 보인다. 그저 하나님께 호소하고, 주인들이 하나님을 두려워해서 품삯을 제때에 제대로 주는 방법밖에 없었던 듯하다. 한국에 일하러 온 3세계 사람들이 어떤 대접을 받는지를 생각하면, 우리는 이 상황을 충분히 짐작할 수 있을 것이다.

그런데 출애굽기 21장을 보면, 히브리인 종을 샀을 경우, 6년 동안 일하게 하고, 7년째 되는 해에는 몸값을 물지 않고 나가 자유인

---

112) "학대하지 말라"는 것은 불법적인 행동을 하지 말라는 것이다. von Rad, Deuteronomium, 151.

이 되게 하라(2절)고 규정한다. 그러면 희년까지 기다리지 않고, 7년째 되는 해에 자유를 얻는 것이다. 신명기는 히브리인 종에게 자유를 줄 뿐만 아니라 살림밑천을 충분히 주라고 한다.

> 13 그를 놓아 자유하게 할 때에는 빈손으로 가게 하지 말고 14 네 양 무리 중에서와 타작마당에서와 포도주 틀에서 그에게 후히 줄지니 곧 네 하나님 여호와께서 네게 복을 주신 대로 그에게 줄지니라 15 너는 애굽 땅에서 종 되었던 것과 네 하나님 여호와께서 너를 속량하셨음을 기억하라 그것으로 말미암아 내가 오늘 이같이 네게 명령하노라(신명기 15장 13 - 15절).

그리고 히브리인 종을 자유케 하는 것을 기꺼운 마음으로 하라고 촉구한다.

> 그가 여섯 해 동안에 품꾼의 삯의 배나 받을 만큼 너를 섬겼은즉 너는 그를 놓아 자유하게 하기를 어렵게 여기지 말라 그리하면 네 하나님 여호와께서 네 범사에 네게 복을 주시리라(신명기 15장 18절)

이 구절에서도 당시 종들이 혹독한 대우를 받았음을 알 수 있다. 6년 동안 일했으면 7년째 되던 해에 자유롭게 해주라는 것은 6년 이상 종살이하는 것이 견뎌낼 수 없을 정도로 어려운 일이었기 때문인지 모른다.

그러나 종들이 자유를 얻는 데에는 여러 가지 단서들이 따른다.

만약 그가 종이 되기 이전에 독신이었다가 종이 된 이후에 결혼했다면, 혼자만 자유를 얻을 수 있다. 만약 가족 때문에 홀로 나가기를 원치 않으면, 종신토록 종이 될 서약을 해야 한다(3-6절). 이런 상황은 종이 자유를 얻는 게 쉽지 않았음을 입증해 준다. 실제로 이스라엘 고관대작들이 동족 노비들을 7년째 되는 해에 자유롭게 놓아주는 것은 예레미야 34장[113]에서만 볼 수 있다.

> 8 시드기야 왕이 예루살렘에 있는 모든 백성과 한가지로 하나님 앞에서 계약을 맺고 자유를 선포한 후에 여호와께로부터 말씀이 예레미야에게 임하니라 9 그 계약은 사람마다 각기 히브리 남녀 노비를 놓아 자유롭게 하고 그의 동족 유다인을 종으로 삼지 못하게 한 것이라 10 이 계약에 가담한 고관들과 모든 백성이 각기 노비를 자유롭게 하고 다시는 종을 삼지 말라 함을 듣고 순복하여 놓았더니 11 후에 그들의 뜻이 변하여 자유를 주었던 노비를 끌어다가 복종시켜 다시 노비로 삼았더라(예레미야서 34장 8-11절)

---

113) 여기에 대해서는, 이종록, 새 시대에 만나는 성경의 인물들(서울: 한국장로교출판사, 2002), 51-77, "2. 시드기야와 링컨"을 보라. 이 사건에서 중요한 것은 그들이 히브리인 노비를 해방시키겠다고 하나님과 계약을 맺었음에도 불구하고 그것을 깨뜨렸고, 그래서 하나님을 진노케 했다는 것이다. Holladay, Jeremiah 2, 243.

Ⅳ. 네 번째 상황(47 – 55절)

그런데 더 심각한 문제는 이스라엘 사람이 동족이 아닌 이방인에게 빚을 지고 그 빚을 감당하지 못해서 파산하고, 결국 그들에게 종으로 팔릴 수밖에 없는 상황이 되었을 때이다.

상황 : 만일 너와 함께 있는 거류민이나 동거인은 부유하게 되고 그와 함께 있는 네 형제는 가난하게 되므로 그가 너와 함께 있는 거류민이나 동거인 또는 거류민의 가족의 후손에게 팔리면

대책1 : 그가 팔린 후에 그에게는 속량 받을 권리가 있나니 그의 형제 중 하나가 그를 속량하거나 또는 그의 삼촌이나 그의 삼촌의 아들이 그를 속량하거나 그의 가족 중 그의 살붙이 중에서 그를 속량할 것이요

대책2 : 그가 부유하게 되면 스스로 속량하되

방식 : 자기 몸이 팔린 해로부터 희년까지를 그 산 자와 계산하여 그 연수를 따라서 그 몸의 값을 정할 때에 그 사람을 섬긴 날을 그 사람에게 고용된 날로 여길 것이라 만일 남은 해가 많으면 그 연수대로 팔린 값에서 속량하는 값을 그 사람에게 도로 주고 만일 희년까지 남은 해가 적으면 그 사람과 계산하여 그 연수대로 속량하는 그 값을 그에게 도로 줄지며[114] 주인은 그를 매년의 삯꾼과 같이 여기고 네 목

전에서 엄하게 부리지 말지니라

대책3 : 그가 이같이 속량되지 못하면 희년에 이르러는 그와 그의
자녀가 자유하리니

근거 : 이스라엘 자손은 나의 종들이 됨이라 그들은 내가 애굽 땅
에서 인도하여 낸 내 종이요 나는 너희의 하나님 여호와이
니라

여기서 보는 대로, 이스라엘 땅에서 사는 이방인들도 경제활동을
통해서 부유해질 수 있었고, 이스라엘 사람이 그들에게 빚을 지고
종으로 팔릴 수도 있었던 모양이다. 그럴 경우, 이것은 경제적으로
뿐만 아니라 신학적으로도 매우 심각한 문제를 야기한다. 하나님이
애굽에서 출애굽시킨 이스라엘 백성이 동족들에게 종으로 팔리는 것
도 문제인데, 이방인에게 종으로 팔린다는 것은 당사자뿐만 아니라
이스라엘 백성들에게 상당히 치욕스러운 일이었을 것이다. 그들을
고엘이 회생시켜야 하는데, 그렇지 못할 경우에는 자기 스스로 회생
할 수밖에 없다. 하지만 앞에서 살펴본 대로 이것은 거의 불가능한
것으로 보인다. 그럴 때는 희년까지 기다리는 수밖에 없다. 희년에
그들에게 자유를 주어야 하는 근거는 그들이 하나님의 종, 하나님의
품꾼이기 때문이다. 이것은 이스라엘 땅에 거주하는 이방인들도 이
스라엘 백성들과 동일한 법적용을 받는다는 사실을 보여준다.

---

114) 이 구절들이 말하려는 것은 몸을 판 사람이 자유를 얻으려고 할 때
지불하는 금액이 자신을 팔 때의 금액보다 낮아야 한다는 것이다.
von Rad, Deuteronomium., 193.

나가는 글

고대 이스라엘에서 경제적인 어려움으로 인해 파산에 이르는 과
정을 단계적으로 언급하면서, 여러 가지 회생대책을 제시하는 레위
기 25장에서 우리에게 들려주는 중요한 한 가지는 이스라엘 백성들
이 모두 하나님의 종이라는 것이다. 레위기 25장은 이스라엘 모두
가 동일하게 그리고 동등하게 하나님의 종임을 강조한다. 이스라엘
백성들이 하나님의 종이라는 개념은 가난한 자들, 파산자들을 위한
개혁을 추진한 느헤미야에게서도 나타난다.

> 이들은 주께서 일찍이 큰 권능과 강한 손으로 구속하신 <u>주의 종들
> 이요</u> 주의 백성이니이다 주여 구하오니 귀를 기울이사 종의 기도와
> 주의 이름을 경외하기를 기뻐하는 종들의 기도를 들으시고 오늘 종
> 이 형통하여 이 사람들 앞에서 은혜를 입게 하옵소서 하였나니 그
> 때에 내가 왕의 술관원이 되었느니라(느헤미야서 1장 10-11절)

이스라엘이 하나님의 종이라는 것은 이스라엘이 하나님 소유라는
것이다. 이것은 매우 중요한 생각이다. 레위기는 이스라엘 땅이 하
나님의 것이라고 선언한다. 그리고 이스라엘 백성은 모두 하나님의
땅을 경작하는 종이라고 말한다. 그렇기 때문에 이스라엘 백성들은
동족들을 결코 종으로 부릴 수 없고, 땅도 제 마음대로 할 수 없다.
에스겔서에서도 제비를 뽑아 지파별로 땅을 재분배하는데, 왕이라
할지라도 원래 분배받은 땅 이상을 점유하지 못하도록 강력하게 규

정한다. 그래서 백성들이 땅을 잃고 이러 저리 살길을 찾아 헤매지 않게 하신다.

이스라엘 백성은 애굽에서 종살이하다가 해방되었지만, 완전히 자유로움을 누리지 못하고 오히려 하나님의 종이 된다. 그런데 모든 이스라엘 백성이 하나님의 종이라는 이 생각이 고대 이스라엘 사회에서 발생하는 경제적인 문제를 이스라엘식으로 처리하게 하는 중요한 요인이었다. 경제적으로 어려움을 당하는 자들을 도와서 다시 일어서게 하고, 파산자들을 회생시키기 위한 여러 가지 방법들은 모두 이 생각에 기초한다. 그러나 아쉽게도 이런 생각을 보다 확고하게 제도화하지 못해서 결국 파산자 회생제도는 유명무실했고, 선언적인 차원에 그쳤으며, 현실적으로 제 기능을 전혀 발휘할 수 없었다.

그렇기에 우리가 모두 하나님의 종이라는 생각에 근거해서, 경제적으로 어려움 당하는 이웃들을 돕고, 파산자들을 다시 일으켜 세우라는 하나님의 명령은 여전히 유효하다. 그것은 지금 레위기 25장을 읽는 우리에게 내리시는 하나님의 명령이다.

4. 십일조로 이루는 샬롬

− 신명기 26장 12−15절을 통해서 살펴보는 고대 이스라엘의 사회복지사상 −

I. 들어가는 말

대대적인 개혁을 일으켰던 히스기야와 요시야 시대[1]를 거치면서 형성된 신명기는 매우 혁신적인 성격을 보여준다. 그 가운데서도 신명기 12−26장을 '신명기 법전'(the Deuteronomic Code)이라고 하는데,[2] 여기에는 히스기야와 요시야가 개혁을 통해서 이루려고 했던 혁명적인 내용들이 담겨 있다.[3]

---

1) "이 개혁은 비단 종교개혁으로 그치는 것이 아니다. 종교개혁은 말할 것도 없고 사회개혁, 제도개혁, 의식개혁 등 이스라엘 사회를 총체적으로 바로잡으려는 개혁적인 조치였다." 왕대일, "신명기", 김영진 외, 구약성서개론−한국인을 위한 최신 연구(서울: 대한기독교서회, 2004), 321.

2) ibid., 301.

3) ibid., 321. "따라서 신명기의 핵심 부분인 12−26장은 그 배후에 오랜 역사를 갖고 있다. 그것은 므낫세의 반동기 동안에 예루살렘 성전에 보존되어 있다가 나중에 요시야 시대의 적절한 때에 '발견되었다.'" Bernhard W. Anderson, Understanding the Old Testament, 강성열·노항규 옮김, 구약성서이해(서울: 크리스찬 다이제스트, 1994, 1996), 446.

신명기 법전은 중앙성소에 대한 강력한 언급으로 시작하는데, 이것은 '중앙성소 제정'[4]이 히스기야와 요시야 개혁에서 얼마나 중요한 문제였는지를 보여준다.[5] 신명기 법전은 이스라엘 백성들이 그때까지 지방성소에 바쳤던 모든 예물들을 그 이후로는 중앙성소에만 바치도록 규정한다.

특히 드리는 예물들을 사회적으로 어려운 사람들과 함께 나누게 하는데, 여러 예물들 가운데서 십일조가 그런 역할을 담당했다. 이런 점에서 십일조는 고대 이스라엘 사회에서 사회복지를 실현하는 중요한 방편이었다.

신명기에서 십일조에 대해 이야기하는 본문은 12장, 14장, 그리고

---

4) 신명기에서 중앙성소에 대한 규정들은, 12장, 14:22 – 29, 15:19 – 23, 16장, 17:8 – 13, 18:1 – 8, 19:1 – 13, 26:12 – 15에 나온다.

5) "요시야 개혁의 한 특징을 특별히 주목할 필요가 있다. 열왕기하 23:8 – 9에 의하면 지방의 산당들이 파괴되자 유다의 성읍들에 있던 야훼의 제사장들은 일자리를 잃었다. 그러나 '산당의 제사장들은 예루살렘 야훼의 단에 올라가지 못하고 다만 그 형제 중에서 무교병을 먹었을 뿐이었더라'(9절)고 한다. 이미 히스기야의 개혁에 의해 예견되었던 바이지만 이 개혁의 가장 극적인 측면은 예배가 모든 유다 사람들을 위한 중앙 성소, 곧 예루살렘 성전으로 집중되었고 그곳에서 예배는 공식적인 제사장단에 의해 엄격하게 지켜질 수 있었다는 것이었다. 이런 식으로 이스라엘의 신앙은 이교의 방식과 관습들로부터 지켜질 수 있었다." Bernhard W. Anderson, Understanding the Old Testament, 443 – 444. 신명기 역사서는 지방성소, 즉 산당을 철폐한 왕을 가장 훌륭한 왕으로 평가한다. 악한 왕으로 평가받는 왕들 가운데 아하스와 므낫세를 제외하고는 아예 산당예배 자체를 언급하지 않는다. 산당철폐여부는 선한 왕들에 대한 기록에만 나온다. R. H. Lowery, The Reforming Kings – Cults and Society in First Temple Judah, JSOT 120(Sheffield: JSOT Press, 1991), 24.

26장인데, 신명기 14장과 26장은 12장과 달리 '셋째 해에 드리는 십일조'를 언급한다. 그런데 이것은 신명기 내에서도 특별한 규정일 뿐만 아니라, 구약성서 다른 곳에서는 찾아볼 수 없는 규정이라는 점에서 독특성을 갖는다.

이 연구에서는 '셋째 해에 드리는 십일조'를 통해서 고대 이스라엘 사람들이 과연 무엇을 어떻게 이루려고 했는지를 알아보려고 한다.

Ⅱ. 신명기 12장 – 중앙성소

신명기에서 십일조를 언급하는 첫 번째 본문은 신명기 12장인데, 신명기 12장은 신명기 법전이 시작하는 첫 번째 장이기도 하다. 신명기 12장은 다음과 같은 구조를 갖는다.

1.	12:1	서 언
2.	12:2 – 3	이방종교파기
3.	12:4 – 27	중앙성소
1)	12:4 – 7	중앙성소1
	4	서 언
	5, 6	중앙성소, 예물
	7	가족과 함께
2)	12:8 – 12	중앙성소2
	8 – 9	서 언
	10 – 11	중앙성소, 예물

여기서 보는 대로, 신명기 12장은 동일한 구조를 반복하는 것을 쉽게 알 수 있다. 우선 본문의 핵심주제인 '중앙성소'에 대한 규정을 3번 반복하며,[6] 이것을 중심으로 해서 다른 주제들을 반복해서 언급한다.

신명기는 이스라엘 백성들이 정착한 후에 하나님께 예물을 드릴 때에는 그 예물을 반드시 중앙성소로 가져가게 한다. 5-6절은 예물을 중앙성소로 가져가도록 규정하며, 그때 드릴 각종 예물(번제, 희생, 십일조, 거제, 서원제, 낙헌제, 우양의 처음 낳은 것) 목록을 명시한다(예물목록은 12장 11, 17, 26절에도 나온다).

오직 너희의 하나님 여호와께서 자기의 이름을 두시려고 너희 모든 지파 중에서 택하신 곳인 그 계실 곳(함마콤 아쉐르-이브하르 아

---

6) Gerhard von Rad, Das funfte Buch Mose: Deuteronomium, tr. Dorothea Barton, Deuteronomy - A Commentary, OTL(London: SCM Press Ltd., 1966, 1979), 89.

도나이 엘로헤켐 믹콜-쉬브테켐)으로 찾아 나아가서 너희의 번제
와 너희의 제물과 *너희의 십일조(마으세로테켐)*와 너희 손의 거제
와 너희의 서원제와 낙헌 예물과 너희 소와 양의 처음 난 것들을
너희는 그리로 가져다가 드리고

신명기 12장은 하나님께 제사드릴 곳을 한 곳 정하는 것7)에 초
점을 맞추고, 그것을 세 번이나 반복한다. 우리는 그곳을 '중앙성소'
라 칭하고, 각 지방에서 운영하는 지방성소, 즉 산당과 구분한다.
이 규정에 의하면, 이스라엘 사람들은 6절에서 제시하는 여러 가지
제물들을 그때까지는 각기 소견대로 드렸지만(8절), 앞으로는 반드
시 중앙성소에만 바쳐야 한다. 신명기 12장은 제사예물을 결코 지
방성소에 바치지 말 것을 분명하게 언급한다.

너는 삼가서 네게 보이는 아무 곳에서나 번제를 드리지 말고 오직
너희의 한 지파 중에 여호와께서 택하실 그곳에서 번제를 드리고
또 내가 네게 명령하는 모든 것을 거기서 행할지니라(13 - 14절)

이렇듯 신명기 12장은 중앙성소를 강조하면서, 그곳에서 가족들과
함께 제사를 드리고 성물을 먹으면서 그들과 함께 즐거워하라고 말
한다. 그런데 이것을 처음으로 언급하는 7절은 가족과 함께 즐거워하
라고 말하는데, 두 번째와 세 번째 부분은 그 대상을 점차 확대한다.

---

7) "너희의 하나님 여호와께서 …… 택하신 곳"이라는 구절은 신명기 12:5,
   14, 18, 26, 14:25, 15:20, 16:7, 15, 16, 17:8, 10, 18:6, 31:11, 여호수아
   9:27에 나온다. 이런 사실은 이 구절이 신명기적임을 보여준다.

즉 중앙성소에 관한 첫 번째 부분은 가족들만 언급하는데, 두 번째와 세 번째 부분은 가족뿐만 아니고 종들과 레위인들도 언급한다.

거기 곧 너희의 하나님 여호와 앞에서 먹고 너희의 하나님 여호와께서 너희의 손으로 수고한 일에 복 주심으로 말미암아 <u>너희와 너희의 가족</u>이 즐거워할지니라(7절)

<u>너희와 너희의 자녀와 노비</u>와 함께 너희는 하나님 여호와 앞에서 즐거워할 것이요 <u>네 성중에 있는 레위인</u>과도 그리할지니 레위인은 너희 중에 분깃이나 기업이 없음이니라(12절)

오직 네 하나님 여호와께서 택하실 곳에서 네 하나님 여호와 앞에서 <u>너는 네 자녀와 노비와 성중에 거주하는 레위인과 함께 그것을 먹고</u> 또 네 손으로 수고한 모든 일로 말미암아 네 하나님 여호와 앞에서 즐거워하되 너는 삼가 네 땅에서 거주하는 동안에 <u>레위인</u>을 저버리지 말지니라(18 - 19절).

여기서 보는 대로, 함께 먹고 즐거워해야 할 사람들이 뒤로 갈수록 늘어난다. 이것은 대단히 중요한 의미를 갖는다. 이것을 알아보기 위해서 먼저 구약성서에서 십일조의 명사형 (마아세르)이 쓰인 본문들을 찾아보자.

창세기   14:20[8]

---

8) "너희 대적을 네 손에 붙이신 지극히 높으신 하나님을 찬송할지로다 하

레위기	27:30, 31, 32[9]
민수기	18:21, 24, 26(3) 28[10]
신명기	12:6, 11, 17, 14:23, 28, 26:12(2)
역대하	31:5, 6(2), 12[11]
느헤미야	10:37,[12] 38(2), 12:44, 13:5, 12
아모스	4:4
에스겔	45:11, 14
말라기	3:8, 10

매 아브람이 그 얻은 것에서 십 분의 일을 멜기세덱에게 주었더라."

9) "그리고 그 땅의 십 분의 일 곧 그 땅의 곡식이나 나무의 열매는 그 십 분의 일은 여호와의 것이니 여호와의 성물이라 또 만일 어떤 사람이 그의 십일조를 무르려면 그것에 오분의 일을 더할 것이요 모든 소나 양의 십일조는 목자의 지팡이 아래로 통과하는 것의 열 번째의 것마다 여호와의 성물이 되리라."

10) "내가 이스라엘의 십일조를 레위 자손에게 기업으로 다 주어서 그들이 하는 일 곧 회막에서 하는 일을 갚나니"(21절). "너는 레위인에게 말하여 그에게 이르라 내가 이스라엘 자손에게 받아 너희에게 기업으로 준 십일조를 너희가 그들에게서 받을 때에 그 십일조의 십일조를 거제로 여호와께 드릴 것이라"(26절).

11) "또 예루살렘에 사는 백성들을 명령하여 제사장들과 레위 사람들 몫의 음식을 주어 그들에게 여호와의 율법을 힘쓰게 하라 하니라 왕의 명령이 내리자 곧 이스라엘 자손이 곡식과 포도주와 기름과 꿀과 밭의 모든 소산의 첫 열매를 풍성히 드렸고 또 모든 것의 십일조를 많이 가져왔으며"(4 - 5절).

12) "또 처음 익은 밀의 가루와 거제물과 각종 과목의 열매와 새 포도주와 기름을 제사장들에게로 가져다가 우리 하나님의 전의 여러 방에 두고 또 우리 산물의 십일조를 레위 사람들에게 주리라 하였나니 이 레위 사람들은 우리의 모든 성읍에서 산물의 십일조를 받는 자임이며"(10:37).

여기서 에스겔서는 중량단위에 대한 것이기 때문에 제외하면, 예물로서의 십일조에 대한 언급은 모두 30회인데, 신명기를 제외하고는 대개 성전에 종사하는 레위인들을 위한 성물이다.[13] 동사형(아사르)은 구약성서에서 모두 10번 쓰였는데(창세기 28:22(2),[14] 신명기 14:22(2), 26:12, 사무엘상 8:15, 17,[15] 느헤미야 10:38, 39[16])), 이 본문들도 십일조를 궁전 또는 성전종사자들을 위한 것으로 규정한다.

그러나 신명기 12장과 앞으로 살펴볼 14장과 26장은 레위인 뿐만 아니라 외국인, 고아, 그리고 과부도 포함시킨다. 이런 점에서

---

13) P문서는 D문서와는 달리 십일조를 외국인 노동자, 고아, 과부와 연결하지 않는다. J. Christian Wilson, "tithe", The Anchor Bible Dictionary 6, 579. 오경 가운데 신명기만이 십일조 제도를 강제하는데, 신명기 이외의 본문들은 십일조를 자발적으로 내게 한다. 그리고 십일조는 대개 성전이나 성전종사자들을 위해 쓰게 하는데, 신명기는 그것보다는 중앙성소에서 가족들과 함께 먹고, 또 같은 성읍에 거하는 가난한 자들에게 주게 한다. Jeffrey H. Tigay, Deuteronomy, The JPS Torah Commentary(Philadelphia: The Jewish Publication Society, 1996), 141. 신명기 혁명 당시 사람들은 십일조를 비롯한 예물들을 중앙성소에 가져가서 제물로 드리고 또 성전에 바치기도 했겠지만, 신명기는 헌물보다는 함께 먹고 즐기는 것을 더 강조한다. 신명기는 거둬들인 곡식으로 사람들을 먹임으로써 배곯는 사람이 없게 하는 데 중점을 두었다.

14) "내가 기둥으로 세운 이 돌이 하나님의 집이 될 것이요 하나님께서 내게 주신 모든 것에서 십 분의 일을 내가 반드시 하나님께 드리겠나이다(앗세르 아앗세렌누 라크) 하였더라."

15) "그가 또 너희의 곡식과 포도원 소산의 십일조를 거두어(야으소르) 자기의 관리와 신하에게 줄 것이며"

16) "레위 사람들이 십일조를 받을 때에는(바으세르) 아론의 자손 제사장 한 사람이 함께 있을 것이요 레위 사람들은 그 십일조의 십 분의 일(마아사르 함마아세르)을 가져다가 우리 하나님의 전 곳간의 여러 방에 두되"

신명기는 십일조의 용도를 사회적인 차원으로 확대해석하는 것을 알 수 있다.

그런데 신명기 12장은 그들이 함께 먹고 즐거워 할 곳은 하나님이 택하신 한 곳, 즉 중앙성소임을 명확하게 규정하기 때문에, 이럴 경우 문제가 발생한다. 모든 자녀와 노비, 그리고 성중에 거주하는 레위인들과 함께 중앙성소에서 먹고 즐거워하기 위해서는 그곳까지 모두 함께 가야 하는데, 과연 그렇게 했을까? 그것이 쉽지 않은 일이었다면, 당시 사람들은 이것을 어떻게 실행했을까? 신명기는 어떤 대안을 제시하는가? 여기에 대해서는 앞으로 신명기 14장과 26장을 통해 밝히려 한다.

중앙성소에 대한 규정은 15절 이후에도 나타나는데, 15절과 20절은 식용가축의 자유로운 도살(屠殺)을 허용한다. 이것은 예전에는 가축도살이 종교적인 행위로 인식되어서, 가축을 도살하려 할 때는 반드시 (지방성소) 제사장의 허락을 받아야 했음을 의미하며, (지방성소의) 강력한 통제를 받았음을 알 수 있다. 그러나 이제는 그것을 종교행위로 보지 않고, 신성시하지 않는다는 것이다.[17] 다만 피는 먹지 말도록 강력히 규정하며, 거룩한 제물이나 서원제물 등은 중앙성소에만 바치도록 엄격하게 규정한다. 이러한 조치는 지방성소와 그 지역민과의 관계에 있어 엄청난 변화를 초래케 하는 것이며, 지방성소의 통제로부터 백성들을 차단시키려는 의도로 여겨진다.

그리고 거리가 먼 곳에 사는 사람들을 위한 규정(21-25절)은 유

---

17) Gerhard von Rad, Das funfte Buch Mose: Deuteronomium, 93.

대 지역이 아닌 과거 북왕국 지역, 특히 먼 변방에 사는 사람들을 위한 것으로 보인다. 여기서 우리는 히스기야와 요시야에게서 나타나는 북왕국에 대한 사상을 엿볼 수 있다. 그들은 과거 이스라엘이 다윗과 솔로몬시대에 차지했던 영토를 회복하고, 남북이 다시 통일된 국가를 이루고자 하는 열망이 있었다(역대하 30장, 34장).

지금까지 살펴본 대로, 신명기 12장은 중앙성소에만 예물을 바치라는 구절을 계속해서 반복한다. 이것은 당시 개혁에 있어서 매우 중요한 문제였다. 예물을 어디에 바치느냐에 따라서, 누가 경제력을 장악하고 백성들에게 영향력을 미칠 수 있는지가 판가름 나기 때문이다. 그래서 히스기야와 요시야 당시의 개혁추진자들은, 백성들로 하여금 중앙성소에만 제물을 바치게 함으로써 중앙정부가 강력하게 백성들을 통솔할 수 있는 근거를 마련하지 않고서는 개혁을 효과적으로 추진할 수 없다는 결론을 내린 것으로 보인다.[18]

---

18) Jeffrey H. Tigay, Deuteronomy, 460. 중앙성소제도는 지방성소철폐를 의미하는 것이어서, 중앙성소파와 지방성소파는 치열하게 대립했던 것으로 보이고, 그 여파는 앗수르에게 유다 침공 빌미를 제공할 정도로 심각했다. 앗수르의 랍사게는 이렇게 말한다. "……너희는 내게 이르기를 우리는 우리 하나님 여호와를 의뢰하노라 하리라마는 히스기야가 그들의 산당들과 제단들을 제거하고 유다와 예루살렘 사람들에게 명령하기를 예루살렘 이 제단 앞에서만 예배하라 하지 아니하였느냐……"(열왕기하 18:22).

Ⅲ. 신명기 26장 - "십일조의 해"

우리는 지금까지 신명기 12장에 나타나는 중앙성소에 대해서 살펴보았는데, 여기에 비춰 보면 신명기 26:12 - 15는 상당히 독특한 본문이다. 신명기 26:12 - 15가 12장과 얼마나 다른지 확인해 보기 위해 먼저 본문을 읽어 보자.

> 12 셋째 해 곧 십일조를 드리는 해에 네 모든 소산의 십일조 내기를 마친 후에 그것을 레위인과 객과 고아와 과부에게 주어 네 성읍 안에서 먹고 배부르게 하라 13 그리할 때에 네 하나님 여호와 앞에 아뢰기를 내가 성물[19]을 내 집에서 내어 레위인과 객과 고아와 과부에게 주기를 주께서 내게 명령하신 명령대로 하였사오니 내가 주의 명령을 범하지도 아니하였고 잊지도 아니하였나이다 14 내가 애곡하는 날에 이 성물을 먹지 아니하였고 부정한 몸으로 이를 떼어두지 아니하였고 죽은 자를 위하여 이를 쓰지 아니하였고 내 하나님 여호와의 말씀을 청종하여 주께서 내게 명령하신 대로 다 행하였사오니 15 원하건대 주의 거룩한 처소 하늘에서 보시고 주의 백성 이스라엘에게 복을 주시며 우리 조상들에게 맹세하여 우리에게 주신 젖과 꿀이 흐르는 땅에 복을 내리소서 할지니라

신명기 12장은 '하나님이 택한 곳'을 강조하고, 성물을 결코 백성

---

19) 가난한 자들을 위한 십일조를 '성물'(학코데쉬)이라고 칭한 것을 보면, 구제를 위한 헌물도 성전이나 성전 종사자들을 위해서 바치는 헌물처럼 거룩하며, 그렇게 여겨야 한다는 것을 알 수 있다. Jeffrey H. Tigay, Deuteronomy, 243. 이것은 매우 중요한 인식이다.

들이 거하는 성에 쌓아두지 말라고 한다. 즉 지방성소를 부인하고 중앙성소만을 인정하며, 그때까지 지방성소에 바치던 모든 예물을 이후로는 반드시 중앙성소에만 바치도록 엄격히 규정한다. 그런데 신명기 26장은 '셋째 해 십일조'를 언급하면서, 이 십일조를 중앙성소로 가져오지 말고, 백성들이 거주하는 각 성에 모으고 그 예물을 자체적으로 사용하도록 규정한다. 이것은 자칫하면 신명기 개혁의 본질을 훼손시키고, 십일조와 예물들을 지방성소에 바치게 하는, 즉 개혁 이전 상황으로 돌아갈 수 있는 매우 위험한 조치이기도 하다.

그리고 셋째 해를 십일조 드리는 해, 즉 '십일조의 해'(쉐나트 함마아세르)로 규정하는 것 역시 의외성을 갖는다. 그 어느 곳에서도 셋째 해를 십일조 드리는 해로 규정하지 않기 때문이다. 또 십일조를 드리면서 하나님께 아뢰는 기도 역시 의외성을 갖는다. 십일조를 드리는 사람은 하나님께 자신이 이 십일조를 드리기 위해서 얼마나 애썼는지를 낱낱이 고백해야 한다.

그 십일조는 대상자들이 거주하는 성 안에 있는 레위인, 객, 고아, 과부를 위한 것이다. 우리는 본문을 읽으면서 이스라엘 사람들, 최소한 신명기 개혁을 추진하는 사람들은 십일조를 얼마나 중하게 여겼는지 알 수 있다. 그것은 하나님이 명령하신 것이다. 그리고 자신들이 그 명령을 준행하기 위해서 얼마나 애썼는지를 고백한다.

신명기 26장은 이스라엘 백성들이 곡식 걷이 한 다음 드리는 공식 예배에 대해 언급하는데, 첫 번째 부분은 모든 소산의 맏물을 거둔 후에 그 맏물을 하나님께 드리면서 출애굽 사건[20]을 고백하고, 어려운 사람들과 함께 기뻐하라는 명령이다(1-11절). 그런 말씀에 이어서 셋째 해 십일조 규정이 나온다(12-15절). 그리고 마지막 부분은 하나님 말씀을 지키라는 명령과 그에 따른 결과를 이야기한다(16-19절). 둘째 부분을 보면, 신명기 26장은 십일조를 셋째 해에 드리는 것으로 규정한다.

셋째 해 십일조 규정은 신명기 14장을 보면 좀 더 분명하게 알수 있다. 십일조에 대해서 언급하는 신명기 14장 22-29절도 12장과 동일한 구조를 갖는데, 먼저 본문을 읽어 보자.

> 22 너는 마땅히 매년 토지소산의 십일조를 드릴 것이며 23 네 하나님 여호와 앞 곧 여호와께서 그의 이름을 두시려고 택하신 곳에서 네 곡식과 포도주와 기름의 십일조[21]를 먹으며 또 네 소와 양의 처음 난 것을 먹고 네 하나님 여호와 경외하기를 항상 배울 것이니라 24 그러나 네 하나님 여호와께서 자기의 이름을 두시려고 택하신 곳이 네게서 너무 멀고 행로가 어려워서 네 하나님 여호와

---

20) "신명기 사가의 상상력에 불을 붙이고 경이로움을 느끼게 했던 출애굽 사건은 하나님에 대한 이스라엘의 지식의 원천, 언약 공동체의 토대, 언약의 의무들을 지켜야 할 동기를 제공해 주었다." Bernhard W. Anderson, Understanding the Old Testament, 427.

21) '십일조'는 땅에서 나는 곡식들에게만 해당되고, 가축들에게는 해당되지 않는다. 유일한 예외는 레위기 27:32("모든 소나 양의 십일조는 목자의 지팡이 아래로 통과하는 것의 열 번째의 것마다 여호와의 성물이 되리라.")이다. S. R. Driver, A Critical and Exegetical Commentary on Deuteronomy, The International Critical Commentary(Edinburgh: T&T Clark, 1978), 166. 소나 양은 그 맏물을 드리거나 정한 햇수에 따라 드린다.

께서 그 풍부히 주신 것을 가지고 갈 수 없거든 25 그것을 돈으로 바꾸어 그 돈을 싸가지고 네 하나님 여호와께서 택하신 곳으로 가서 26 *네 마음에 원하는 모든 것을 그 돈으로 사되 소나 양이나 포도주나 독주 등 네 마음에 원하는 모든 것을 구하고 거기 네 하나님 여호와 앞에서 너와 네 권속이 함께 먹고 즐거워할 것이며* 27 네 성읍에 거주하는 레위인은 너희 중에 분깃이나 기업이 없는 자이니 또한 저버리지 말지니라 28 매 삼 년 끝에 그해 소산의 십분의 일을 다 내어 **네 성읍에 저축하여** 29 너희 중에 분깃이나 기업이 없는 레위인과 네 성중에 거류하는 객과 및 고아와 과부들이 와서 <u>먹고 배부르게 하라</u> 그리하면 네 하나님 여호와께서 네 손으로 하는 범사에 네게 복을 주시리라

신명기 14장은 여러 가지 예물들 가운데 십일조에 대해 집중적으로 언급하는데, 그 언급이 매우 상세하고 구체적이다. 그리고 얼핏 보아도 신명기 14장이 12장과 유사하다는 것을 알 수 있는데, 그 유사성을 보다 명확하게 드러내기 위해서 신명기 14장을 내용에 따라서 나누어 보자.

22 명　령
23 - 27 십일조와 중앙성소
23 기본 규정
24 - 26 거리가 멀 경우의 규정
27 레위인에 대한 배려
<u>28 - 29a 삼 년마다의 십일조 - 레위인과 가난한 자들에 대한 배려</u>
29b 결　어

여기 보면, 중앙성소에 대한 규정과 레위인에 대한 배려, 그리고 레위인과 가난한 자들을 위한 삼 년마다의 십일조에 대한 규정이 이어진다. 신명기 12장처럼 신명기 14장도 십일조 규례를 중앙성소에 대한 규례를 중심으로 반복하고, 가난한 자들에 대한 규례로 나아간다.

먼저 14장 22-23절은 매년 토지소산의 십일조를 정한 곳, 즉 중앙성소에서 드리도록 규정한다. 중앙성소에 십일조를 비롯한 예물들을 바치는 것은 앞에서 살펴본 것처럼 신명기 12장이 역설하는 것인데, 신명기 12장과 달리 신명기 14장은 여러 예물들 가운데서 십일조에 집중하고, 그리고 십일조를 매년 드리도록 명확하게 규정한다.

그런데 특이한 것은, 거리가 너무 멀어서 예물을 가지고 예루살렘까지 갈 수 없을 때는 돈을 가지고 정해진 곳, 즉 예루살렘에 가서 그곳에서 여러 가지 예물들을 구입하게 했다(24-26절)는 사실이다.[22] 중앙성소 제도를 강력하게 언급하는 12장은 이것을 전혀 다루지 않는다. 신명기 12장은 중앙성소에서 멀리 떨어진 곳에 사는 사람들이 가축을 식용으로 도살하는 것에 관한 규정을 첨가하지만, 중앙성소에서 멀리 떨어진 사람들이 십일조 예물을 중앙성소까지 가져갈 때 겪는 어려움에 대해서는 언급하지 않는다. 이것은 신명기 12장이 제시하는 규정을 실행하는 과정에서 생겨난 문제, 즉 거리가 먼 사람들이 예물을 갖고 예루살렘까지 올 때에 발생하는 문제에 대처하기 위한 것으로 보인다. 그렇다면 14장은 12장보다

---

22) 희생제의에 대한 이전 개념에 비추어 보면, 이것은 제의에 대한 놀라울 만한 현실화이다. Gerhard von Rad, Das funfte Buch Mose: Deuteronomium, 103.

후대에 기록되었고, 고대 이스라엘 사람들은 여러 가지 시행착오를 거치면서 십일조 규정을 다듬었음에 분명하다.

그리고 고대 이스라엘 사람들은 십일조를 비롯한 여러 예물들을 중앙성소로 가져간 다음 그곳에서 그들이 가지고 온 예물들을 함께 간 사람들과 같이 먹는다. 여기서는 제사도 언급하지만 함께 먹는 것을 더 강조한다. 즉 공동식사를 강조하는 것이다. 그러면서 하나님 경외를 배우라고 하신다.

그런데 특이한 것은 그 공동식사에 가족뿐만 아니라 다른 사람들도 초청해서 함께 식사하게 한다는 사실이다. 특히 예물 드리는 사람이 거하는 그 성 안에 사는 레위인을 보살피라고 강력하게 명령한다.

> 네 성읍에 거하는 레위인은 너희 중에 분깃이나 기업이 없는 자니
> 또한 저버리지 말지니라(로 타아제벤누)(신명기 14:27)

레위인들은 소유가 없기 때문에, 그들을 내버려두면 살아가기가 어렵다. 그렇기 때문에 결코 레위인들을 내버려두지 말라는 것이다. 레위인을 챙기는 것이 그들에게 주어진 중요한 책임이다. 그리고 신명기는 레위인 뿐만 아니라 객, 고아와 과부도 언급한다.

여기까지는 12장과 크게 다른 게 없다. 하지만 그다음은 셋째 해, 즉 십일조 해에 드리는 규정인데, 이것이 매우 독특하다. 신명기 12장은 언제 예물을 드려야 하는지, 매년 드려야 하는지 아닌지를 명확하게 언급하지 않는다. 그런데 14장은 십일조를 매년 드리도록 명령한다. 그리고 14장을 통해서 유추해 보면, 이스라엘 백성들은 매년

십일조를 비롯한 여러 예물들을 중앙성소에 드려야 하는데, 삼 년 째 되는 해는 그해 소산의 십일조를 정한 곳까지 가지고 가지 않고, 그들이 거주하는 성읍("네 성읍에") 저축해야 했다. 본문은 그렇게 저축한 것으로 레위인, 객, 고아, 과부들을 배불리 먹이라고 하신다.

> 매 삼 년 끝에 그해 소산의 십 분의 일을 다 내어 <u>네 성읍에 저축하여</u> 너희 중에 분깃이나 기업이 없는 레위인과 네 성중에 거류하는 객과 및 고아와 과부들이 와서 먹고 배부르게 하라 그리하면 네 하나님 여호와께서 네 손으로 하는 범사에 네게 복을 주시리라 (신명기 14:28 - 29)

"네 성중에", "네 성읍에"는 히브리어로 '비쉐아레카'[23]인데, 봉헌자가 거주하는 성을 강조하는 것이다. 셋째 해에 드릴 예물은 정해진 곳, 즉 중앙성소로 가져가지 않고, 그들이 거주하는 성 안에 저축해야 한다(웨힌나타).[24] 그리고 그것들을 가지고 어려운 사람들

---

23) 이것은 문을 의미하는 '샤아르'의 복수연계형에 2인칭 남성단수 소유격 접미어가 붙은 형태("너의 문들")이며, 샤아르의 복수형은 출애굽기 20:19, 열왕기상 8:37, 역대하 6:23을 제외하고는 신명기에서만 25회 쓰인 신명기적 어휘이다. S. R. Driver, A Critical and Exegetical Commentary on Deuteronomy, 144. Stephen K. Sherwood, Leviticus, Numbers, Deuteronomy, Berit Olam - Studies in Hebrew Narrative & Poetry(Collegeville, Minnesota: The Liturgical Press, 2002), 260.

24) '셋째 해 십일조'를 칠 년 주기에 적용하면, [첫째 해(중앙성소) - 둘째 해(중앙성소) - 셋째 해(거주 성읍) - 넷째 해(중앙성소) - 다섯째 해(중앙성소) - 여섯째 해(거주 성읍) - 일곱째 해(안식년, 휴식)]의 모양새를 갖는다. 그렇기 때문에 셋째 해 십일조는 매주기마다 셋째 해와 여섯

을 배불리 먹여야 한다. 이처럼 셋째 해에 거둬들인 모든 소득의 십 분의 일을 내어서 그것으로 성 안에 거하는 어려운 사람들을 배불리 먹이는 것이 무엇보다 중요하다.

신명기 12장과 14장, 그리고 26장을 비교해 보면, 12장은 중앙성소를 강조하고, 사람들이 모든 예물을 반드시 중앙성소로 가져 오도록 규정하는데, 14장과 26장은 12장에 나오는 규정들을 밑바탕삼고, 이보다 더 세부적인 사항에 대해 규정하는 것으로 보인다. 그렇다면, 12장에 나오는 규정들을 실행하면서 몇 가지 현실적인 문제점들이 발생했고, 14장과 26장은 이 문제를 해결하기 위해서 제정한 세부규정으로 보는 것이 좋겠다.[25] 거주하는 성읍에 사는 어려운 사람들을 돌보라는 규정을 제대로 실천하기 위해서 셋째 해 십일조에 대한 규정을 다시 제정한 것으로 보인다.

신명기 12장처럼 신명기 14장 십일조 규정도 중앙성소와 셋째 해 십일조 규정 사이에 레위인에 대해 언급한다. 그리고 26장도 중앙성소와 셋째 해 십일조 규정 사이에 레위인(과 객)에 대해 언급한다. 이 구절들에서 하나님은 레위인, 객, 고아와 과부들을 먹이고 그들을 배부르게 하라고 명령하신다. 그러면 하는 일마다 잘되게 해 주시겠다고 약속하신다. 그것은 바로 '샬롬'일 것이다. 그런데 샬롬을 이루기 위해서는 12장에서 말하는 대략적인 지침보다 더 구체적

째 해에 드리는 것이다.
25) Gerhard von Rad, Das funfte Buch Mose: Deuteronomium, 159 – 160.

인 실행방안이 필요했을 것이고, 그런 방안을 제시하기 위해 제정한 것이 바로 신명기 14장과 26장일 것이다.

그리고 신명기 26장 12-15절에 나오는 "예물 드리는 사람이 해야 할 기도", 그 가운데서도 14절을 보면 셋째 해에 드리는 십일조를 위해서 제정했을 듯한 규정들을 발견할 수 있다.

내가 애곡하는 날에 이 성물을 먹지 아니하였고(로-아칼티 베오니 밈멘누)26) 부정한 몸으로 이를 떼어두지 아니하였고(로-비아르티 밈멘누 베타메)27) 죽은 자를 위하여 이를 쓰지 아니하였고(로-나탓티 밈멘누 레메트)28) 내 하나님 여호와의 말씀을 청종하여 주께

---

26) 이 구절은 호세아 9:4("그들은 여호와께 포도주를 부어 드리지 못하며 여호와께서 기뻐하시는 바도 되지 못할 것이라 그들의 제물은 <u>애곡하는 자의 떡과 같아서</u>(켈레헴 오님 라헴) 그것을 먹는 자는 더러워지나니(콜-오켈라우 이탑마우) 그들의 떡은 자기의 먹기에만 소용될 뿐이라 여호와의 집에 드릴 것이 아님이니라.")에 비추어서 이해할 수 있겠다.
27) "그들에게 이르라 누구든지 네 자손 중에 대대로 그의 몸이 부정하면서도 이스라엘 자손이 구별하여 여호와께 드리는 성물에 가까이 하는 자는 내 앞에서 끊어지리라 나는 여호와니라."(레위기 22:3) 사람이 부정하게 되는 경우에 대해서는 레위기 22:4-9와 민수기 19:11-22를 보라.
28) 이것이 무엇을 의미하는지는 불분명하지만, 장례식에 참여하는 사람들이 먹는 음식이거나 죽은 자들을 위해서 바치는 음식을 가리키는 것으로 보인다. S. R. Driver, A Critical and Exegetical Commentary on Deuteronomy, 291-292. 고대에는 죽은 사람 무덤에 음식을 넣어주는 관습이 있었다. 죽은 사람 무덤에 음식을 넣어주는 것을 금하는 것이 아니고, 십일조 성물을 그런 용도로 사용하지 말라는 것이다. Jeffrey H. Tigay, Deuteronomy, 244, Robert Alter, The Five Books of Moses-A

서 내게 명령하신 대로 다 행하였사오니

예물 드리는 사람은 예물을 드리면서, 하나님께서 명령하신 것들을 다 준행했다고 하면서 몇 가지를 밝히는데, 그가 언급하는 것들을 정리하면 거기서 십일조에 대한 금지규정들을 찾아낼 수 있다.

① 애곡하는 날에 성물을 먹지 말아야 한다.
② 몸이 부정할 때는 성물에 손을 대지 말아야 한다.
③ 이 성물을 죽은 자를 위해서 사용하지 말아야 한다.

고대 이스라엘 사람들은 셋째 해 성물을 비축하면서 그것들이 조금도 부정해지지 않도록 최선을 다하게 하기 위해 이 규정들을 정했을 것이다. 이러한 사실은 어려운 형편에 처한 사람들을 위한 십일조를 얼마나 정결하게 유지해야 하는지를 보여준다. 온 사회가 그 성물을 정결하게 하기 위해서 최선을 다해야 하는 것이다. 이것은 가난하고 어려운 형편에 처한 사람들에 대해서 어떠한 마음자세를 가져야 하는지를 알려준다. 우리는 이 구절과 십일조 규정을 통해서 신명기가 지향하는 바가 무엇인지 알 수 있다.

그런데 앞에서 십일조 어휘가 나오는 구약성서 본문들을 살피면서 안 것이지만, 십일조를 통해서 어려운 사람들을 도우려는 것은 개혁적이고 전복적인 성향을 가진 신명기에서 강조하는 것이고, 구

Translation with Commentary(New York: W. W. Norton & Company, 2004), 1006.

약성서에서 십일조는 기본적으로 성전 종사자를 위한 것이었다. 이러한 생각은 이후로도 계속 이어진 것으로 보인다. 그렇다면 레위인뿐만 아니고 외국인과 고아와 과부들을 포함하는 십일조는 유일하게 신명기가 언급하는 것으로 보인다.

이런 양상은 삼대 절기에 대한 규정에서도 나타나는데, 칠칠절에 대한 규례를 비교해 보자.

출애굽기 34:22	레위기 23:15 - 21	신명기 16:9 - 12
칠칠절 곧 맥추의 초실절을 지키고	안식일 이튿날 곧 너희가 요제로 곡식단을 가져온 날부터 세어서 일곱 안식일의 수효를 채우고 일곱 안식일 이튿날까지 합하여 오십 일을 계수하여 새 소제를 여호와께 드리되…… 이날에 너희는 너희 중에 성회를 공포하고 어떤 노동도 하지 말지니 이는 너희가 그 거주하는 각처에서 대대로 지킬 영원한 규례니라	일곱 주를 셀지니 곡식에 낫을 대는 첫날부터 일곱 주를 세어 네 하나님 여호와 앞에 칠칠절을 지키되 네 하나님 여호와께서 네게 복을 주신 대로 네 힘을 헤아려 자원하는 예물을 드리고 *너와 네 자녀와 노비와 네 성중에 있는 레위인과 및 너희 중에 있는 객과 고아와 과부가 함께 네 하나님 여호와께서 자기의 이름을 두시려고 택하신 곳에서 네 하나님 여호와 앞에서 즐거워할지니라* 너는 애굽에서 종되었던 것을 기억하고 이 규례를 지켜 행할지니라

위 표를 보면, 출애굽기는 칠칠절을 지킬 것을 간략하게 말하고, 레위기는 칠칠절 계수하는 법과 제사드리는 법에 대해서 길게 말한다. 그리고 신명기는 칠칠절 계수하는 법과 그 구체적인 운영에 대해서 말하는데, 성 안에 거주하는 어려운 사람들을 도와줄 것, 그리고 중앙성소에 예물을 바칠 것, 그리고 애굽에서 종되었던 것을 기

억할 것을 요구한다. 이 비교를 통해서 우리는 신명기가 말하려는 바가 무엇임을 분명하게 알 수 있다.

Ⅳ. 십일조 관리

> 원하건대 주의 거룩한 처소 하늘에서 보시고 주의 백성 이스라엘에게 복을 주시며 우리 조상들에게 맹세하여 우리에게 주신 젖과 꿀이 흐르는 땅에 복을 내리소서 할지니라[29](신명기 26:15).

신명기 26:12-15는 이 공식기도문으로 끝을 맺는데, 이스라엘 백성들은 자신들이 최선을 다하는 모습을 하나님이 확인하시고 이스라엘 백성들과 땅에 복 주시기를 간구한다. 이 구절은 이스라엘 백성들을 '당신의 백성'(암메카)이라고 부른다. 이스라엘이 거룩한 하나님의 백성임을 천명한 것이다. 그런데 하나님의 백성인 이스라엘은 이 기도를 언제 드리는가? 이스라엘 백성들은 하나님이 내린 모든 명령들, 특히 십일조에 대한 규례를 철저히 수행한 후에야 비로소 젖과 꿀이 흐르는 그 땅에 복을 내려달라고 간구할 수 있다. 하나님이 그들에게 명하신 십일조에 대한 규례를 온전히 지켰을 때 자신들을 위한 기도를 할 수 있는 것이다. 그러니 신명기가 가난한

---

29) 기도하는 사람은 자신을 위해서 기도하지 않고, 국가와 백성들을 위해서 기도한다. 이러한 기도는 유대교에서는 매우 전형적이다. Jeffrey H. Tigay, Deuteronomy, 244.

사람들을 보살피는 것을 얼마나 소중하게 여겼는지 알 수 있다.

그런데 이런 목적을 제대로 이루기 위해서는 예물들을 잘 거둬들이고 잘 관리하고 잘 분배해야 했을 것이다. 특히 신명기 14장과 26장이 제시하는 셋째 해 십일조는 각 성읍에 비축하고 성읍에 거주하는 어려운 사람들의 생계를 유지하게 하는 것이기 때문에 자칫 소홀해질 수 있었을 것이다. 그래서 셋째 해 십일조 제도를 제대로 시행하기 위해서는 제도적인 장치가 필요했을 것이다. 셋째 해 십일조는 칠 년 주기로 보았을 때, [첫째 해(중앙성소) - 둘째 해(중앙성소) - 셋째 해(거주 성읍) - 넷째 해(중앙성소) - 다섯째 해(중앙성소) - 여섯째 해(거주 성읍) - 일곱째 해(안식년, 휴식)]의 모양새를 갖는데, 요시야가 일으킨 신명기 개혁 기간, 즉 주전 622년부터 요시야가 므깃도에서 전사하는 주전 609년까지 제대로 시행되었다고 볼 때, 622(1년) - 621(2년) - 620(3년) - 619(4년) - 618(5년) - 617(6년) - 616(7년) - 615(1년) - 614(2년) - 613(3년) - 612(4년) - 611(5년) - 610(6년) - 609(7년) 이어서, 셋째 해 십일조는 모두 4번 시행되었을 것이다. 이렇게 거둬들인 셋째 해 십일조를 어떻게 관리하고 어떻게 분배했을까? 이것을 알아보기 위해 고대 이스라엘 사람들이 예물을 관리하고 분배한 것에 관한 성서기록을 살펴보기로 하자.

과연 고대 이스라엘 사람들은 예물을 어떻게 관리했을까? 이스라엘 백성들은 십일조를 비롯한 여러 예물들을 드려야 했기 때문에,

백성들이 중앙성소에 드린 예물의 양이 대단히 많았다.

> 또 예루살렘에 사는 백성들을 명령하여 제사장들과 레위 사람들 몫
> 의 음식30)을 주어 그들에게 여호와의 율법을 힘쓰게 하라 하니라
> 왕의 명령이 내리자 곧 이스라엘 자손이 곡식과 포도주와 기름과
> 꿀과 밭의 모든 소산의 첫 열매들을 풍성히 드렸고 또 모든 것의
> 십일조를 많이 가져왔으며 유다 여러 성읍들에 사는 이스라엘과 유
> 다 자손들도 소와 양의 십일조31)를 가져왔고 또 그들의 하나님 여
> 호와께 구별하여 드릴 성물의 십일조를 가져왔으며 그것들을 쌓아
> 여러 더미를 이루었는데(역대하 31:4 - 6).

　신명기는 이러한 막대한 경제력이 지방성소로 흘러들어가는 것을
철저히 방지하는 조치를 취한다. 그래서 하나님께 예물로 드리지 않
고 그냥 식용으로 삼는 가축은 지방의 종교지도자들의 허락 없이도
자유롭게 도살할 수 있도록 허용하는 조치를 취한다. 히스기야와 요
시야는 이러한 조치를 취함으로써 지방성소가 존립할 수 있는 경제
적인 기반을 제거해버렸을 뿐만 아니라, 직접 각 지역을 순회하면서
지방성소들을 훼파하고 산당의 제사장들을 처형했다(열왕기하 23장
8 - 14절, 19 - 20절, 역대하 31장 1절, 역대하 34장 1 - 7절).

---

30) 민수기 18장에 의하면, 제사장에게는 소산의 첫 열매를, 레위인에게는
　　십일조를 준다. E. L. Curtis, A Critical and Exegetical Commentary
　　on the Books of Chronicles, The International Critical Commentary
　　(Edinburgh: T&T Clark, 1910, 1976), 479.
31) 십일조는 대체로 곡식류 가운데서 바치는데, 소와 양의 십일조는 이 구
　　절과 레위기 27:31 - 33에만 나온다.

이렇게 중앙성소에 성물을 바치게 한 경우, 그 관리를 철저하게 해야 하는데, 고대 이스라엘에는 정부에 제물을 관리하는 자들이 있었다. 히스기야는 모은 예물들을 관리하기 위해서 여러 가지를 지시한다.

그때에 히스기야가 명령하여 여호와의 전 안에 방들을 준비하라 하므로 그렇게 준비하고 성심으로 그 예물과 십일조와 구별한 물건들을 갖다 두고 레위 사람 고나냐가 그 일의 책임자가 되고 그의 아우 시므이는 부책임자가 되며 여히엘과 아사시야와 나핫과 아사헬과 여리못과 요사밧과 엘리엘과 이스마야와 마핫과 브나야는 고나냐와 그의 아우 시므이의 수하에서 보살피는 자가 되니 이는 히스기야 왕과 하나님의 전을 관리하는 아사랴가 명령한 바이며 동문지기 레위 사람 임나의 아들 고레는 즐거이 하나님께 드리는 예물을 맡아 여호와께 드리는 것과 모든 지성물을 나눠주며 그의 수하의 에덴과 미냐민과 예수아와 스마야와 아마랴와 스가냐는 제사장들의 성읍들에 있어서 직임을 맡아 그의 형제들에게 반열대로 대소를 막론하고 나눠주되 삼세 이상[32]으로 족보에 기록된 남자 외에 날마다 여호와의 전에 들어가서 그 반열대로 직무에 수종 드는 자들에게 다 나눠주며 또 그들의 족속대로 족보에 기록된 제사장들에게 나눠 주며

---

32) 코긴스는 성전봉사연령에 근거해서 '삼세'라는 연령은 다른 곳에서는 찾아볼 수 없기 때문에, '삼십세'로 수정하는 것이 좋겠다고 제안한다. R. J. Coggins, The First and Second Books of the Chronicler, The Cambridge Bible Commentary on the New English Bible(Cambridge: Cambridge University Press, 1976), 278. 하지만 커티스는 이것이 성전봉사연령이 아니고 제사장과 레위인들이 공적인 지원을 받는 연령이라고 생각한다. E. L. Curtis, A Critical and Exegetical Commentary on the Books of Chronicles, 483.

이십 세 이상에서 그 반열대로 직무를 맡은 레위 사람들에게 나눠
주며 또 그 족보에 기록된 온 회중의 어린 아이들 아내들 자녀들에
게 나눠 주었으니 이 회중은 성결하고 충실히 그 직분을 다하는 자
며 각 성읍에서 등록된 사람이 있어 성읍 가까운 들에 사는 아론 자
손 제사장들에게도 나눠 주되 제사장들의 모든 남자의 족보에 기록
된 레위 사람들에게 나눠 주었더라(역대하 31:11–19)

히스기야가 내린 명령에 따라서 성물을 관리하고 그것을 분배하는
조직을 만드는데, 본문은 일 맡은 사람들의 이름을 열거한다.[33] 그리
고 그들이 성물을 분배하는 대상들에 대한 자격조건도 정해서 거기에
해당하는 사람들에게 성물을 지급했음을 알 수 있다. 이 구절들이 언
급하는 조직, 즉 사회복지실천기구를 도표로 그려 보면 다음과 같다.

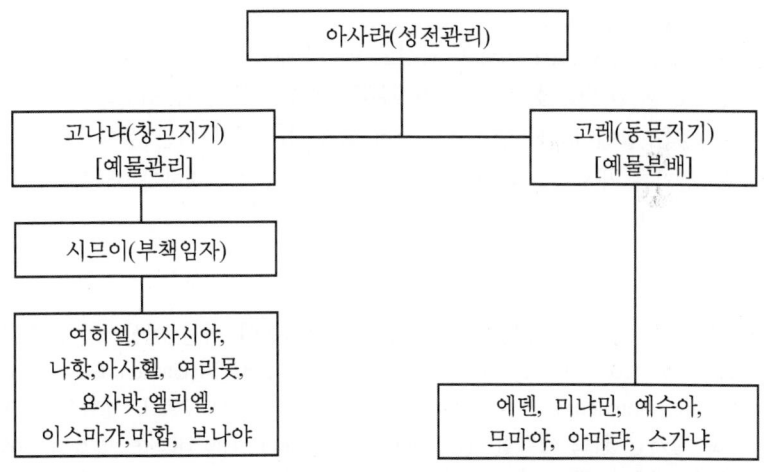

---

33) 이렇게 명단을 구체적으로 제시하는 것은 역대기의 독특한 서술방식이
다. R. J. Coggins, The First and Second Books of the Chronicler, 278.

이 성물로 성전에서 수종 드는 성직자들에게 봉급을 지불했다. 그렇기 때문에 예물을 거둬들이지 않거나 그것을 제대로 관리하지 못하면, 성전운영체제가 붕괴될 수밖에 없었다.

우리는 이러한 경우를 느헤미야서에서 찾아볼 수 있다. 느헤미야가 바벨론으로 소환되어서 예루살렘을 떠난 기간 동안, 도비야를 비롯한 개혁적대세력을 막을 수 있는 사람은 아무도 없었다. 그래서 예루살렘과 유다는 도비야 손에 넘어가고 말았다. 도비야는 성전에서 거주했는데, 도비야가 머물던 곳이 바로 십일조와 헌물들을 저장하는 곳이었다. 성전에는 십일조와 헌물을 저장하는 방들이 여럿 있었는데(역대하 31:11, 느헤미야 10:40), 느헤미야는 첫 번째 개혁을 하면서 그곳을 정비했다.

> 그날에 사람을 세워 곳간을 맡기고 제사장들과 레위 사람들에게 돌릴 것 곧 율법에 정한 대로 거제물과 처음 익은 것과 십일조를 모든 성읍 밭에서 거두어 이 곳간에 쌓게 하였노니 이는 유다 사람이 섬기는 제사장들과 레위 사람들을 인하여 즐거워하기 때문이라 (느헤미야 12:44).[34]

---

34) 마이어스는 이 구절들이 언급하는 것을 사실이 아닌 이상적인 것으로 보는데[Jacob M. Myers, Ezra · Nehemiah, AB. 14(Garden City, New York: Doubleday & Company, Inc., 1965, 1981), 206.], 펜샴은 실제로 일어난 일로 생각한다[F. Charles Fensham, The Books of Ezra and Nehemiah, The New International Commentary on the Old Testament(Grand Rapids, Michigan: William B. Eerdmans Publishing Company, 1982), 258.].

도대체 그 곳간이 무슨 의미를 갖기에 본문이 그토록 관심을 보이는 것일까? 그 곳간을 정비해서 제 기능을 하게 하는 것은 유다 사회를 성전(제사)을 중심으로 바로 세우는 데 매우 중요했다. 그래서 느헤미야가 정비한 것인데, 이것을 도비야가 완전히 무너뜨린 것이다. 도비야는 그 방들을 차지했을 뿐만 아니라, 9절을 통해서 추론해 보면, 그곳에 두었던 제의에 필요한 여러 가지 도구들을 모두 밖에 내다놓았던 것으로 보인다. 이것은 당시에 성전이 제 기능을 상실했음을 의미하며, 하나님을 경외하는 느헤미야로서는 도저히 묵과할 수 없는 행위였다. 귀국한 느헤미야는 도비야와 그의 추종자들을 축출했다. 도비야가 차지한 방들을 비우고 정결케 한 다음, 그 방들을 원래 기능들을 위해서 사용하게 했다.

> 내가 심히 근심하여 도비야의 세간(켈레 베트 – 토비야)[35]을 그 방 밖으로 다 내어던지고 명령하여 그 방을 정결하게 하고 하나님의 전의 그릇과 소제물과 유향을 다시 그리로 들여놓았느니라(느헤미야 13:8 – 9)

대적들을 축출하고, 성전을 정화하고 그 기능을 회복하는 일. 느헤미야는 이것으로 그의 두 번째 개혁을 시작한다.

---

35) 도비야는 하나님의 집을 제 집으로 삼은 것이다. 이것은 도비야가 가족들과 더불어서 성전을 큰 저택 삼아서 살았음을 보여준다. Loring W. Batten, A Critical and Exegetical Commentary on the Books of Ezra and Nehemiah, The International Critical Commentary(Edinburgh: T&T Clark, 1913, 1972), 291.

도비야가 십일조와 헌물들을 저장하도록 한 방들을 다른 용도로 사용했다는 것은 백성들로 하여금 십일조와 헌물들을 내지 못하게 했거나, 그것들을 다른 용도로 사용했음을 의미한다. 도비야는 성전에 들어올 자격이 없는 사람인데, 그가 성전에 들어온 것만으로도 그는 성전을 더럽히고[36] 파괴하는 행위를 한 것이다. 그래서 레위인들이 생계를 유지할 수 없었던 모양이다. 레위인들은 전적으로 십일조에 의존했다. 그들은 땅도 소유할 수 없었다(민수기 18:21 – 24, 신명기 14:29, 18:1). 그래서 십일조가 끊기면 그들은 생계를 위해 성전을 떠나 다른 방법을 찾아야 했다.

그렇기에 제사장, 특히 레위인들의 생계를 보장해 주지 않으면, 성전이 제 기능을 발휘할 수 없다. 그래서 느헤미야는 사람들로 하여금 하나님의 전을 위해서 돈을 내고, 헌물을 드리고 십일조를 드리게 해서, 제사장들과 레위인들이 생계를 걱정하지 않고 성전에서 섬기도록 하겠다고 서약하게 했다. 그리고 백성들로 하여금 그들이 서약한 대로 실행하게 했다.

> 레위 사람들이 십일조를 받을 때에는(바으세르) 아론의 자손 제사장 한 사람이 함께 있을 것이요 레위 사람들은 그 십일조의 십 분의 일(마아사르 함마아세르을 가져다가 우리 하나님의 전 곳간의 여러 방에 두되 곧 이스라엘 자손과 레위 자손이 거제로 드린 곡식과 새 포도주와 기름을 가져다가 <u>성소의 그릇들을 두는 골방 곧 섬기는 제사장들과 문지기들과 노래하는 자들이 있는 골방에 둘 것</u>

---

36) F. Charles Fensham, The Books of Ezra and Nehemiah, 261.

이라 그리하여 우리가 우리 하나님의 전을 버려두지 아니하리라(웰로 나아조브 에트 - 베트 엘로헤누)(느헤미야 10:38 - 39)

이렇게 서약했을 뿐만 아니라, 12장 마지막 부분을 보면, 제사장들과 레위인들을 위한 헌물을 곳간에 쌓고, "그 구별한 것을 레위 사람들에게 주고 레위 사람들은 그것을 또 구별하여 아론 자손에게 주었다"(12:47). 느헤미야는 성전이 제 기능을 할 수 있도록, 사람들을 계보와 재능에 따라 적재적소에 배치하고, 그들에게 필요한 것들을 제공했다.

하지만 느헤미야가 떠난 다음, 도비야가 세력을 장악하면서, 그들은 하나님의 집을 버렸다(아자브<עזב>, 11절). 백성들이 헌물을 드리지 않자, 생계를 유지할 수 없게 된 레위인들은 모두 성전을 떠났고, 성전은 그 기능을 상실했다. 도비야를 비롯한 사람들은 느헤미야와 달리 하나님의 집에는 전혀 관심이 없었다. 이스라엘 사람들에게 이것만큼 위험한 일은 없을 것이다. 하나님의 집을 버렸다는 것은 하나님을 버렸다는 것과 같은 의미이기 때문이다. 그러니 그들은 얼마동안 하나님 없는 삶을 산 것이다.

느헤미야는 귀국해서 상황이 얼마나 심각한지 파악하고, 성전을 떠난 레위인들을 다시 불러들여서 본연의 임무를 맡게 하고, 백성들로 하여금 십일조를 드리게 해서 곳간에 쌓고, 충직한 사람들로 하여금 그 곳간을 맡게 하고, 헌물을 분배하게 했다. 이렇듯 성전이 제 기능을 하게 하는 것이 당시 유다 사람들에게 얼마나 중요한 일이었는지는 느헤미야가 하나님께 드리는 기도에서 알 수 있다.(느헤미야는 10 - 14절, 15 - 22절, 23 - 31절을 모두 기도로 마무리한다.)

우리는 지금까지 역대기와 느헤미야서를 통해서 고대 이스라엘 사람들이 십일조를 비롯한 예물들을 어떻게 관리했으며, 그것이 당시 성전운영과 어떤 관계가 있었는지를 살펴보았다. 우선 예물들을 저장할 방, 즉 창고가 필요했으며, 그 예물들을 관리하고 사람들에게 나눠줄 관리들이 필요했다. 역대기 31장은 그런 관리조직에 관한 것을 상당히 자세하게 기술한다.

신명기 12장이 강조하는 중앙성소에서도 이런 방식으로 예물을 관리했을 것이다. 그리고 신명기 14장과 26장이 말하는 셋째 해에 드리는 십일조에 대한 관리도 각 성에서 이런 방식으로 했을 것으로 생각한다.[37] 각 성마다 예물들을 저장할 창고를 확보하고, 그리고 그것을 관리하는 사람들을 두고, 그들로 하여금 지방 레위인과 외국인, 그리고 고아와 과부들에게 예물을 분배하는 일을 맡게 했을 것이다. 각 성은 사회적으로 어려운 이들을 보살피는 사회복지실천 기구를 두었던 것으로 보인다.

---

37) 칠 년 주기 가운데 셋째 해와 여섯째 해는 어려운 이들을 위한 십일조의 해이기 때문에 사람들은 중앙성소에 올라가서 성물을 먹지 않고 그들이 거주하는 성에 십일조를 비축해서 성 안에 있는 어려운 이들을 도왔다. 그런데 이렇게 비축한 것을 첫째, 둘째, 넷째, 다섯째, 일곱째 해에도 형편이 어려운 사람들에게 나누어 주어서 그들이 먹고 살아갈 수 있게 했을 것이다. Jeffrey H. Tigay, Deuteronomy, 144.

V. 나가는 말

우리는 지금까지 신명기 12장, 그리고 14장과 26장을 읽고 비교하면서, 고대 이스라엘 사람들이 어떤 사회복지사상과 제도를 갖고 있었으며, 그것을 어떻게 운용했는지를 살펴보았다. 신명기는 여러 가지 예물들, 특히 십일조를 통해서 샬롬을 이루려 했던 고대 이스라엘 의 사회복지사상을 보여준다. 고대 이스라엘 사람들은 신명기 사상을 실천하기 위해, 즉 예물들을 레위인과 가난한 자들에게 나눠주기 위해 일정한 조직, 즉 '사회복지실천기구'라 할 수 있는 기구를 국가적으로 그리고 지역적으로 갖추었을 것이다. 우리는 이 조직, 특히 각 성에 조직된 사회복지실천기구들을 오늘날 기독교 NGO의 원형으로 삼을 수 있을 것으로 생각하고, 여기에 대해 앞으로 더 깊은 연구가 이루어지기를 희망한다.

5. 예언서에서 말하는 가정

- 가정의 파괴와 회복 -

예언·예언자·예언자 가정

가정(家庭)이라는 말만큼 아름답고 포근한 말은 없을 것이다. 가정은 가족(家族)을 형성하고 가족들이 살아가는 삶의 공간이다. 그곳은 생명이 태어나고 생명을 양육하는 공간이다. 그래서 가정은 생명창조의 공간이다. 가정은 생명창조와 양육이라는 하나님의 역사가 일어나는 성스러운 공간인 것이다.

가정은 언제나 소중한데, 특히 현시대를 파악하는 중심단어 가운데 하나가 바로 '가정'이라는 사실은 의미심장하다. 그래서 우리 교단이 가정을 교육주제로 다루는 것이다. 여기서는 구약성경 예언서가 가정에 대해서 무엇을 말하는지를 찾아보려 한다. 과연 예언서에서 가정은 어떤 모습으로 나타나는가? 그것을 알기 위해서는 먼저 '예언'이라는 말을 잘 이해해야 한다. 구약성경의 예언은 우리가 생각하듯이 "미래의 일을 미리 알아서 알려주는 것"이 아니다. 성경적 예언은 미래보다는 현재에 초점을 맞춘다. 그리고 이스라엘 백성들이 하나님 뜻에 따라서 잘 살고 있을 때보다는 그렇지 못할 때, 이스라엘이 하나님의 뜻을 거역한다고 판단되는 때에 예언이 두드러진다. 특히 그 정도가 극단적이어서 나라가 멸망할 지경에 이르렀을 때에 예언은 더욱 강력해진다. 예언은 지금까지 이스라엘 백성들이 저지른 죄로 인해서 앞으로 언젠가 나라가 재난을 당하거나 멸망할 것을 강력하게 선포하지만, 그렇다고 해서 나라가 언제 어떻게 멸망할 것을 점쟁이처럼 꼭 찍어서 미리 알려주지는 않는다. 성경적 예언에서 이런 것은 중요하지 않고, 나라가 멸망할 지경에 이르게 된 원인을 구체적으로 밝히는 것이 더 본질적이다. 그래서 고대 이스라엘의 예언자들은 이스라엘 백성들이 행했던 일들을 지적하고, 그것을 죄로 규정하고, 그 죄로 인해서 상상키 어려운 참담한 결과가 올 것이라고 경고하는 것이다. 이것이 "예언"이다.

그렇기에 예언은 결코 은혜롭지 않다. 대체로 예언자들이 선포하는 메시지는 (문학적으로는 탁월하지만) 느낌이 부드럽지 않고 매우 거칠다. 그리고 예나 지금이나 듣는 사람들로 하여금 심한 거부감을 느끼게도 한다. 예언자들은 예리한 시선으로 사회를 바라보면서, 임박한 심판을 선언하고 백성들이 저지른 죄악상을 낱낱이 밝힌다. 지금도 마찬가지겠지만, 아무도 이런 사람들을 좋아하지 않았을 것이다. 그러니 예언자들이 얼마나 어려운 처지였을 것인지 짐작할 수 있다.(예레미야는 자신의 생일까지 저주한다. <20장 14–18절>) 예언자들은 많은 박해를 받았다. 예레미야서를 보면, 예레미야는 죽을 번한 고비를 7번 넘기는데, 어디 그뿐이었겠는가? 다른 예언자들도 비슷한 상황이었을 것이다.

예언자들이 이렇게 살았기 때문에 그 가족들도 편치 못했을 것은 말할 필요도 없겠다. 예레미야는 결혼도 못했다. 하나님이 예레미야로 하여금 결혼하지 말라고 명령하셨기 때문이다.

> 1 여호와의 말씀이 또 내게 임하니라 가라사대 2 너는 이 땅에서 아내를 취하지 말며 자녀를 두지 말지니라 3 이곳에서 생산한 자녀와 이 땅에서 그들을 해산한 어미와 그들을 낳은 아비에 대하여 나 여호와가 이같이 말하노라 4 그들은 독한 병으로 죽고 슬퍼함을 입지 못하며 매장함을 얻지 못하여 지면의 분토와 같을 것이며 칼과 기근에 망하고 그 시체는 공중의 새와 땅 짐승의 밥이 되리라(예레미야 16장 1 - 4절)

이 구절을 읽으면, 예언서에 나타나는 가정과 가족의 상황을 충분히 짐작할 수 있을 것이다. 그것은 가족들의 죽음과 가정의 파괴이다. 이스라엘의 범죄로 인해서 벌어지는 전쟁과 재난이 가정을 파괴하는 것이다. 사람들은 병으로 죽지만 슬퍼해 주는 사람도 없고 장례를 치러주는 사람도 없어서 땅에 묻히지도 못한다. 이 얼마나 비극적인가? 예레미야에게 결혼하지 말라고, 즉 가정을 이루지 말라고 명령하시는 하나님은 사랑하는 가족들이 전쟁으로 인해서 비참하게 죽고 가정이 완전히 파괴되는 슬픔을 예레미야로 하여금 겪지 않게 하려 하신 듯하다. 이렇듯 임박한 재난, 비극을 예고하는 예언적 상황에서 가정은 더 이상 의미를 갖지 못한다. 재난은 다른 것이 아니다. 이제는 가정이 존재하지 않는다는 것이다.

하나님이 예레미야에게 결혼하지 말라고 명령하심으로써, 앞으로 예레미야가 꾸려갈 잠재적인 가정은 파괴되고 더 이상 존재하지 않는다. 가정(家庭)의 부재(不在). 이것을 통해서 하나님은 앞으로 이스라엘의 가정들이 파괴될 것을 예고하신다. 하나님은 예레미야로 하여금 평생 독신으로 살게 하심으로써, 예레미야를 파괴된 가정을 예시하는 공개적인 징표로 삼으셨다. 그렇기에 예레미야의 결혼 여부는 개인적인 차원에 국한하지 않고, 사회적인 차원으로 의미를 확장한다. 하나님은 예레미야가 가정을 이루지 못하고 후사(後嗣)를 두지 못함으로써 대가 끊기는 개인적인 일을 공적인 차원으로 끌어내시고 확장하신다. "이스라엘에 더 이상 가정은 없다. 가정은 파괴될 것이다. 그리고 대가 끊길 것이다." 이것이 예레미야의 독신생활을 통해서 하나님이 이스라엘 백성들에게 주시려는 메시지였다.

에스겔서에도 가정이 파괴되는 모습이 나타난다. 에스겔은 제사장 부시의 아들이었다. 그리고 에스겔 자신도 제사장이었다. 그가 바벨론으로 끌려간 것을 보면, 그는 상당히 명문가 출신이었음을 알 수 있다. 그러나 800마일이나 떨어진 낯선 땅에 끌려가서 산다는 것이 쉬운 일은 아니었을 것이다.

바벨론에 끌려가서 예언자로 부름받은 에스겔은 두 가지 예언을 한다. 하나는 유다 본국이 멸망할 것이라는 심판예언이고, 다른 하나는 바벨론에 끌려간 사람들이 다시 예루살렘에 돌아가서 새 이스라엘을 건설할 것이라는 구원과 회복의 예언이다. 48장으로 된 에스겔서는 절반인 1 - 24장은 주로 (유다 본국에 대한) 심판예언을 나머지 절반인 25 - 48장은 (바벨론에 강제이주당한 사람들에 대한) 구원예언을 담고 있다. 그런데 심판예언 마지막에 에스겔 부인의 죽음에 대한 이야기가 나온다.

15 여호와의 말씀이 또 내게 임하여 가라사대 16 인자야 내가 네 눈에 기뻐하는 것을 한번 쳐서 빼앗으리니 너는 슬퍼하거나 울거나 눈물을 흘리거나 하지 말며 17 죽은 자들을 위하여 슬퍼하지 말고 종용히 탄식하며 수건으로 머리를 동이고 발에 신을 신고 입술을 가리우지 말고 사람의 부의하는 식물을 먹지 말라 하신지라 18 내가 아침에 백성에게 고하였더니 저녁에 내 아내가 죽기로 아침에 내가 받은 명령대로 행하매 19 백성이 내게 이르되 네가 행하는 이 일이 우리에게 무슨 상관이 되는지 너는 우리에게 고하지 아니하겠느냐 하므로 20 내가 그들에게 대답하기를 여호와의 말씀이 내게 임하여 가라사대 21 너는 이스라엘 족속에게 이르기를 주 여호와의 말씀에 내 성소는 너희 세력의 영광이요 너희 눈의 기쁨이요 너희 마음에 아낌이 되거니와 내가 더럽힐 것이며 너희의 버려 둔 자녀를 칼에 엎드러지게 할지라 22 너희가 에스겔의 행한 바와 같이 행하여 입술을 가리우지 아니하며 사람의 식물을 먹지 아니하며 23 수건으로 머리를 동인 채 발에 신을 신은 채로 두고 슬퍼하지도 아니하며 울지도 아니하되 죄악 중에 쇠패하여 피차 바라보고 탄식하리라 24 이와 같이 에스겔이 너희에게 표징이 되리니 그가 행한 대로 너희가 다 행할지라 이 일이 이루면 너희가 나를 주 여호와인줄 알리라 하라 하셨느니라(에스겔 24장 15 - 24절)

에스겔의 아내가 죽는다. 왜 죽는지 알 수 없지만, '한번 쳐서 빼앗는다'는 구절로 보아, 역병 등으로 갑작스럽게 숨진 것으로 보인다. 에스겔은 아내를 무척 사랑했던 모양이다. 이것은 하나님이 에스겔의 아내를 "네 눈에 기뻐하는 것"이라고 말씀하시는 것에서 짐작할 수 있다. 그런데 하나님은 에스겔에게 사랑하는 아내의 죽음을 슬퍼하지 말도록 명령하신다. 어느 때와 마찬가지로 에스겔은 하나님이 왜 그렇게 명령하시는지 묻지 않는다. 에스겔은 하나님이 명령하신 대로 한다. 그러니 주변 사람들이 얼마나 이상하게 생각했겠는가? 사랑하는 아내가 죽었는데도 일상적으로 하는 상례(喪禮)를 하지 않으니, 사람들이 의아해했을 것이다. 그래서 급기야 사람들은 에스겔에게 왜 그렇게 하느냐고 묻는다. 하나님과 에스겔은 이 순간을 기다렸을 것이다. 하나님은 에스겔로 하여금 비상식적으로 행동하게 하심으로써, 사람들에게 궁금증을 불러일으키고, 그들이 에스겔에게 묻도록 유도하신 다음, 그들에게 들려줄 메시지를 선포케 하신다.

본문은 두 부분으로 이루어진다. 첫째 부분은 15 - 17절로서, 하나님이 에스겔에게 명령하시는 장면이고, 둘째 부분은 18 - 24절이다. 하나님이 명령하신 대로 에스겔이 행하자 사람들이 그에게 질문을 하고, 에스겔은 그들에게 하나님의 말씀을 전한다.

하나님은 에스겔의 아내가 죽는 장면에서도 에스겔이 개인적으로 슬퍼하지 못하게 하시고, 그것을 통해서 오히려 이스라엘의 범죄를 지적하고 하나님의 심판을 전하는 기회로 삼게 하신다. 에스겔이 아내가 죽었어도 슬퍼하지 못하고 곡도 못하는 것처럼, 나중에 이스라엘에 그런 비극이 닥칠 것이다. 가족들이 비참하게 죽어도 그들을 위해서 애곡하지 못할 끔찍한 날이 올 것임을 알려주는 것이다.

하나님은 에스겔이 하나님의 대언자(代言者)임을 철저하게 인식시키신다. 아내가 죽는 순간에도 에스겔은 하나님의 말씀을 대언해야 한다. 에스겔의 아내가 죽는 그 사건을 통해서 하나님은 이스라엘이 당할 일들을 말씀하신다. 아내의 죽음은 에스겔이 개인적으로 겪는 아픔이 아니다. 에스겔이 겪는 사적인 일은 이제 공적인 일로 확장된다. 하나님은 에스겔 아내의 죽음을 통해서 온 이스라엘에 미칠 죽음의 재난을 예고하신다. 에스겔은 개인적으로 슬퍼할 수도 없었는데, 이런 에스겔의 모습 역시 사적인 차원에서 벗어나 온 이스라엘 백성들에게 적용되는 공적인 차원으로 의미를 확장한다. 그래서 에스겔은 "표징"(모페트)이다.

이런 점에서는 호세아가 대표적이다. 호세아의 결혼에 대해서는 학자들이 많은 이견들을 내놓는데, 여기서는 본문을 그대로 따르기로 하고, 호세아와 고멜의 결혼을 실제 사건으로 받아들이겠다. 호세아는 고멜과 결혼한다. 그런데 이 결혼은 호세아가 원하는 결혼은 아니었을 것이다. 호세아의 결혼생활은 지금 그리고 앞으로 이루어질 이스라엘의 비극을 표방한다.

호세아의 아내 고멜은 신전창기였다. 고대 가나안은 농경에 기초한 풍산제의 또는 풍요제의라는 종교양식을 따르고 있었다. 다산(多

産)을 최고의 덕으로 여겼다. 그들은 남신과 여신이 있다고 생각하고, 하늘이 남신을 상징하고 땅이 여신을 상징하는 것으로 생각했다. 그래서 봄에 하늘에서 비가 내려 땅에 스며드는 것을 남신과 여신이 성적으로 결합하는 것으로 생각했다. 이런 신들의 성적인 결합을 통해서 온 세계는 복을 받고 만물이 풍성하게 소출을 낸다고 믿었다. 그들의 신앙이 이런 신화적인 생각에 기초해 있다 보니, 그들이 드리는 제의에도 그런 성격이 드러났다. 그래서 그들은 더 많은 다산의 복을 받기 위해서 남신을 대변하는 제사장들과 여신을 대변하는 신전창기들이 성적인 관계를 맺게 했다. 고멜은 이런 가나안 종교에 빠진 신전창기였던 것으로 보인다.

하나님은 호세아에게 고멜과 결혼하게 하신다. 그런데 고멜은 결혼한 이후에도 가정을 떠나 가나안 신전에 가서 신전창기노릇을 계속했던 것으로 보인다. 호세아는 그런 고멜을 여러 차례 다시 집으로 데려와서 결혼생활을 새롭게 시작하려고 한다. 그러나 이런 호세아의 노력에도 불구하고 고멜은 정상적인 결혼생활을 거부한다. 호세아의 가정은 온전치 못하다. 그래서 호세아의 가정은 존재하면서도 존재하지 않는 이중성을 갖는다.

호세아와 고멜의 결혼생활은 처음부터 의도적이고 상징적이었다. 예레미야는 하나님의 명령에 따라서 결혼하지 않았고, 그래서 대가 끊겼지만, 호세아는 하나님의 명령에 따라서 고멜과 결혼한다. 호세아는 결혼생활이 온전치 못하리라는 것과 가정이 깨뜨려질 것임을 미리 알고 결혼했을 것이다. 호세아의 결혼과 그의 가정은 당시 이스라엘의 상황을 반영한다. 호세아와 고멜, 그리고 세 자녀들은 한 가족이면서도 그것을 넘어서서 온 이스라엘의 모습을 보여주는 상징이 된다. 고멜의 모습은 고멜 개인에 그치지 않고, 고멜을 넘어서 전 이스라엘 백성들을 보게 한다. 그리고 호세아의 모습은 호세아 개인에 그치지 않고, 하나님의 모습을 보게 한다. 이스라엘 백성들은 고멜처럼 하나님을 거역한다. 그리고 하나님은 호세아처럼 아내인 이스라엘을 끝까지 사랑하신다.

그리고 호세아는 자녀들을 낳고 그들에게 이름을 지어줄 때에도 결코 평범하지 않은 이름을 지어준다. 첫째는 아들인데, 이름을 '이스르엘'이라고 지었다. 이 이름은 "조금 후에 내가 이스르엘의 피를 예후의 집에 갚으며 이스라엘 족속의 나라를 폐할 것임이니라 그날에 내가 이스르엘 골짜기에서 이스라엘의 활을 꺾으리라"는 하나님 말씀을 함축한다. 그러니 이스르엘이라는 이름은 심판의 메시지를 담고 있다. 둘째는 딸인데, 이름을 '로루하마'라고 지었다. 이 이름의 뜻은 "긍휼히 여김을 받지 못한다"인데, "내가 다시는 이스라엘 족속을 긍휼히 여겨서 용서하지 않을 것임이니라"는 하나님 말씀을 함축한다. 그러니 이 이름도 섬뜩하기는 이스르엘과 다를 바 없다. 오히려 강도가 더 강해지는 느낌이다. 그리고 셋째는 아들인데, 이름을 로암미라고 지었다. 이 이름의 뜻은 "내 백성이 아니다"인데, "너희는 내 백성이 아니요 나는 너희 하나님이 되지 아니할 것임이니라"는 하나님의 말씀을 함축한다. '로암미'는 우리식으로 말하면, "하나님이 호적을 정리하신다"는 의미이다. 이제 하나님과 이스라엘은 아무런 관계가 없다. 이렇게 해서 하나님의 가정이 깨뜨려진다. 호세아의 가정은 당시 이스라엘의 상황을 반영하면서, 파괴되는 하나님의 가정 모습을 보여준다. 그러면서 능동적으로든 수동적으로든, 긍정적이든 부정적이든, 하나님의 심판 메시지를 상징적이면서도 현실적으로 전달하기 위해 최선을 다한다.

호세아는 은밀한 사적 공간인 자신의 가정을 노출함으로써, 그 시대를 상징하고 시대의 범죄를 지적하고 경고하는 공적인 공간으로 확장시켰다. 그렇기에 호세아의 가정은 일그러진 가정의 부정적인 모습을 보여주면서, 동시에 시대적 아픔을 표본적으로 체험하는 모습을 보여준다. 호세아와 그의 가족들은 그 시대적 상황에 의해 가정이 파괴되는 아픔을 경험한 희생자이면서, 동시에 깨뜨려진 가정모습을 통해서 그 시대를 경고하는 역할을 감당한다. 여기에 호세아 가정의 역설이 있다.

이런 모습은 이사야에게서도 찾아볼 수 있다. 이사야는 둘째 아들 이름을 마헬살랄하스바스라고 지었다. 이것은 "노략과 침략이 속히 임할 것이다"는 전율스런 심판의 메시지를 담고 있다. 이사야 역시 아들의 이름을 그 아들 개인에게 국한한 것으로 여기지 않고, 시대를 반영하는 역사적인 의미를 부각함으로써, 자신의 가정을 개방해서 공적인 공간으로 확장시킨다. 이런 개방이 이루어지는 순간, 가정은 존재하면서도 깨뜨려진다. 태어나면서부터 개인적인 차원의 이름을 갖지 못하고 전체 이스라엘을 위한 상징으로 살아야 하는 이 아들은 철저하게 자신의 유익과 개인적 삶을 유보당한다.

1 여호와께서 내게 이르시되 너는 큰 서판을 취하여 그 위에 통용 문자로 마헬살랄하스바스라 쓰라 2 내가 진실한 증인 제사장 우리야와 여베레기야의 아들 스갸랴를 불러 증거하게 하리라 하시더니 3 내가 내 아내와 동침하매 그가 잉태하여 아들을 낳은지라 여호와께서 내게 이르시되 그 이름을 마헬살랄하스바스라 하라 4 이는 이 아이가 내 아빠 내 엄마라 할 줄 알기 전에 다메섹의 재물과 사마리아의 노략물이 앗수르 왕 앞에 옮긴바 될 것임이니라(이사야 8장 1-4절)

여기서 보는 대로, 이사야와 그의 아내와의 (은밀해야 할) 동침은 이미 예고되었고, 그래서 그것은 이제 은밀한 것으로 남지 않는다. 사적이면서 어느 정도는 은폐되어야 할 동침과 임신, 그리고 출산은 당시 사람들과 본문을 읽는 독자들에게 적나라하게 공개된다. 아이의 출산은 이사야의 가족들이 누릴 사적인 기쁨이 아니었으며, 이사야의 가정은 그 아이의 미래를 축복하는 자리가 아니었다. 아이의 태어남은 그가 재롱을 부리기 전에 침략이 이루어질 것임을 알리는 상징이었다. 이사야의 가정은 철저하게 역사적이고 국가적인 차원으로 확장된다. 그렇기 때문에 이사야의 가정은 이미 개인적인 가정의 의미를 상실했으며, 이사야의 가정은 호세아의 가정처럼 존재하면서도 존재하지 않는 이중성을 지닌다.

이사야의 첫째 아들은 스알야숩인데, 이 이름은 "남은 자가 돌아올 것이다"는 뜻을 갖는다. 이 상징적인 이름이 보여주는 대로, 이 아들 역시 개인적인 삶을 유보당하고, 이사야와 함께 사역한다(이사야 7장 3절). 스알야숩은 이제 갓 태어난 마헬살랄하스바스라는 이 기이한 이름의 소유자가 앞으로 어떻게 살 것인지를 보여주는 예고편이다. 이렇게 이사야 가족들도 원했든지 원치 않았든지 간에, 모두 하나님의 뜻을 전달하기 위해서 최선을 다했던 것으로 보인다. 이사야의 가정 자체가 바로 이스라엘을 향하신 하나님의 메시지였던 것이다.

지금까지 살펴본 것처럼, 예언자의 가정은 사적인 은밀한 공간으로 남을 수 없었다. 어떤 예언자는 결혼할 수도 없었고, 아내의 죽음에도 마음 놓고 슬퍼할 수도 없었다. 그리고 자녀들까지도 제 이름을 갖지 못하고 당시 시대상황을 반영하는 기이한 이름들을 가져야만 했다. 그들은 가족이면서도 가족적인 차원에서 끝나지 않는 역사적이고 국가적인 역할을 공개적으로 감당해야만 했다. 예언자들에게 있어서 가정은 이미 파괴된 이스라엘의 가정들을 보여주는 징표였으며, 그들의 가정도 이미 깨뜨려진 상태였다.

파괴된 이스라엘의 가정들

하나님이 맡겨주신 사역 때문에 예언자와 그의 가족들은 정상적인 가정생활을 누리지 못했는데, 이것은 당시 이스라엘의 가정 현실을 그대로 반영한다. 예언자의 가정은 이스라엘의 모습을 그대로 비춰주는 거울인 동시에, 그들에게 빛을 반사하는 반사경이다. 이런 이중성은 예언자의 가정이 존재하면서 존재하지 않는 본질적인 이중성에 기인한다. 이스라엘의 가정들은 부도덕한 죄악으로 인해서 파괴되었다. 그들은 여러 가지 문제들을 갖고 있었으며, 특히 상류층 가정일수록 문제가 많았다. 그들은 자신들의 범죄로 인해서 자기 가정을 깨뜨리는 동시에, 다른 사람들의 가정도 파괴했다.

> 6 여호와께서 가라사대 이스라엘의 서너 가지 죄로 인하여 내가 그 벌을 돌이키지 아니하리니 이는 저희가 은을 받고 의인을 팔며 신 한 켤레를 받고 궁핍한 자를 팔며 7 가난한 자의 머리에 있는 티끌을 탐내며 겸손한 자의 길을 굽게 하며 <u>부자가 한 젊은 여인</u><u>에게 다녀서 나의 거룩한 이름을 더럽히며</u> 8 모든 단 옆에서 전당 잡은 옷 위에 누우며 저희 신의 전에서 벌금으로 얻은 포도주를 마심이니라(아모스 2장 6-8절)

아모스가 지적하는 이스라엘의 범죄 가운데 "부자(父子)(히브리어로는 "한 사람과 그의 아버지")가 한 젊은 여인에게 다녀서 나의 거룩한 이름을 더럽힌다"는 것이 있다. 당시에 누가 이런 짓을 했는지는 알 수 없지만, 부유층 가정들이 대체로 정상적이지 않았음을 알 수 있다. 아들과 아버지가 한 여인과 관계를 맺는다는 것은 이미 가정이 파괴되었음을 뜻한다. 그리고 이외에도 그들이 저지르는 범죄는 다른 가정들까지 깨뜨리는 강력한 파괴력을 갖고 있다. 6절과 7절, 8절에 언급되는 죄악들은 부유하고 권력을 지닌 자들이 어려운 형편에 처한 자들을 더욱 어렵게 함으로써 그 가정들이 도무지 유지해나갈 수 없게 만드는 극악한 범죄들이다. 그래서 이스라엘에서는 가해자이든 피해자이든 온전한 가정생활을 영위할 수 없었다. 이런 비정상적인 가정의 모습은 예레미야의 예언에서도 명확하게 드러난다.

> 7 내가 어찌 너를 사하겠느냐 네 자녀가 나를 버리고 신이 아닌 것들로 맹세하였으며 내가 그들을 배불리 먹인즉 그들이 행음하며 창기의 집에 허다히 모이며 8 그들은 살지고 두루 다니는 수말같이 각기 이웃의 아내를 따라 부르짖는도다 9 나 여호와가 이르노라 내가 어찌 이 일들을 인하여 벌하지 아니하겠으며 내 마음이 이런 나라에 보수하지 않겠느냐(예레미야 5장 7-9절)

그칠 줄 모르고 샘솟는 욕정. 사회적으로 만연한 동물적 음란함. 발정한 수말들이 오로지 섹스에 눈이 멀어 천방지축 뛰어다니는 아수라장. 예레미야는 이 구절을 통해서 당시 사회가 얼마나 곪았는지를 생생하게 보여준다. 가정은 가식적인 외형을 유지하고 있었을 뿐, 내부적으로는 이미 파괴된 상황이었다. 실제로 가정은 이름만 있었을 뿐, 어느 곳에도 존재하지 않았다. 그들의 음란함은 자기 가정뿐만 아니라 다른 사람들의 가정까지 송두리째 파괴해버렸던 것이다. 이제 남은 일이라고는 그들 눈으로 가정이 무참히 파괴되는 장면을 직접 목격하는 것뿐이다.

11 그러므로 여호와의 분노가 내게 가득하여 참기 어렵도다 그것을 거리에 있는 아이들과 모인 청년들에게 부으리니 <u>지아비와 지어미와 노인과 늙은이가 다 잡히리로다 12 여호와께서 말씀하시되 내가 그 땅 거민에게 내 손을 펼 것인즉 그들의 집과 전지와 아내가 타인의 소유로 이전되리니</u> 13 이는 그들이 가장 작은 자로부터 큰 자까지 다 탐남하며 선지자로부터 제사장까지 다 거짓을 행함이라(예레미야 6장 11-13절)

자신들의 범죄로 인해서 다른 가정들을 깨뜨리고 또 그 죄로 인해서 자기 가정도 이미 깨뜨려졌음을 깨닫지 못하던 사람들은 전쟁으로 인해서 자신들의 가정이 붕괴되는 장면을 목격하면서 말로 다할 수 없는 아픔을 느꼈을 것이다. 하나님의 말씀과 법도를 가르치면서 가정의 유지를 위해서 힘써야 할 사람들이 탐욕과 욕정으로 인해서 본분을 망각하고 다른 사람들의 가정을 파괴하는 데 앞장섰기 때문에 결국 그들의 가정도 파괴된다는 것이 예언자들을 통해서 우리에게 들려주시는 하나님의 말씀이다.

파괴된 하나님의 가정

그런데 이스라엘 백성들만 가정이 깨지는 아픔을 겪는 것이 아니다. 하나님도 동일한 아픔을 겪으신다.

1 세상에서 말하기를 가령 사람이 그 아내를 버리므로 그가 떠나 타인의 아내가 된다 하자 본부가 그를 다시 받겠느냐 그리하면 그 땅이 크게 더러워지지 않겠느냐 하느니라 나 여호와가 말하노라 네가 많은 무리와 행음하고도 내게로 돌아오려느냐 2 네 눈을 들어 자산을 보라 너의 행음치 아니한 곳이 어디 있느냐 네가 길가에 앉아 사람을 기다린 것이 광야에 있는 아라바 사람 같아서 음란과 행악으로 이 땅을 더럽혔도다 3 그러므로 단 비가 그쳐졌고 늦은 비가 없어졌느니라 그럴지라도 네가 창녀의 낯을 가졌으므로 수치를 알지 못하느니라(예레미야 3장 1-3절)

하나님은 남편과 아내 비유를 통해서 자신과 이스라엘의 관계를 이야기하신다. 여기에 하나님의 가정, 하나님의 가족 개념이 나타난다. 이런 가족관계는 다음 구절에서 더 분명하게 드러난다.

2 너희 어미와 쟁론하고 쟁론하라 저는 내 아내가 아니요 나는 저의 남편이 아니라 저로 그 얼굴에서 음란을 제하게 하고 그 유방 사이에서 음행을 제하게 하라 3 그렇지 아니하면 내가 저를 벌거 벗겨서 그 나던 날과 같게 할 것이요 저로 광야 같이 되게 하며 마른 땅같이 되게 하여 목말라 죽게 할 것이며 4 내가 그 자녀를 긍휼히 여기지 아니하리니 이는 저희가 음란한 자식들임이니라 5 저희의 어미는 행음하였고 저희를 배었던 자가 부끄러운 일을 행하였나니 대저 저가 이르기를 나는 나를 연애하는 자들을 따르리니 저희가 내 떡과 내 물과 내 양털과 내 삼과 내 기름과 내 술들을 내게 준다 하였느니라(호세아 2장 2-5절)

하나님은 이스라엘이 더 이상 자신의 아내가 아니며, 자신은 이제 이스라엘의 남편이 아니라고 선언하신다. 하나님은 남편과 아내 사이에서 일어날 수 있는 일들을 구체적으로 예시하면서 이스라엘과의 관계를 말씀하시고, 이스라엘의 범죄를 음란함으로 묘사한다. 하나님은 이스라엘이 저지르는 범죄들을 부부 관계를 깨뜨리고 가정을 파괴하는 행동으로 규정하신다. (하나님은 이처럼 남녀 간의 은밀한 일들을 공개적으로 드러내놓는다. 그래서 이스라엘 백성들이 저지르는 모든 음란함들은 개인적인 차원에 그치지 않고, 공적인 담론이 된다. 예레미야와 에스겔 역시 성적인 담론들을 공론화하면서, 이스라엘의 범죄, 하나님의 가정을 파괴하는 범죄들을 예리하게 지적한다.)

이렇듯 하나님은 이스라엘 백성들을 아내라고 하고, 자식이라고도 하신다. 하나님은 자신을 아버지와 어머니에 비유하시면서 애틋한 자식사랑으로 자신의 사랑을 표현하신다. 그리고 남편이 아내를 사랑하는 그런 사랑으로 이스라엘 백성들에 대한 자신의 사랑을 표현하신다(이사야 54장 4-8절). 그래서 하나님과 이스라엘은 일종의 '가정'을 이룬다. 그런데 이 성스러운 가정을 이스라엘이 범죄함으로써 대담하게 깨뜨려버린다. 그래서 하나님도 가정이 깨지는 아픔을 겪으신다. 자신들의 범죄로 타인들의 가정과 자신들의 가정까지 깨뜨려놓은 사람들이 이제 하나님의 가정까지 파괴하는 것이다. 하나님은 깨뜨려진 자신의 가정 모습을 보시면서, 마음 아파하신다.

19 내가 스스로 말하기를 내가 어떻게 하든지 너를 자녀 중에 두며 허다한 나라 중에 아름다운 산업인 이 낙토를 네게 주리라 하였고 내가 다시 말하기를 너희가 나를 나의 아버지라 하고 나를 떠나지 말 것이니라 하였노라 20 그런데 이스라엘 족속아 마치 아내가 그 남편을 속이고 떠남같이 너희가 정녕히 나를 속였느니라 여호와의 말이니라 21 소리가 자산 위에서 들리니 곧 이스라엘 자손의 애곡하며 간구하는 것이라 그들이 그 길을 굽게 하며 자기 하나님 여호와를 잊어버렸음이로다 22 배역한 자식들아 돌아오라 내가 너희의 배역함을 고치리라 보소서 우리가 주께 왔사오니 주는 우리 하나님 여호와이심이니이다(예레미야 3장 19－22절)

하나님은 범죄하고 자신을 떠난 이스라엘 백성들에게 "아내가 그 남편을 속이고 떠남같이" 하나님을 속였다고 말씀하신다. 이 말에서 하나님이 느끼셨을 깊은 배신감이 드러난다. 이런 배신감은 음란함으로 가정이 파괴되던 당시 이스라엘 사회에 팽배했을 것이다. 그러나 다음 구절을 읽어 보면, 하나님은 이스라엘 백성들에 대한 배신감보다는 오히려 연민을 느끼시고, 그들을 불쌍히 여기신다. 이스라엘은 결국 정부(情夫)로부터 버림받은 가련한 신세가 되고 만다. 하나님은 그래서 "배역한 자식들아 돌아오라"고 간절히 외치신다. 여기서 보는 대로, 하나님과 이스라엘의 관계파괴는 하나님 가정의 파괴로 묘사된다. 자신의 가정이 깨뜨려진 것으로 인해 고통당하시는 하나님은 가정을 정상화시키기 위해서 최선을 다하시면서, 이스라엘 백성들에게 돌아오라고 애원하신다.

회복되는 가정

하나님은 가정을 만드신 분이고(창세기 2장 24절), 가정을 생명창조의 공간으로 정하신 분이다. 그렇기에 그분은 가정을 파괴하시는 분이 아니다. 이스라엘의 가정이 재난으로 깨뜨려지는 것은 하나님이 일부러 그러시는 것이 아니다. 그것은 이스라엘이 저지른 범죄의 결과이며, 이스라엘이 자초한 일이다. 하나님은 가정을 세우시는 분이다. 그분이 가정을 다시 세우시는 모습은 가정이 파괴되는 장면을 묘사할 때처럼 역시 현실적인 가정과 관련된 구체적인 언어들로 묘사된다. 호세아 2장에서 하나님은 자신과 이스라엘의 관계가 깨뜨려졌음을 말씀하시는데(2장 2-5절), 가정 파괴의 아픔을 경험하시는 하나님은 이스라엘로 하여금 정부를 찾아가지 못하게 막으시고(2장 6-7절), 이스라엘의 형편을 어렵게 만드시다가(2장 8-13절), 마침내 곤궁에 처한 이스라엘을 찾아가셔서 다시 구애하신다.

14 그러므로 내가 저를 개유하여 거친 들로 데리고 가서 말로 위로하고 15 거기서 비로소 저의 포도원을 저에게 주고 아골 골짜기로 소망의 문을 삼아 주리니 저가 거기서 응대하기를 어렸을 때와 애굽 땅 에서 올라오던 날과 같이 하리라 16 여호와께서 이르시되 그날에 네가 나를 내 남편이라 일컫고 다시는 내 바알이라 일컫지 아니하리라 17 내가 바알들의 이름을 저의 입에서 제하여 다시는 그 이름을 기억하여 일컬음이 없게 하리라 18 그날에는 내가 저희를 위하여 들짐승과 공중의 새와 땅의 곤충으로 더불어 언약을 세

우며 또 이 땅에서 활과 칼을 꺾어 전쟁을 없이 하고 저희로 평안히 눕게 하리라 19 내가 네게 장가들어 영원히 살되 의와 공변됨과 은총과 긍휼히 여김으로 네게 장가들며 20 진실함으로 네게 장가들리니 네가 여호와를 알리라 21 여호와께서 가라사대 그날에 내가 응하리라 나는 하늘에 응하고 하늘은 땅에 응하고 22 땅은 곡식과 포도주와 기름에 응하고 또 이것들은 이스르엘에 응하리라 23 내가 나를 위하여 이 땅에 심고 긍휼히 여김을 받지 못하였던 자를 긍휼히 여기며 내 백성 아니었던 자에게 향하여 이르기를 너는 내 백성이라 하리니 저희는 이르기를 주는 내 하나님이시라 하리라(호세아 2장 14-13절)

이 구절은 하나님이 이스라엘을 용서하시고 회복시키시는 모습을 결혼으로 묘사한다는 점에서 "하나님의 가정" 개념을 이어받는다. 하나님은 이스라엘과 다시 결혼하신다. 하나님은 이스라엘과 재결합하시면서, 파괴된 가정을 회복시키려 하신다.

파괴된 가정을 재결합으로 회복하시는 하나님 모습은 이사야서에서도 나타난다. 음란함으로 가정을 파괴하고 쫓겨나 "소박댕이"나 "신세망친 여자"로 불리던 이스라엘은 이제 "헵시바"(헤프치 바흐, "나의 기쁨이 그녀에게")로, "뿔라"(베올라)로 불린다. "뿔라"는 히브리어로는 결혼한 여자, 즉 유부녀를 뜻한다.

1 나는 시온의 공의가 빛같이, 예루살렘의 구원이 횃불같이 나타나도록 시온을 위하여 잠잠하지 아니하며 예루살렘을 위하여 쉬지 아니할 것인즉 2 열방이 네 공의를, 열왕이 다 네 영광을 볼 것이요

너는 여호와의 입으로 정하실 새 이름으로 일컬음이 될 것이며 3 너는 또 여호와의 손의 아름다운 면류관, 네 하나님의 손의 왕관이 될 것이라 4 다시는 너를 버리운 자라 칭하지 아니하며 다시는 네 땅을 황무지라 칭하지 아니하고 오직 너를 헵시바라 하며 네 땅을 쁄라라 하리니 이는 여호와께서 너를 기뻐하실 것이며 네 땅이 결혼한 바가 될 것임이라 5 마치 청년이 처녀와 결혼함같이 네 아들들이 너를 취하겠고 신랑이 신부를 기뻐함같이 네 하나님이 너를 기뻐하시리라(이사야 62장 1－5절)

하나님은 이처럼 적극적으로 가정회복에 나서신다. 하나님은 파괴된 가정을 회복하시려는 매우 강한 열정을 보이신다. 범죄로 인해서, 또 그 범죄의 결과로 나타나는 전쟁과 기근 등으로 인해서 가정이 파괴되었다면, 하나님의 용서와 구원하심으로 인해서 가정이 다시 회복된다. 하나님의 가정이 하나님의 열정으로 회복되는 모습을 이사야는 정말 아름답게 묘사했다.

14 오직 시온이 이르기를 여호와께서 나를 버리시며 주께서 나를 잊으셨다 하였거니와 15 여인이 어찌 그 젖 먹는 자식을 잊겠으며 자기 태에서 난 아들을 긍휼히 여기지 않겠느냐 그들은 혹시 잊을지라도 나는 너를 잊지 아니할 것이라 16 내가 너를 내 손바닥에 새겼고 너의 성벽이 항상 내 앞에 있나니 17 네 자녀들은 속히 돌아오고 너를 헐며 너를 황폐케 하던 자들은 너를 떠나가리라 18 네 눈을 들어 사방을 보라 그들이 다 모여 네게로 오느니라 나 여호와가 이르노라 내가 나의 삶으로 맹세하노니 네가 반드시 그 모든 무리로 장식을 삼아 몸에 차며 띠기를 신부처럼 할 것이라 19

대저 네 황폐하고 적막한 곳들과 네 파멸을 당하였던 땅이 이제는 거민이 많으므로 좁게 될 것이며 너를 삼켰던 자들이 멀리 떠날 것이니라 20 고난 중에 낳은 자녀가 후일에 네 귀에 말하기를 이곳이 우리에게 좁으니 넓혀서 우리로 거처하게 하라 하리니 21 그 때에 네 심중에 이르기를 누가 나를 위하여 이 무리를 낳았는고 나는 자녀를 잃고 외로와졌으며 사로잡혔으며 유리하였거늘 이 무리를 누가 양육하였는고 나는 홀로 되었거늘 이 무리는 어디서 생겼는고 하리라 22 나 주 여호와가 이르노라 내가 열방을 향하여 나의 손을 들고 민족들을 향하여 나의 기호를 세울 것이라 그들이 네 아들들을 품에 안고 네 딸들을 어깨에 메고 올 것이며 23 열왕 은 네 양부가 되며 왕비들은 네 유모가 될 것이며 그들이 얼굴을 땅에 대고 네게 절하고 네 발의 티끌을 핥을 것이니 네가 나를 여호와인 줄 알리라 나를 바라는 자는 수치를 당하지 아니 하리라(이 사야 49장 14-23절)

얼마나 감동적인가! 하나님은 이사야를 통해서 완벽한 가정의 회복, 전보다 더 온전해진 가정의 모습을 우리에게 비전으로 제시한다. 하나님은 이스라엘의 범죄로 인해서 파괴된 자신의 가정을 보시면서 마음 아파하신다. 하나님은 배신감에 괴로워하시면서도 자신의 가정과 가족들을 한순간도 잊지 않으시고, 가정을 회복하시려 하신다. 하나님은 자신의 가정이 회복될 날을 간절히 기다리신다. 그래서 자신을 버리고 떠난 이스라엘을 찾아가서 다시 구애하신다. 이렇듯 하나님은 자기 체면도 버리고, 파괴된 가정을 회복시키기 위해서 애쓰신다. 하나님의 가정이 회복되면, 이를 통해서 인간들의 가정도 회복되고, 하나님의 나라도 확장된다. 그렇기 때문에 하나님의 역사,

즉 하나님 나라 확장의 역사(役事)와 가정의 회복은 밀접한 관계를 갖는다.

하나님의 가정, 그 파괴와 회복. 예언서가 말하는 핵심은 바로 이 것이다.

6. 에스겔, 디지털의 원조

- 에스겔서에 나타나는 디지털 개념들 -

시작글

고대 이스라엘의 여러 예언자들 가운데 에스겔은 매우 독특한 예언문화를 형성했는데, 그것은 이미지(image), 원격현전(telepresence), 그리고 시뮬레이션(simulation)이라는 말로 정리할 수 있다. 지금부터 2600여 년 전에 에스겔이 행한 예언활동은 매우 고대적인 것이지만, 현대 문화를 형성하는 디지털적인 측면도 갖는다. 이런 점에서 에스겔서는 이 시대를 성서적으로 이해하는 데 적합하다. 모든 것이 디지털화하고 이미지와 시뮬레이션을 중시하는 디지털시대에서 에스겔서 연구는 깊은 의미를 갖는다.

그런데 디지털이 이 시대 문화를 형성하는 데 지대한 영향력을 갖고 있다고 해서 디지털의 기술적인 측면만 이야기해서는 안 된다. 오히려 디지털이 갖는 본질적인 정신성을 종교적인 입장에서 더 깊이 다루어야 한다. 그렇기에 "디지털의 원조"라고 할 수 있는 에스겔을 통해서 첨단 디지털적 개념들을 살펴보는 것은 의미 있는 작업이라고 할 수 있겠다.

Ⅰ. 이미지(Image)[1]

이미지는 '인간이 존재하는 양태'에 관한 것이다.[2] 디지털시대에서 모든 것은 이미지로 존재한다.[3] 이것은 디지털시대 이전에도 그

---

1) 물론 이미지는 디지털적인 것만은 아니다. 그러나 디지털 기술, 즉 컴퓨터 그래픽으로 만들어내는 이미지들, 즉 이매지니어들이 만드는 이미지들은 과거 이미지들과는 다른 양상을 보여준다. 요즘 영화들, 특히 막대한 자본을 통해서 엄청난 이윤을 창출하는 영화들은 컴퓨터 그래픽이 아니었다면 제작이 불가능했을 것이다. 이런 점에서 볼 때, 이미지는 디지털로 인해 새로운 차원을 갖는다.

2) "미디어 환경의 급격한 변화는 단순한 영상과 문자의 일차원적 관점이 아니라, 인간 존재 방식과 사유 형태를 재구성하고 지식의 패러다임을 갱신한다는 점에서 중대한 의의를 지닌다고 하겠다." 김우창·성완경 외, 『이미지는 어떻게 살고 있는가』(서울: 생각의 나무, 1999), 13 - 4.

3) 그래서 '나는 너에게 무엇으로 존재하는가?'에 대한 대답은 '나는 너에게 이미지로 존재한다'이다. 사람은 무엇이든지 이미지로 인식한다. 아버지는 나에게 이미지로 인식되고, 다른 존재들도 마찬가지다. 신(神)도 우리에게는 이미지로 존재하고, 성경인물들도 이미지로 존재한다. 내가 누군가를 만났을 때, 나는 그를 바라보지만, 실상은 그가 몸으로 보여주는 이미지를 보고, 그 이미지를 뇌 속에 저장한다. 그래서 그 사람은 내 기억과는 관계없이 존재하지만, 또한 내 기억 속에서 이미지로 존재한다. 그 사람이 세상을 떠난 이후에도, 그 사람은 실제로 존재하지 않지만, 그럼에도 불구하고 그는 여전히 내 기억 속에 이미지로 살아 있으면서, 서로 대화를 나누기도 한다. 이렇듯 우리는 우리가 경험하는 모든 것들을 이미지화해서 기억한다. 시각적인 것뿐만 아니고 청각적인 것들도 모두 이미지화해서 뇌 속에 저장한다. 이처럼 인간들은 그들이 직접 또는 간접적으로 경험하는 모든 것들을 이미지화해서 수용하고 이미지로 사고하고, 이미지로 커뮤니케이션한다. 소쉬르는 "언어기호가 결합시키는 것은 사물과 한 명칭이 아니라 하나의 개념과 하나의 청각

랬지만, 디지털시대에는 특히 모든 것이 이미지로 존재한다. 어쩌면 '모든 것은 이미지로만 존재한다'고 말해도, 과장은 아닐 것이다.4) 앞으로 화상통신이 발달하면, 우리는 거리를 초월해서 언제 어디에서나 이미지로 존재할 것이고, 이곳에 있으면서 동시에 수천 킬로미

영상이다" "어느 일정한 개념이 뇌 속에서 대응하는 청각 영상을 불러 일으킨다"고 말한다(김방한, 『소쉬르 - 현대 언어학의 원류』(서울: 민음사, 1998), 71). 그래서 피에르 레비는 "인간을 물질적 환경, 기호와 이미지로부터 분리하는 것이 불가능하다. 인간은 기호와 이미지를 통해 삶과 세계에 의미를 부여하기 때문이다"고 말한다. Pierre Levy, Cyberculture, 김동윤·조준형 옮김, 『사이버문화: 유럽의회보고서 - 뉴테크놀로지와 문화협력 그리고 커뮤니케이션』(서울: 문화출판사, 2000), 39). 인간들은 모든 것을 이미지로 변화시켜서 수용하기 때문에, 이미지를 커뮤니케이션의 수단으로 사용하면, 다른 어느 것보다 더 빠르고 깊게 받아들일 수 있을 것이다. 말로 설명하기보다는 그림으로 보여주고, 행동으로 보여주는 것이 이해가 더 빠르고, 영화나 입체영상으로 보여주면 이해가 더 빠른 것은 바로 이런 이유 때문이다.

4) "사이버스페이스 문화는 그 구성적 특성의 차원에서 볼 때, '로고중심주의'(logocentrism)로부터 '도상중심주의'(iconocentrism)에로 전환되고 있는 문화라는 것을 알게 된다." 송재룡, "사이버스페이스의 확산과 대학교육의 상업화", 구자순 편저, 『인터넷과 사회현실』(서울: 한양대학교출판부, 2000), 236. 우리가 갖는 어떤 관점들은 실상은 그 어떤 것에 관한 이미지를 갖는 것이다. 예를 들면, '여성관'(女性觀)은 여성에 대한 이미지이고, 세계관은 세계에 대한 이미지이다. 대다수 사람들, 특히 남성들은 여성에 대해서 그릇된 이미지, 즉 사회적으로 왜곡된 이미지를 갖고 있다. 남성들은 대체로 그릇된 여성관을 갖고 그 관점에 따라서 여성들을 인식하고 여성들을 대한다. 여기에 대해서는 Susanna Walters, *Material Girls: Making Sense of Feminist Cultural Theory*, 김현미·김주현·신정원·윤지영 옮김, 『이미지와 현실 사이의 여성들 - 여성주의 문화이론을 향해』(서울: 도서출판 또 하나의 문화, 1999)를 보라.

터 떨어진 상대방 앞에 존재할 수 있다.5)

　그렇기에 이미지는 결코 육체성을 상실한 싸늘한 것이 아니다.6)
그 이미지는 컴퓨터를 작동하는 실제 인간과 이어지기 때문에, 결국
어떤 형식으로든 인간과 인간의 만남이 이루어진다.7) 그리고 이미

---

5) 이렇게 인간이 이곳과 저곳에 동시에 존재할 수 있는 것을 "원격현
　전"(tele - presence)이라고 한다.
6) 인간의 몸을 거추장스러운 것으로 생각하고 혐오하기까지 하며, 사이보
　그를 염원하면서, 사이버스페이스가 인간의 몸을 탈피한 곳으로 생각하
　는 사람들이 있지만, 그곳도 여전히 인간의 몸이 확장된 곳일 뿐이다.
　물론 인간의 몸이 몸 그대로 존재하는 공간과는 다른 곳이기는 해도,
　인간의 몸과 연결되어 있다는 것은 부인할 수 없고, 그래서 사이버스페
　이스도 인간성, 즉 몸을 부인할 수 없다. 디지털시대 사이버 공간에서
　도 인간은 여전히 몸으로 존재한다는 것을 기억해야 한다. 아무리 세상
　이 발달해도, 인간은 몸으로 존재하며, 몸으로 사유하고 몸으로 관계하
　고, 몸으로 살아야 하기 때문이다. 가장 아름다운 이미지는 인간의 몸
　이다. 더 자세히 말하면, 인간이 몸으로 엮어내는 모습이 가장 아름다
　운 이미지다. 김대중 대통령과 김정일 국방위원장이 악수하고 포옹할
　때, 그것은 인간이 보여줄 수 있는 가장 아름다운 이미지이다. 그래서
　우리 몸 자체가 이미지이다. 로빈 윌리엄스가 주연한 '바이센테니얼맨'
　은 로봇이 인간의 몸을 입고, 그래서 인간으로 죽기를 소망하고 그 소
　원을 이루는 것을 보여줌으로써, 과학이 발달된 시대에도 여전히 인간
　의 몸이 얼마나 소중한 것인지를 알려준다. 그런데 가장 추악한 이미지
　도 인간의 몸으로 표현할 수 있다. 인간이 인간을 억압하고 착취하고,
　고문하는 장면, 그리고 성적으로 음란한 포르노 장면이야말로 인간이
　보여줄 수 있는 최악의 이미지인 것이다. 이런 이미지들은 사이버스페
　이스에서도 그대로 드러날 수 있다. 사이버스페이스는 인간 현실의 연
　장이기 때문이다. 여기에 대해서는, 이종록, 『성서로 읽는 디지털시대의
　몸 이야기』(서울: 책세상, 2004)를 보라.
7) 돌아가신 아버지를 생각할 때, 아버지 이미지를 우리는 떠올리는데, 그

지를 인간의 오감으로 체험할 수 있게 해주는 장치(VR 시스템)를 하면, 우리는 그 이미지를 통해서 원거리에 있는 사람과 직접 만나는 경험을 할 수 있다.[8] 사이버 공간은 인간들이 탈육(脫肉)해서 이미지로만 존재하는 곳이 아니고, 여전히 인간성과 육체성을 가지고 접촉하는 공간으로 남을 것이다.[9] 이처럼 이미지는 결코 인간성을 상실하지 않으며, 어떤 경우에도 인간성을 상실하면 안 된다.

이렇듯 이미지는 원래 인간성을 자체적으로 함축하기 때문에 디지털로 인해서 인간이 과거보다 더 인간성을 상실하고 인간 자체를 경시할 것이라는 생각은 그릇된 것이다.[10] 디지털시대를 사는 인간

이미지를 떠올리면서 우리들은 뭉클한 감정을 우리 몸으로 느끼고, 그리고 몸을 갖지 않는 그 아버지 이미지에서 아버지의 체취와 육체성을 경험한다. 우리는 몸을 벗어나서는 사물을 경험할 수도 없고, 그리고 몸의 개념을 사용하지 않고 생각할 수도 없다.

8) 이런 것을 마샬 맥루한은 '몸의 확장'이라고 한다. 인간들은 과학을 통해서 인간을 확장하는 작업을 계속 해왔다. 인간들이 과학기술을 통해서 인간의 몸을 확장할 수 없을 때에는 인간들은 다른 사람들을 직접 만나야 했다. 그러나 글을 발명한 이후에는 편지를 써서, 자신의 생각을 멀리 떨어진 사람에게 전할 수 있었는데, 본격적인 확장은 전화를 발명한 이후이다. 사람들은 아무리 멀리 떨어진 곳에 있어도 전화로 자기 음성을 그곳까지 보낼 수 있었다. 그리고 이제 화상 통신이 발달하면, 사람들은 소리뿐만 아니라 여기 있는 모든 것들을 상대방에게 이미지로 전송할 수 있을 것이다. 이렇듯 과학의 발달은 인간들이 거리에 구애받지 않고 상대방과 접촉할 수 있도록 해주었다. 그렇기 때문에 과학발달사는 인간 신체 확장의 역사라고 해도 좋을 것이다.

9) ed. David Porter, *Internet Culture*(New York: Routledge Inc., 1997), xii‒xiii.

10) 청소년들이 즐기는 시뮬레이션 게임들은 대부분이 전쟁역할게임이다.

은 과거에 존재했던 인간들과 다른 종족들이 아님을 기억해야 한다. 그렇기 때문에 우리는 디지털시대에도 여전히 인간성을 지닌 이미지로 존재(해야) 할 것이다. 지금보다 과학이 더 발달해서 사이보그들이나 안드로이드 같은 합성인간들이 출현한다고 해도, 그때에도 여전히 인간들은 몸을 갖고 모든 것들을 몸으로 경험하고 몸으로 표현하면서 살아갈 것이다. 병들면 몸으로 아파하고, 두려운 일을 당하면 심장이 두근거리고, 가슴 아픈 장면을 보면 눈물을 흘리고, 기쁜 일이 있으면 그 기쁨을 몸으로 표현하는 그런 삶을 여전히 살아갈 것이다.

이런 이미지시대에 에스겔서는 잘 어울리는데, 에스겔서는 그 어느 곳에서도 보기 어려운 강력한 영상으로 시작한다. 에스겔서 1장에 '모양'과 '형상'이라는 말이 여러 번 나오는데, 이것이 바로 이미

이것을 어떤 사람들은 아이들이 매우 공격적이고 잔인해질 우려가 많다고 하는데, 그럴 염려가 전혀 없는 것은 아니겠지만, 디지털시대 이전에도 오랜 세월 동안 아이들은 의례껏 전쟁놀이를 즐겼다는 것을 기억해야 한다. 요즘에는 어른들도 전쟁놀이를 즐기지 않는가(서바이벌 게임). 그렇다고 해서 전쟁놀이를 하던 아이들이 모두 조폭이 된 것은 아니지 않는가. 디지털시대에 아이들은 컴퓨터가 구현해주는 사이버 공간에서 여전히 전쟁놀이를 즐기는 것이다. '인생은 아름다워'라는 영화를 보면, 죠수아라는 아이는 탱크를 생일선물로 받고 싶어 한다. 그리고 유태인 수용소에서 아버지는 아들에게 게임에서 이기면 진짜 탱크를 선물로 받을 수 있다고 말한다. 이 영화가 전쟁의 참상을 다루는 영화라는 점을 생각하면, 이것은 매우 아이러니한데, 아이들의 전쟁놀이와 진짜 전쟁은 비슷하면서도 그렇게 연관성이 없음을 알 수 있다.

지이다.

에스겔서 1장을 읽으면서 강하게 느끼는 것은 묘사의 섬세함이다. 에스겔은 자신이 본 것을 세밀화를 그리듯 자세하게 묘사한다. 세상에 희한한 게 많다고 하지만, 에스겔은 정말 독특한 것을 보았던 모양이다. 도대체 에스겔은 무엇을 보았을까? 에스겔이 본 것은 본문에 나오는 말로 하면, "하나님의 이상"(마르오트 엘로힘)이다. 물론 이 말만으로는 에스겔이 무엇을 보았는지 알 수 없다. "마르오트 엘로힘"은 무엇일까? 이 말은 에스겔서 핵심이라고 할 수 있는 환상장면들, 즉 1장(1절), 8 – 11장(8장 3절), 40 – 48장(40장 2절)에 나온다. 그렇기에 이 말은 에스겔서를 특징짓는 매우 중요한 말이다. 에스겔서는 마르오트 엘로힘을 중심으로 엮어진다고 할 수 있을 것이다.

마르오트 엘로힘에서 알 수 있듯이, 에스겔서 1장은 에스겔이 본 하나님의 모습을 묘사하는데, 그래서 그 묘사들은 당연히 시각적 이미지들이어서, 에스겔 1장은 이미지와 관련된 단어들을 많이 반복한다. 에스겔서 1장에 많이 나오는 단어들은 모양 또는 형상 [<마르에>, 형상<데무트>], 그리고 불<에쉬>, 두르다<사바브>이다. 에스겔서 1장은 이 네 단어들이 주축을 이루면서, 문장을 엮는다. 이 네 단어를 엮으면, "불 모양 같은 것들이 사방에 둘러 있다"이다. 에스겔서 1장을 읽어 보면, 이것이 사실임을 알 것이다.

마르오트 엘로힘에서 알 수 있듯이, 본문은 매우 시각적이다. '소리'(콜)는 24절과 28절에 나온다. 이 두 절을 제외하고는 본문들은 모두 시각적이다. 그래서 본문에서 눈이 중요한 역할을 한다. 에스 겔은 여러 가지를 본다. 그리고 그것들을 세밀히 관찰하고 자신의 독특한 언어로 묘사한다.

이렇듯 세밀한 이미지로 시작한 에스겔서는 1장에서 48장까지 다양한 이미지들로 엮어나간다. 에스겔은 애곡과 애가가 가득 적혀있는 두루마리를 보는데, 이것은 하나님 말씀이 이미지로 나타난 것을 보여준다. 그 두루마리에는 하나님 말씀이 앞뒤로 적혀 있었다. 그것은 읽기 위한 것이 아니고 보기 위한 것이라는 점에서도 이미지인데, 이런 이미지는 에스겔이 그 두루마리를 먹는 것에서 절정에 이른다. 두루마리를 읽지 않고 먹었다는 것은 이제부터 에스겔 자신이 바로 메시지가 되는 것을 의미한다. 에스겔서는 이미지 자체가 바로 '언어'임을 보여준다.[11]

에스겔이 본 환상들도 강력한 이미지들이고, 메시지를 선포할 때, 그가 보여주는 몸 예언, 즉 그가 관객들 앞에서 행하는 퍼포먼스도

---

11) "그렇기 때문에 자연 언어에 의한 기술을 하지 않고 영상 이미지만으로도 충분히 사유와 이해의 통로가 마련된다면, 또 표현하고 의사소통하는 것이 가능해진다면, 영상 이미지는 자연 언어에 못지않은 기능을 해내고 있는 또 하나의 언어라고 볼 수 있다. 기존의 영화 이미지뿐만 아니라 컴퓨터에 의해 생산된 영상 이미지인 디지털 이미지는 자연 언어보다 더 광범위하게 사용되고 있다. 자연 언어가 서로 듣고 말해지는, 또 읽어지는 언어라면, 영상 언어는 보이는 언어인데, "백문이 불여일견(百聞而 不如一見)"이라는 말처럼 영상 언어가 어떤 언어보다 더 강력한 언어로 기능하고 있는 현실도 인정해야 할 것이다." 정대현·서정신·김혜숙, "인문학으로서의 영상문화학", 『이미지는 어떻게 살고 있는가』, 109.

이미지이다. 그리고 그가 말로 들려주는 메시지도 비유라는 그림언어를 사용하고 있다는 점에서 영상적이다.12) 에스겔은 끊임없이 이미지를 보고, 이미지를 만들어내고, 그것을 통해서 하나님과 의사소통을 하고, 사람들과도 의사소통을 했다.13)

에스겔은 이스라엘이 지은 죄도 이미지화하고,14) 역사도 이미지화한다.15) 죄를 단순하게 나열하는 것에서 벗어나 그것을 완벽한 하나의 이야기로 엮어낸다. 그리고 역사를 서술하는 수준에서 벗어나, 역사를 서사화하고 이미지화한다. 그래서 이야기로서의 역사, 이미지로서의 역사를 제시한다. 이렇듯 에스겔은 이미지를 끊임없이 생산해내는 '디제라티'16)였다.

---

12) 에스겔이 사용한 비유와 몸 예언에 대해서는, 이종록, 『이 뼈들이 능히 살겠느냐』(서울: 한국성서학연구소, 2000), 81 - 109 "제3장 비유로 말하는 자여: 내가 경고한다"를 보라.

13) "우리의 현실경험이 이성적 토대를 기초로 해서 이루어졌다면, 사이버공간은 보이는 이미지로서 만들어진다. 이미지는 바로 직관과 통찰로서 사고하고, 또 이것의 자유로운 변형과 확장을 가능케 하는데, 사이버공간이 바로 이미지에 의해 표현되고 의사소통이 되는 주요한 장이다. 사이버공간이 지금처럼 우리의 일상생활 공간에서 급속히 확장하고 있는 상황에서 이미지는 조금씩 현실의 행동과 생활양식을 재구성할 수 있다. 그리고 이것은 이미지로 표현하고, 이미지로 통하며, 이미지로 사고하는 지식정보사회의 대표적인 인간형이 등장함으로써 더욱 촉진될 것이다." 김정탁, 『굿바이 구텐베르크』(서울: 중앙일보새천년, 2000), 191 - 2.

14) 에스겔서 16장과 23장이 대표적이다. 에스겔은 이스라엘의 범죄(의 역사)를 음녀로 이미지화해서 보여준다.

15) 에스겔서 18장이 대표적이다. 에스겔서 16장과 23장도 죄를 이미지화하면서, 동시에 이스라엘 역사를 이미지화한다.

Ⅱ. 원격현전(遠隔現前) – "여기에 또 저기에"

에스겔은 바벨론, 더 정확하게는 니푸르 근처에 있었다. 그런데
그는 800마일가량 떨어진 곳에서도 유다 상황을 잘 알고 있었고, 유
다에 대한 심판예언을 계속했다. 놀라운 사실은 에스겔이 예루살렘
을 다녀왔다는 것이다. 그는 하나님의 손에 붙들려 공중을 날아 예
루살렘으로 간다(겔 8:1 – 3). 에스겔은 예루살렘 성전으로 들어가서
그곳을 샅샅이 살핀다. 에스겔은 도보로 120일 정도 걸리는 거리17)
를 뛰어넘어서 곧 바로 예루살렘으로 날아간다. 에스겔은 요즘 개념
으로 신체적 공간이동, 즉 '원격현전'(telepresence)18)을 한 것이다.

에스겔이 예루살렘으로 가는 장면은 공상과학영화에 등장하는 사
람이 컴퓨터에 접속한 다음, 컴퓨터 속으로 들어가서 케이블을 타고
원하는 곳까지 가는 장면을 연상케 한다. 요즘 컴퓨터를 통해서 가
상현실을 경험하는 사람들은 에스겔이 매우 디지털적인 인물이라는

---

16) 디제라티(digerati)는 디지털(digital) + 지식인(literati)의 조합어로, 디지
   털시대의 지식인을 가리킨다.
17) Barry J. Beitzel, "Travel and Communication(OT World)", *ABD* 6,
   647.
18) "인간이 오감(五感)으로 느낄 수 있는 감각적인 가상환경의 형태는 공
   상과학소설가들이 오랫동안 즐겨 사용해 오던 소재였다. '텔레프레젠
   스'(Telepresence)라는 가상환경은 여러 감각감지장치를 사용하여 자신
   이 먼 곳에 있는 것 같은 느낌을 주어서, 그곳에서 여러 작업을 수행
   할 수 있게 하는 기술이다." Scott S. Fisher, "가상환경: 개인용 시뮬
   레이션과 텔레프레젠스", 노용덕 옮김, 『가상현실과 사이버스페이스』,
   170.

것을 금방 알 것이다. 에스겔은 바벨론의 자기 집에 앉아 있으면서 예루살렘에도 있는 것이다. 그는 여기 있으면서 또 그곳에 있는 것이다. 그는 동시에 두 곳에 실재한다.[19] 이것이 원격현전이며, 오늘날 디지털로 원격현전을 구현한다.

디지털은 의사소통에서 인간을 시간으로부터 해방시켰다. 한번 생각해 보자. 예전에는 서로 의사소통하기 위해서는 사람이 직접 대면해야 했다. 즉 대면을 위해서는 동시성을 확보해야 했던 것이다. 글을 써 보낸다고 해도 역시 마찬가지였다. 누군가가 그 편지를 들고 그곳까지 직접 가야 하는 것이다. 보다 빠른 통신과 운송수단이 발전되면서, 시간과 거리를 점차 좁혀 갔지만, 그것을 완전히 극복할 수는 없었다.

그러던 것이 전보가 등장함으로써 인간들은 그 거리를 빛의 속도로 좁힐 수 있었고, 전화기를 통해 인간들은 거리에 상관없이 대화를 나눌 수 있었다. 이 전화기를 통해 인간들은 입과 귀를 엄청나게 확장시켰다. 그러면서 음성에 관한 한 거리를 없애버렸고, 전화선이 놓인 곳이라면 어느 곳에나 자기 목소리를 보낼 수 있고, 다른 사람 목소리도 생생하게 들을 수 있게 되었다. 이런 점에서 전

---

19) "가상현실을 어떠한 입장에서 보든 가상현실이 추구하는 목표는, 정도의 차이는 있겠지만 이용자로 하여금 원격현전(telepresence)을 경험하도록 하는 것이다. 원래 현전(presence)은 '어떤 환경 속에서 느끼는 실재감(sense of being)'을 뜻하는데, 이런 점에서 원격현전은 "커뮤니케이션 매체에 의해 어떤 환경 속에 실재하고 있음을 경험하게 되는 것", 즉 환경에 대한 매개된 지각(mediated perception)이라 할 수 있다." 이재현, 『인터넷과 사이버사회』(서울: 커뮤니케이션북스, 2000), 118.

화는 원격현전의 첫 번째 매체이다.[20])

그러나 사람들이 전화기로 대화를 나누기 위해서는 두 사람이 같은 시간에 전화기를 들고 있어야 하기 때문에 동시성을 극복하지 못했고,[21]) 또 목소리 이외에는 상대방에게 자기 모습을 보여줄 수 없는 한계를 갖는다. 그런데 이러한 문제들을 디지털이 완전히 해결해주었다. 김동윤과 조준형은 이렇게 말한다.

> 이제 한걸음 더 나아가 디지털 테크놀로지는 인간에게 '신의 손과 발'을 부여하였고, 인간은 신처럼 세계 어느 곳에든지 동시에 (ubiquitous) 존재하게 되었다. 우리는 이제 세계를 바라보는 창이자 개인용 운송 수단인 PC를 '타고' 마치 고속도로와 같은 인터넷 통신망을 따라 이곳저곳을 항해하면서 난생 처음 보는 친구들과 만나 토론도 하고, 데이트도 하고(대화방), 오락도 즐기고(온라인 게임), 쇼핑도 할 수 있게 되었다. 일상의 거리에서 이루어지는 일들이 그대로 온라인상에서 재현되고 있다.[22])

맥루한은 인류가 지금까지 이루어온 기술발전과정을 신체확장의 과정이라고 보는데,[23]) 인간의 신체를 무한으로 확장함으로써 디지

---

20) Pierre Levy, *Cyberculture*, 120.
21) 이런 점에서 전화는 글이 가진 비동시성의 장점을 갖지 못했다. 이 문제를 해결하기 위해 녹음기를 부착한 전화기를 만들었지만, 그럼에도 불구하고 전화기는 여전히 인간 사이의 커뮤니케이션을 제대로 감당하기에는 근본적으로 많은 한계를 갖고 있다.
22) Pierre Levy, *Cyberculture*, 10.
23) Marshall McLuhan, *Understanding Media: The Extension of Man* (1965), 박정규 옮김, 『미디어의 이해 – 인간의 확장』(서울: 커뮤니케이

털은 인간이 시간과 장소에 얽매이지 않고 서로 의사소통을 할 수 있도록 해준다. 우리는 글과 음성을 언제 어느 곳에서든지 보내고 싶은 사람에게 보낼 수 있다. 그리고 멀티미디어를 통해서 음성뿐만 아니라 화상도 보낼 수 있게 되었다. 서로 얼굴을 보면서 대화를 나누는 시대가 된 것이다. 이제는 거리감 없이 서로를 온전히 대면할 수 있게 되었다. 이처럼 디지털은 인간의 의사소통에서 시간장애와 장소장애를 해결했다. 디지털은 우리를 여기에 있으면서 동시에 거기에 있을 수 있게 해주었다.[24]

디지털이 시간과 공간장애를 거의 없앤 탓에, 인간은 언제 어디에나 존재할 수 있고, 그만큼 인간 공동체가 확장되었는데, 요즘 많이 문제가 되는 것은 인간이 언제 어디에 존재하는가 하는 것이다. 디지털시대는 존재함에 대한 개념정의를 새롭게 한다.[25] 디지털시대는 존재개념을 새롭게 정의함으로써, 사람들이 물리적으로 근접해

션북스, 1997, 1999), 23.

24) "웹은 시공간의 제한을 넘어 현존재로 하여금 타자와 '서로 – 어울려 – 함께 – 존재할 – 수 – 있기 – 위한' 새로운 가능성을 제한하며 '타자와 함께 존재하기'의 새로운 방식이라 할 수 있다." 김주환, "월드 와이드 웹의 존재론", 『영상문화1』(서울: 생각의 나무, 2000), 132.

25) "'세계와 함께 있는 것'(being together with the world)은 '안에 있음'(in – Sein; being – in)에 기초한다. 하나의 실존범주(existenzial; existential)로서 세계와 '함께 있음'(being with; Mitsein)은 결코 객관적 사물이 물리적으로 같이 있다는 것을 의미하지는 않는다. 현존재가 '세계'라고 불리는 존재와 함께 있다는 것은 결코 물리적으로 근접해 있다는 것을 의미하지는 않는다." M. Heidegger, *Being and Time*, 51. 김주환, "월드 와이드 웹의 존재론", 『영상문화1』, 130에서 재인용.

있다고 해서 서로 의사소통하거나 한 공동체를 이루는 것은 아님을 알려준다.

> 그리고 이 현존재는 '소통'을 통해서 구성된다. 멀리 떨어져 있다고 해서 내가 그 앞에 존재하지 않는 것은 아니다. 내가 그와 대화를 통해 혹은 바라봄을 통해 소통할 때, 서먹서먹함은 사라지고 친밀해지며 그는 내 앞에, '나'는 그 앞에 존재하는 것이다. 그러나 반대로 내가 그와 같은 공간에 있다고 해도 그와 소통하지 않는다면 '나'는 그 앞에 존재하지 않는다. 이런 현상은 우리가 도심을 걸을 때 많이 느낄 수 있다. 수많은 사람이 내 옆을 지나가도 내가 그를 의식하지 않는다면, 그에게 일별을 던지지 않는다면 '나'는 그 앞에 존재하지 않는 것이다. 극단적으로 말해서 그때 내가 나의 어머니에 대해 생각하고 있었다면 나의 현존재는 어머니 앞에 있었다고 할 수 있다.[26]

이런 존재개념은 디지털시대가 아니어도 인간들이 원래부터 갖고 있었는데, 디지털은 인간의 만남이 결코 물리적인 근접에 의해서 이루어지는 것이 아니며, 현실적인 만남이나 컴퓨터를 통한 만남이나 그것이 인간들을 대면케 한다는 점에서 동일하다는 것을 깨닫게 한다.[27] 인간은 인터페이스를 통해서 원격현전한다. 인간과 기계의 공유공간이라고 할 수 있는 인터페이스는 동시에 우리를 세계와 연결

---

26) 최혜실, 『모든 견고한 것들은 하이퍼텍스트 속으로 사라진다』(서울: (주)생각의 나무, 2000), 17.
27) ibid., 86.

시켜주는 현실적 공간인 것이다. 우리는 컴퓨터 모니터를 통해 소식을 듣고, 정보를 획득하고, 생활을 계획하고, 다른 사람들과 대화를 나누고,28) 원격현전한다.

그런데 디지털시대에서 우리는 눈과 입, 그리고 귀로만 원격현전을 체험하지 않는다. 이제는 팔과 다리도 확장해서 우리는 보다 더 강력하게 원격현전할 수 있게 되었다. 집에 있는 형광등을 비롯한 가전제품을 멀리서 켤 수도 있고 끌 수도 있다. 눈에 보이지는 않지만, 사람들은 이제 가제트처럼 긴 팔을 갖고 있는 것이다. 디지털은 이처럼 인간의 신체를 거의 무한으로 확장케 한다.29)

그리고 앞으로 이루어질 총체적인 원격현전은 과거에는 불가능했던 일들을 가능케 할 것이다. 위급한 환자를 치료하기 위해서는 그를 치료할 수 있는 병원으로 데리고 가야 했는데, 앞으로는 굳이 그렇게 할 필요가 없다.30) 원격현전의 마지막 단계에서 우리는 어느 곳에 있든지 거리가 아무리 멀더라도 상대방을 바로 가까이에 있는 것처럼 대할 수 있을 것이고, 한곳에 머물면서도 전 세계 곳곳을 누빌 수 있을 것이다.31)

---

28) 이진우, "멀티미디어 정보시대의 정신과 육체 – 사이보그의 인간학은 과연 가능한가", 『영상문화 1』, 29.

29) 서정신, "디지털시대의 자아탐구 – 기억, 의미, 정보, 그리고 고깃덩어리", 『영상문화1』, 86. Marshall McLuhan, *Understanding Media: The Extension of Man*, 18.

30) Nicholas Negroponte, *Being Digital*, 백욱인 옮김, 『디지털이다』(서울: 커뮤니케이션북스, 1996), 157.

31) William J. Mitchell, *City of Bits:Space, Place and the Infobahn*, 이

이렇듯 인간의 현전, 특히 원격현전은 디지털이 이룩한 놀라운 업적인데, 롬바드와 디튼(Lombard & Ditton)은 현전의 개념을 여섯 가지로 유형화한다.[32]

> 첫째는 사교적 풍부성(social richness)으로서의 현전이다.
> 둘째는 현실감(reality)으로서의 현전이다.
> 셋째는 이전(transportation)으로서의 현전이다.
> 넷째는 몰입(immersion)으로서의 현전이다.
> 다섯째는 매체 내 사회적 행위자(social actor within medium)의 현전이다.
> 마지막으로 여섯째는 매체가 사회적3 행위자(medium as social actor)가 되는 경우이다.

앞으로 컴퓨터 시스템이 첨단으로 발달하면, 컴퓨터는 점점 작아질 것이고, 그리고 아주 작아져서 보이지 않을 정도가 될 것이다. 그래서 어느 곳에나 컴퓨터가 있는 세상이 될 것이다.[33] 컴퓨터는

희재 옮김, 『비트의 도시』(서울: 김영사, 1999, 2000), 33.

32) 이재현, 인터넷과 사이버사회, 119-121. 원문은 Matthew Lombard & Teresa Ditton, "At the Heart of It All: The Concept of Telepresence", Journal of Computer-Mediated Communication, 3:2를 보라. 그리고 http://www.ascusc.org/jcms/vol3/issue2/lombard.html에도 원문이 실려 있다.

33) "컴퓨터의 인간-기계-접촉 공간인 인터페이스는 따라서 일단은 기계와 기계 언어에 매우 가까이 있다. 그다음에 사용자 환경과 프로그램들의 논리적 심층의 관계는 점점 더 단호하게 '편리한 환경'을 위해 그 추이가 움직인다. 다시 말해서, 진보적인 사용자 편리성은 컴퓨터

점점 건물의 구조 안으로 편입되고 건물 자체는 컴퓨터로 변할 것이다.[34] 그래서 앞으로는 가옥건축이나 도시건설에서도 이것을 고려해야 한다. 모든 곳에 컴퓨터가 편재함으로써 인간은 이제 어디에나 존재할 것이고, 그만큼 인간의 육체는 무한으로 확장될 것이다.

Ⅲ. 시뮬레이션(Simulation) - "없음의 있음"

시뮬레이션은 사이버 문화가 가져온 새로운 인지 방식 가운데 중심을 차지한다. 한마디로 시뮬레이션이란, 개인적 상상력을 키우고 (지적 능력의 증가) 모델이 아무리 복잡하다 하더라도 공통되는 정신 모델을 집단적으로 공유 협의하고, 세련화하는 (공동의 지적 자산(CI)의 증가를 도모하는) 모종의 지적 기술이다.[35]

시뮬레이션은 '인간이 존재하는 시공간'에 관한 것이다. '인간들은 어디에 언제 존재하는가?' 인간들은 삼차원적인 시공간에 존재하면서, 동시에 사이버스페이스(cyber space)[36]라는 다층(多層)다열

를 눈에 보이지 않도록 하는 것이다. 그리고 바로 이것이 의미하는 바가 '도처에 편재하는 컴퓨팅'이라는 콘셉트다. 즉 컴퓨터가 보이지 않게 된다 ─ 그리고 도처에 편재한다. 컴퓨터가 도처에 편재함으로써 사라지게 된다는 것이 미래의 커뮤니케이션적 상황에 가장 중요한 특징이다." Norbert Bolz, Am Ende der Guttenberg ─ Galaxis: Die Neuen Kommunikations ─ verhältnisse, 12.

34) William J. Mitchell, *City of Bits*, 231.
35) Pierre Levy, *Cyberculture*, 230.

(多列)의 시공간에 존재한다. 이 사이버스페이스는 인간이 가상적으로 존재하던 다양한 시공간들을 현실화시킨 것이다(virtual reality). 이 사이버스페이스는 시간적으로는 과거와 현재, 미래가 공존하는 곳이며[37], 이곳과 저곳, 그리고 그 너머의 공간이 공존하는 곳이다. 사이버스페이스는 지금 현실적으로 시공간 속에 없는 것, 인간이 지각할 수 없는 것이 존재하는 곳이다.

없는 것의 실재, 즉 시뮬라크르(simulacre)를 가능케 하는 것이 바로 '시뮬레이션'이다.[38] 신학을 하는 우리에게도 모든 것은 시뮬라크르로 존재하며, 그래서 우리가 하는 신학작업들은 바로 시뮬라크르를 만들어내는 시뮬레이션이다. 인간역사에서 의미 있는 일들은 모두가 시뮬라크르로 존재한다. 그리고 우리가 믿는 하나님도 이미

---

36) 이 용어는 윌리암 깁슨이 '뉴로맨서'라는 소설에서 처음 사용한 말이다.
37) 시간은 과거, 현재, 미래로 구별되고, 과거에서 현재를 거쳐 미래로 나아가는 선형적인 움직임을 보인다. 그래서 그 역방향은 불가능하다. 그러나 인간들에게 시간은 꼭 그렇게만 흐르지 않는다. 인간들에게는 현재 외에는 실재하지 않는다. 과거는 사라져버렸고 미래는 아직 오지 않았기 때문에 존재하지 않는다. 그러나 현재 뿐만 아니라 과거와 미래도 실재하며, 서로에게 영향을 미친다. 과거는 현재와 미래에 영향을 미치고, 그리고 미래는 현재와 과거에 영향을 미친다. 고대 이스라엘 역사를 생각해 보자. 역사가는 사라져버린 과거를 연구하는데, 과거를 연구하는 까닭은 미래를 위해서다. 그들이 꿈꾸는 미래에 의해서 과거는 재구성된다. 그렇기 때문에 인간의 의식 속에만 남아 있는 과거는 미래에 의해서 영향을 받는다. 성서는 이런 과정을 통해서 기록되었다.
38) 시뮬라크르와 시뮬레이션에 관해서는, Jean Baudrillard, *Simulacres et Simulation*, 하태환 옮김, 『시뮬라시옹 ─ 포스트모던 사회문화론』(서울: 민음사, 1992)을 보라.

지로 존재하며, 그분의 임재는 시뮬라크르로 나타난다. 하나님은 과학적인 관점으로 보면 이 물질세계에서는 존재하지 않으면서도 존재하는 분, 즉 없는 것의 실재함이다. 그렇기 때문에 그분의 나타나심은 시뮬라크르이다. 성경인물들도 이미 사라져버렸기 때문에 그것들은 존재하지 않지만, 가상의 이미지로 존재하며, 그들은 우리에게 시뮬라크르, 즉 표면작용으로 나타난다. 그래서 결국 신학함, 특히 성경읽기는 시뮬레이션이다. 지금 여기에 존재하지 않는 것들을 이미지로 띄어놓기 때문이다.

이렇듯 시뮬레이션은 '지금 이곳에 없는 것이 실재하는 것'인데, 인간의 삶을 보면, 인간의 삶 자체가 시뮬레이션이라고 할 수 있다. 인간들은 현재 존재하지 않은 과거뿐만 아니라 여태 존재한 적이 없는 미래라는 가상공간을 설정하고 그 세계를 이미 경험하면서 살기 때문이다. 인간들이 미래를 생각하고 또 밝은 미래를 꿈꾸면서 그 꿈에 의해서 현실의 어려움을 이겨내면서 살아가는 것이 바로 시뮬레이션이다. 그렇기 때문에 시뮬레이션은 가상공간에서 펼쳐지는 컴퓨터 게임에만 한정시킬 수 없다. 인간의 모든 삶이 시뮬레이션임을 기억해야 한다. 그리고 신앙적으로 시뮬레이션은 '지금 이곳에 없는 것을 실재하는 것으로 미리 경험하는 것', 즉 '믿음'이다.

그리고 시뮬레이션은 우리 시건을 물질의 전면에 두게 한다. 예전에는 '하나님은 역사의 배후에 계신다'는 말을 많이 했다. 물질세계(physics))의 배후를 규명하는 작업을 형이상학(形而上學 · Metaphysics)이라고 한다. 신학도 형이상학적인 작업이다. 그런데 요즘의 형이상학은 물질세계의 배후를 규명하는 것이 아니고, 물질세계의 전면을 규명하는 것으로 바뀌고 있다. 물질계 뒷면에 무엇이 있는 것이 아니고, 물질계 앞에 무엇이 존재한다는 것이다. 예를 들어보자. 우리가 컴퓨터로 글을 쓸 때, 우리는 글을 쓰는 것이 아니고, 키보드 자판을 누른다. 그것은 각기 0과 1이 조합된 디지털 코드를 형성한다. 컴퓨터 안에는 글자가 없다. 그런데 그 코드가 모니터에서는 글자로 뜨는 것이다. 이 글자는 존재하지 않는 것이 존재하는 것이다. 존재하지 않으면서 존재하는 것들이 과거에는 배후에 있었는데, 이제는 전면에 있는 것이다. 이것을 신앙적으로 말하면, 하나님은 우리의 배후에 계시는 것이 아니고, 우리가 살아가는 삶의 전면에 나타나시는 분이다. 그래서 하나님은 더 이상 우리 뒤가 아닌 우리 앞에 계신다. 우리 삶은, 키보드를 쳐서 모니터에 글자를 뜨게 하듯이, 여러 가지 행동들을 통해서 하나님을 드러내는 것이어야 한다.

그런데 다음 본문을 읽어 보면, 시뮬레이션의 원조가 바로 에스겔이라는 사실을 알게 될 것이다.

1 우리가 사로잡힌 지 이십오 년이요 성이 함락된 후 십사 년 정월 십 일 곧 그날에 여호와의 권능이 내게 임하여 나를 데리고 이스라엘 땅으로 가시되 2 하나님의 이상 중에 나를 데리고 그 땅에 이르러 나를 극히 높은 산 위에 내려놓으시는데 거기서 남으로 향하여 성읍 형상 같은 것이 있더라 3 나를 데리시고 거기 이르시니 모양이 놋 같이 빛난 사람 하나가 손에 삼줄과 척량하는 장대를 가지고 문에 서 있더니 4 그 사람이 내게 이르되 인자야 내가

네게 보이는 그것을 눈으로 보고 귀로 들으며 네 마음으로 생각할
지어다 내가 이것을 네게 보이려고 이리로 데리고 왔나니 너는 본
것을 다 이스라엘 족속에게 고할지어다 하더라(에스겔서 40장)

본문을 보면, 에스겔은 어떤 '가상공간'에 들어온 것으로 보인다.
에스겔이 하나님의 손에 붙잡혀서 간 곳은 이스라엘 땅이지만, 그곳
은 실재하는 이스라엘 땅이 아니고, 가상적인 공간이다. 그곳에 높
은 산이 있고, 그 산 남쪽으로 성읍처럼 생긴 것이 보였다. 에스겔
은 그곳까지 가는데, 거기에 어떤 사람이 삼줄과 장대를 들고 그
도시를 측량하기 위해 서 있었다. 그 사람도 현실공간에 실재하는
사람이 아니다. 그렇기 때문에 본문은 가상공간에서의 시뮬레이션을
이야기하는 것이다.

앞에서 말한 대로, 시뮬레이션(simulation)은 시뮬라크르(simulacre)
를 만들어내는 작업이다. 시뮬라크르는 '없음의 있음'이고, 시뮬레이
션은 이 '없음의 있음'을 가능케 해주는 것이다. 현재 에스겔이 보는
것은 실제로는 존재하지 않는 것이다. 그래서 에스겔은 실제로는 존재
하지 않으면서도 더 실재하는 것,[39] 즉 시뮬라크르를 보는 것이다. 그

---

39) "보드리야르는 현대 사회에서 실재하는 모든 것은 실재를 모사하는 기
호들로 대체되며, 이러한 기호나 이미지들의 모사물일 뿐인 시뮬라크르
들이 실재보다 더욱 실재적인 것이 된다고 본다. 그에 따르면 우리가
경험하는 세계는 실체가 존재하지 않는 시뮬라크르들의 세계이며, 또한
시뮬라크르들이 자신의 비실재성을 은폐하기 위해 다른 시뮬라크르들
을 재생산하는 구조로 이루어진 세계다." 정기도, 『나, 아바타 그리고
가상세계』(서울: 책세상, 2000), 44 - 45. "시뮬레이션의 테크놀로지는
실재와 상상의 차이를 근본적으로 의심한다. 시뮬레이션은 존재하지 않

리고 이렇게 하는 것이 바로 시뮬레이션이다.

마침글

우리는 지금까지 에스겔서에서 이미지와 원격현전, 그리고 시뮬레이션이라는 디지털 개념들을 찾아보면서, 에스겔이 얼마나 디지털적인지를 확인했다.

그런데 에스겔이 이러한 디지털적인 요소들을 통해서 보여주는 것은 당시 이스라엘 사회가 얼마나 부패하고 타락했느냐는 것이다. 즉 이스라엘이 얼마나 심각하게 죄를 저질렀으며, 그것으로 인해서 얼마나 끔찍한 심판을 초래하는가 하는 것이다.

그러나 에스겔은 이스라엘의 현재만을 보여주지는 않는다. 에스겔이 궁극적으로 보여주려는 것은 하나님이 이루시는 나라, '여호와삼마'이다. 비록 지금은 여호와께서 여기에 계시지 않지만, 에스겔이 꿈꾸는 그 나라, "거기에는 계실 것"이다. 하나님이 떠난 이가봇의 현장에서 에스겔은 하나님이 계시는 나라를 꿈꾼다. 현재 이스라엘

는 것을 긍정하는 어떤 추상적 명령문 체계의 토대 위에서, 컴퓨터에 입각한 데치너 조작의 한계치이다. 그러면 어떤 것이 연습이고 어떤 것이 실제 상황인가? 새로운 미디어적 조건 아래서는 어떤 게임 명령의 기술적 적용과 어떤 실재적 명령의 기술적 적용 사이에 아무런 차이도 없다." Norbert Bolz, Am Ende der Guttenberg - Galaxis: Die Neuen Kommunikations - verhältnisse, 150.

의 모든 문화는 이가봇의 문화이지만, 나중에는 '여호와삼마'의 문화를 만들어 갈 것이다. 에스겔은 이것을 보여주기 위해 이미지 언어를 사용하고, 예루살렘으로 원격현전하며, 없음을 실재화하는 시뮬레이션을 행한다.

에스겔은 2600여 년 전 사람임에도 불구하고 디지털시대를 사는 우리가 충분히 공감할 수 있을 만큼 디지털적이다. 그는 비유라는 영상언어를 통해서 이미지를 생산해 내고 행위예언을 통해서 행위예술, 즉 퍼포먼스를 하는 전위예술가였다. 그리고 요즘 디지털로 구현하는 원격현전과 시뮬레이션의 원조(元祖)이며, 그것들을 통해서 이스라엘의 현재를 적나라하게 보여주고, 또 이스라엘의 미래를 명확하게 제시했다.

이렇듯 에스겔은 독특한 예언활동을 통해서 이스라엘의 현재를 보여주고, 이스라엘의 미래를 제시했다. 범죄와 그로 인한 심판을 말하고, 하나님이 이루실 새 이스라엘 모습, 하나님 뜻대로 이루어지는 세상, 즉 "여호와삼마"를 제시했다. 여호와삼마의 문화. 이것이 디지털의 원조인 에스겔이 이미지와 원격현전, 시뮬레이션을 통해서 우리에게 말하는 핵심이다.

참고문헌

김방한. 『소쉬르 – 현대 언어학의 원류』, 서울: 민음사, 1998.

김우창 · 성완경 외. 『이미지는 어떻게 살고 있는가』, 서울: 생각의 나무, 1999.

김정탁. 『굿바이 구텐베르크』, 서울: 중앙일보새천년, 2000.

김주환. "월드 와이드 웹의 존재론." 『영상문화1』, 서울: 생각의 나무, 2000.

서정신. "디지털시대의 자아탐구 – 기억, 의미, 정보, 그리고 고깃덩어리." 『영상문화1』.

송재룡. "사이버 스페이스의 확산과 대학 교육의 상업화." 구자순 편저. 『인터넷과 사회현실』, 서울: 한양대학교 출판부, 2000.

이재현. 『인터넷과 사이버사회』, 서울: 커뮤니케이션북스, 2000.

이종록. 『디지털 에스겔』, 서울: 한국장로교출판사, 2001.

이종록. 『성서로 읽는 디지털시대의 몸 이야기』, 서울: 책세상, 2004.

이종록. 『이 뼈들이 능히 살겠느냐』, 서울: 한국성서학연구소, 2000.

이진우. "멀티미디어 정보시대의 정신과 육체 – 사이보그의 인간학은 과연 가능한가." 『영상문화 1』.

정기도. 『나, 아바타 그리고 가상세계』, 서울: 책세상, 2000.

정대현 · 서정신 · 김혜숙. "인문학으로서의 영상문화학." 김우창 · 성완경 외. 『이미지는 어떻게 살고 있는가』, 서울: 생각의 나무, 1999.

최혜실. 『모든 견고한 것들은 하이퍼텍스트 속으로 사라진다』, 서울: (주)생각의 나무, 2000.

Baudrillard, J. *Simulacres et Simulation*. 하태환 옮김. 『시뮬라시옹 –
포스트모던 사회문화론』, 서울: 민음사, 1992.

Beitzel, B. J., "Travel and Communication(OT World)." ABD 6.

Bolz, N. *Am Ende der Guttenberg – Galaxis*: *Die Neuen Kommunikations –
verhältnisse*. 윤종석 옮김. 『구텐베르크–은하계의 끝에서: 새로운
커뮤니케이션 상황들』, 서울: 문학과지성사, 2000.

Fisher, S. S., "가상환경:개인용 시뮬레이션과 텔레프레젠스", 노용덕
옮김. 『가상현실과 사이버스페이스』, 170.

Levy, P.*Cyberculture*., 김동윤 · 조준형 옮김. 『사이버문화: 유럽의회보
고서 – 뉴테크놀로지와 문화협력 그리고 커뮤니케이션』, 서울:
문화출판사, 2000.

McLuhan, M. *Understanding Media*: *The Extension of Man*(1965). 박
정규 옮김. 『미디어의 이해 – 인간의 확장』, 서울: 커뮤니케이션
북스, 1997, 1999.

Mitchell, W. J. *City of Bits*: *Space, Place and the Infobahn*. 이희재
옮김. 『비트의 도시』, 서울: 김영사, 1999, 2000.

Negroponte, N. *Being Digital*, 백욱인 옮김. 『디지털이다』, 서울: 커뮤
니케이션북스, 1996.

Porter, D. ed.. *Internet Culture*. New York: Routledge Inc., 1997.

Walters, S. *Material Girls*: *Making Sense of Feminist Cultural Theory*.
김현미 · 김주현 · 신정원 · 윤지영 옮김. 『이미지와 현실 사이의
여성들 – 여성주의 문화이론을 향해』, 서울: 도서출판 또 하나의
문화, 1999.

http: / / www.ascusc.org / jcms / vol3 / issue2 / lombard.html

· 저자 ·

이종록   · 경 력 ·

· 장로회대전신학대학교 교수(1989-1996)
· 한일장신대학교 교수(1997-현재)

· 저 서 ·

· 성서로 읽는 디지털 시대의 몸 이야기 (책세상, 2004)
· 아름다운 말 한마디를 나누러 가고 싶다 (대한기독교서회, 2004)
· 성서와 반제국주의(한국학술정보, 2006)
· 말씀 · 삶 · 해석(한국성서학연구소, 2006)
· 용서와 회개(한국학술정보, 2007)
· 인간의 역사 하나님의 역사(프리칭아카데미, 2008)

삶으로 읽는 성서
성서로 이루는 삶

· 초판 인쇄   2008년 6월 20일
· 초판 발행   2008년 6월 20일

· 지 은 이   이종록
· 펴 낸 이   채종준
· 펴 낸 곳   한국학술정보㈜
             경기도 파주시 교하읍 문발리 513-5
             파주출판문화정보산업단지
             전화 031) 908-3181(대표) · 팩스 031) 908-3189
             홈페이지 http: / / www.kstudy.com
             e-mail(출판사업부) publish@kstudy.com
· 등   록   제일산-115호(2000. 6. 19)
· 가   격   31,000원

ISBN   978-89-534-9599-9 93230 (Paper Book)
       978-89-534-9600-2 98230 (e-Book)